未来の
CREATING INNOVATORS
イノベーターは
The Making of Young People Who Will Change the World
どう育つのか

子供の可能性を伸ばすもの・つぶすもの

トニー・ワグナー
藤原朝子 訳

英治出版

CREATING INNOVATORS
The Making of Young People Who Will Change the World
by
Tony Wagner

はじめに

私が本書を書こうと思ったのは、最近どうしても気になっていたことがあるからだ。

前著『世界の学力格差』（*The Global Achievement Gap*／未邦訳、２００８年）で、私は21世紀の仕事、大学、市民生活で必要とされるスキルを論じ、さらにそのスキルと学校で教えられていることの間にギャップが生じていることを明らかにした。その本が多方面から好評を得て、世界中から講演依頼が殺到したところを見ると、私が指摘したことの多くは正しかったようだ。しかし最近、そこで私が唱えた新しいスキル（21頁参照）は、補足が必要だとわかってきた。

２００８年当時と比べて世界は大きく変わった。欧米諸国の経済は最悪の状態にある。アメリカの失業率と不完全雇用率は計15％を超え、ヨーロッパの一部の国はもっとひどい。多くの経済学者は、旺盛な個人消費が戻れば雇用も増えて問題は解決すると言う。だが、ほとんどの人は以前のように簡単にはお金を借りられない。多くの人は失業したときに備えて貯蓄を大幅に増やしている。だからいつ消費主導型経済と低失業率の時代が戻ってくるのか（あるいはそもそも戻ってくるのか）わからない。経済学者と政策立案者は、国の借金を減らすべきか、それとも景気刺激策を拡大する

（これは短期的には政府の借金を増やす）べきかと激しく議論している。

だが、ある一点では多くの政治家や経営者の意見は一致している。経済の健全性を長期的に維持し、景気を完全に回復させるには、現在よりも多くのイノベーションが必要だということだ。新しい（または改良された）アイデアや製品やサービスは、富と雇用を生み出す。特に企業経営者の間では、科学、技術、工学の分野でイノベーションを生み出せる若者を増やすべきだという声が強い。そこでよく言われるのが、いわゆるＳＴＥＭ（科学、技術、工学、数学）教育の重要性だ。また、若者が高賃金の高技能職に就けるようにするには、高校卒業時に「大学進学レベル」の学力を確実に身につけさせ、２年制または４年制の大学で学位（ＳＴＥＭ分野が望ましい）を取得させることが重要だとされる。トーマス・フリードマンとマイケル・マンデルバウムは共著『かつての超大国アメリカ』（日本経済新聞出版社）でこの議論を一歩進めて、新しいグローバル知識経済でアウトソーシングや機械化の影響を受けない仕事は、イノベーターと起業家だけだと主張している。

では、イノベーターを育てる方法はあるのだろうか——そんな疑問が私の頭に浮かんだ。イノベーションを起こすのに最も重要な能力は何か。その能力はどう教えればいいのか。とりわけ私が興味を覚えたのは、有意義なＳＴＥＭ教育とは何かだった。

現在いろいろな国で教育制度改革が議論されているが、これから最も重要になるとされるスキルをどう教えるかは何よりも急いで明らかにするべき問題ではないだろうか。現在アメリカでは、教師の能力は生徒の択一式統一テストの結果を見ればわかるという考えがまかり通っているが、あきれるほかない。ほとんどの政策立案者（と多くの学校関係者）は、テストでいい点を取るだけでなく、批判的な思考力とクリエーティブな思考力を持ち、きちんとコミュニケーションが取れて、コラボレーションができる生徒を育てる方法を全然わかっていない。またどんな教え方をすれば現代の子供たちの学習意欲を引き出せるかもわかっていない。そもそも現在学力測定のために使われているテストでは、本当に必要とされているスキルの習熟度は何ひとつ測れない。教育論争を正確な情報に基づいたものにするために、私たちは質の高い指導とはどういうものかもっと研究し、指導の結果についてもっと質の高い証拠を集める必要がある。

『世界の学力格差』の刊行以来、多くの親からメールが届いた。自分の子供が通っている学校は将来必要になるスキルを教えていないようなのだが、どうすればいいだろうかと相談するメールだ。私も3人の子供の父親として（今は全員結婚して子供がいるが）同じような不安に駆られた経験がある。だがそれだけでは、よその親にアドバイスをする資格はない。どうすれば親は子供に必要なスキルや資質を伸ばしてやれるのか、私は考え始めた。

この4年間、私はアップル、シスコシステムズ、スコラスティックといった極めて独創的な企業や米陸軍のリーダーと会って、彼らの世界観や急激な変化への対処法を聞いた。ある経営者からは、若手社員をイノベーターに育てる試みを聞かせてもらった。また世界最高の教育制度を持つといわれるフィンランドの学校も訪問した。この国の経済は独創性にあふれているといわれ、その成功から何か学べるのではないかと考えたのだ。

いわゆるインターネット世代（マーク・プレンスキーが「デジタル・ネイティブ」と呼ぶ若者の最初の世代）は、かねてから私にとって興味深い存在だった。前著のために20代の若者たちの話を聞いたが、彼らのことを表面的にしか理解できていない気がしていた。この世代の働く意欲（あるいはその欠如）については、最近さまざまなことが言われている。そこで私は、この世代をやる気にさせる方法や、彼らの反応が最もいい教え方やリーダーシップを理解したいと思った。

こうしたさまざまな出来事や疑問から、新しい本のアイデアが浮かんできた。まず、自分が数年前までほとんど知らなかったイノベーションというものについて基礎から学ぼうと心に決めた。イノベーターとして成功した人にはどんなスキルがあるのか、なぜ彼らが今後重要な存在になるのか。私は飛び抜けて独創的な20代の若者たちの話を聞き、彼らの「エコシステム」、つまり彼らに大きな影響を与えた子育て、教育、指導を研究した。若きイノベーターの親の子育てには、何らかのパターンがあるのか。彼らの恩師たちの指導法には何か共通点があるのか。イノベーション教育に優れた大学か大学院はあるのか。もしあるとすれば、ほかの大学と何が違うのか。若きイノベーターのメンターや雇用者は、イノベーション能力を伸ばす方法についてどう考えているのか。

私は多くのイノベーターに話を聞いた。エンジニアの卵もいたし、科学者、アーティスト、ミュージシャン、起業家、世界屈指の独創的な会社で働いた人、それに社会イノベーターもいた。彼らの親、教師、メンターの話も聞いた。さらにイノベーターを輩出してきた大学と大学院の授業を見学し、関係者の話を聞いた。組織としてイノベーション能力を高める努力をしているビジネスリーダーと軍隊のリーダーにも話を聞いた。合計すると、本書のためにインタビューした人の数は150人を超える。

とても魅力的なプロジェクトだったが、その範囲が広く複雑だったため分析は困難を極めた。そこで本書で紹介するイノベーターは、21～32歳で、いわゆるSTEM分野で飛び抜けて独創的な仕事をしている人か、社会イノベーションや起業に関わっている若者に絞った。イノベーターと起業家は区別しないことにした。イノベーターが起業家とは限らないし、起業家がイノベーターとも限らないが、私が話を聞いた若者の大多数は両方になりたがっていた。また若きイノベーターと起業家は、その関心領域こそ違え、共通するルーツを持つことがわかった。

インタビューの相手をどう見つけたかを詳しく説明すると、もう一冊本が書けるくらい長くなる。本書のためのリサーチは、インターネットのリンクをたどるプロセスに似ていた。リサーチ担当者が推薦してくれた人もいれば、エンジェル投資家やベンチャーキャピタルが紹介してくれた人もいる。マーティン・デンプシー統合参謀本部議長など、先方が私に連絡をくれたケースもある。誰かが紹介してくれた人が、さらに誰かを紹介してくれた。科学的なサンプリングをしたと言うつもりは毛頭ないが、本書で紹介するのは典型的な若手イノベーターだと、かなりの自信を持って言うことができる。

本書で紹介するイノベーターの皆さんと紙幅の関係で紹介できなかったイノベーターの皆さん、

そして彼らの親、教師、メンターの皆さんには厚くお礼を申し上げたい。みんな私のために快く時間を割いてくれた。多くが一度きりではなく何度もインタビューに応じ、補足のメールをくれた。さらに自分の生活や家族の歴史をさらけ出してくれた。

あなたは誰かの親かもしれないし、教師かメンターか経営者か政策立案者かもしれない。しかし誰であれ、本書で紹介する若きイノベーターのたどった道のりとその能力を育んだエコシステムには、学べることがたくさんあると気づくだろう。私自身、このプロジェクトのために話を聞いた人たちから多くのことを考えさせられた(今後もそれは続くだろう)。だから読者の皆さんにもお勧めしたい。彼らの物語から学び、深く考え、友達や同僚と話し合うことを。なぜなら私たちが力強い経済と、子供や孫の世代のために持続可能な生活を本気で作りたいなら、一緒にやれること、そしてやらなければならないことがたくさんあるからだ。

Wagner on Why I Wrote This Book
http://vimeo.com/35403245

未来のイノベーターはどう育つのか

目次

3 STEM系イノベーター

4 社会イノベーター

※本書に登場するイノベーターたちへのインタビュー等の映像をウェブサイト（http://creatinginnovators.com/videos/）で視聴できます（英語のみ、日本語字幕なし）。関連するページの下部の余白に各映像のURLを記載しています。 ▶

1

A Primer on Innovation

イノベーション入門

イノベーションが未来を救う

私たちは絡み合う経済的・社会的問題に直面している。かつて十分な賃金がもらえたブルーカラーの仕事、さらにはホワイトカラーの仕事までが、労働力がはるかに安く、教育水準が高まりつつある国に移っている。2008年の世界同時不況以来、アメリカの失業率と不完全雇用率は高止まりしたままだ（本書の執筆時点では計15%以上）。仕事を探すことを諦めてしまった人もいるから、この数字に表れない失業者もいる。2010年の成人の就業率は58・2%と、女性が本格的に社会進出し始めた時期以来の低水準となった。[1] とりわけ大きな打撃を受けているのが若者だ。同年の16〜29歳の就業率は55・3%と、10年前の67・3%と比べて大幅にダウンし、第二次世界大戦後最悪の水準となった。[2]

あまりにも多くの仕事がアウトソーシングされるか機械化されて、かつて店員として時給30ドルをもらっていた人は、いまやウォルマートで時給7ドルの掃除係の仕事が見つかればラッキーなほうだ。この10年でアメリカの実質家計所得は11%近く減った。[3] 中間層が姿を消し、所得格差が拡大している。貧困ライン以下で暮らす若年世帯（30歳未満）は史上最悪の37%超。その人種構成はアフリカ系アメリカ人、ヒスパニック、ネイティブアメリカンに偏っている。[4] また年齢にかかわらず貧困ライン以下で暮らす人は総人口の15%を超え、貧困率を算出するようになった1964年以来最悪となった。[5]

いま緊急に必要とされているのは、21世紀の経済を引っ張る新しい成長のエンジンだ。そして地球を汚さずに十分な雇用を生み出す、現実的で持続可能な経済を作らなくてはいけない。そのために必要なのがイノベーションだ。

多様化する問題を解決するには、これまで以上に独創的なアイデアが必要だ。持続可能な世界を作り、手頃な負担で医療が受けられる技術開発も必要だ。そしてよその国がほしがる（あるいは必要とする）新しい優れた製品、プロセス、サービスを生み出さなければいけない。

ゼネラル・エレクトリック（GE）は2011年、世界12カ国の企業幹部1000人にインタビュー調査を行った。その結果、「回答者の95％が、イノベーションは国家経済の競争力を高める重要な手段であり、88％が、雇用を創出する最善の方法はイノベーションだと考えている」ことがわかったという。また回答者の69％が、「これからのイノベーションは、高度な科学研究よりも人間の創造性によって生み出される」と考えており、77％が、「21世紀最高のイノベーションは、最大の利益を生み出すものではなく、人間のニーズを満たすもの」になると予測した。さらに90％がイノベーションは環境に優しい経済を実現する重要な手段になると考え、85％がイノベーションは環境を改善すると確信している。また58％がクリエーティブな人材がいることが、企業がイノベーションを生み出す最も重要な要因だと考えている[6]。

世界的に有名な発明家のディーン・ケーメンは、「アメリカ経済を救うことができるのはイノベーションだけだ」と語る。「安い商品なら、よその国でずっと安く作れる。今の時代に富を作るには知的財産を生み出す必要がある。ガンの治療薬は1オンス（30ミリリットル）で100万ドルの価値がある。いま本当に価値があるのは、規模の拡大が可能で、エネルギーを大量に消費せず、ゼロサムゲーム（誰かが得をすれば誰かが同じ分だけ損をする）ではないアイデアを生み出すことだ。誰かがガンを治療する方法を考案し、別の誰かが環境を汚染しない発電方法を考案する。それぞれが価値あるアイデアを考案すれば、２人で２つのアイデアがもたらす豊かさを享受できる」

これまでイノベーションの分野では、アメリカがリーダーシップを発揮してきた。その理由としてよく挙げられるのは、強力な特許法や著作権法の存在、ベンチャーキャピタルの潤沢な資金、最新のインフラ、政府の研究開発への投資、とびきりの人材を世界中から引き寄せる移民政策などだ。一流大学の存在を挙げる経済学者も多い。だが本書で明らかにするように、イノベーターの育成という点では、多くの名門大学の慣例と仕組みはむしろ障害になっている。家庭におけるイノベーターの育て方にいたっては、ほとんど（あるいはまったく）語られたことがない。

本書は経済の本ではない。クリエーティブで起業家精神にあふれる若者を増やすにはどうすればいいかを考える本だ。本書は、21世紀の世界に必要なイノベーターを生み出す子育て、教育法、指導法を探っていく。

イノベーションとは何か

２０１１年にイノベーション起業研究所を新設したロンドン・ビジネス・スクールのアンドリュー・リッカマン学長は、「（イノベーションの）厳密な定義はしていない」と、ウォール・ストリート・ジャーナル紙に語っている。「これは新しい物事が起きる……プロセスのことだ。私はイ

Kamen on What Drives the Human Spirit
http://vimeo.com/34084822

ノベーションをアプローチだと思っている。しかし研究所としては標準的な定義をしている。つまり新しい製品とサービス、もしくは新しいビジネスモデルやプロセスを通じて価値を生み出す新しいクリエーティブな方法だ[7]」

オーリン工科大学のリチャード・ミラー学長は、「イノベーションとは、価値ある独創的なアイデアと理解が生まれ、実践され、多くの人々に受け入れられるプロセスと定義できる」と言う。「この定義によれば、重大なイノベーションは非常に大きな成功を収めるがゆえに、導入後ほどなくして、それがなかった時代が思い出せなくなる[8]」

プロクター・アンド・ギャンブル（P&G）のエレン・ボウマン元渉外担当部長は、イノベーションとは「クリエーティブな問題解決法」だと言い切る。「クリエーティブな要素のない問題解決法は、真に独創的とはいえない。現実の世界に応用できない創造性もイノベーションとはいえない。イノベーションはP&Gの活力源だ。しかしイノベーションだけでは意味はない。現実のニーズを満たし、解決策につながる橋を作ることが重要だ」

家電量販店ベスト・バイのブラッド・アンダーソン前CEOも、ボウマンに同意する。「誰もがクリエーティブな問題解決者になる必要がある」

私はアップル本社で、アップル大学の学長を務めるジョエル・ポドルニー副社長（人材担当）の話を聞いた。ポドルニー副社長はハーバード大学で社会学の博士号を取得し、ハーバード大学とスタンフォード大学の両経営大学院で教鞭をとり、さらにエール大学の経営大学院の学長を務めた後、2008年にアップルにやって来た。彼もまた、価値創造の重要性について語っていた。

「価値を生み出すか、他人が作った価値を見つけることが上手にできれば、ビジネスの持続可能性が高まる」と、ポドルニー副社長は言う。「何かを創造することで成功するには、イノベーション、つまり以前はなかったものを生み出して付加価値をつける方法を見つける必要がある」

元企業幹部で現在は若手起業家を指導するジョー・カルーソは、「イノベーションといっても、iPadのような物を作ることとはかぎらない。顧客の扱い方であってもいい」と言う。

シスコシステムズの最高人材責任者でコラボラティブ・リーダーシップセンター担当副社長のアンマリー・ニールによれば、シスコの経営陣は2つの領域でイノベーションを奨励している。「中核事業におけるイノベーションとは、主力製品とサービスをもっとよく、もっと賢く、もっと速くすることだ。一方、周縁部でのイノベーションとは、新しいビジネスモデルや戦略を作ることだ」

ニール副社長のコメントは、私が聞いた多くの人の話と一致する。つまり営利企業であれ非営利組織であれ、イノベーションには漸進的と破壊的という非常に異なる2つのタイプがある。漸進的イノベーションとは既存の製品、プロセス、サービスを大幅に改善するもの。破壊的または変革的イノベーションとは、既存の市場を破壊し、それまで支配的だった技術をお払い箱にする画期的製品やサービスを生み出すものだ。

クレイトン・クリステンセンの名著『イノベーションのジレンマ』（翔泳社）は、多くの破壊的イノベーションを紹介している。ソニーの小さな携帯トランジスタラジオは、モトローラが支配していた真空管ラジオ市場を破壊した。ＩＢＭのパソコンは、ディジタル・イクイップメント（ＤＥＣ）のミニコンピュータを駆逐した。最近ではアップルが、ｉＰｏｄ、ｉＰｈｏｎｅ、そしてｉＰ

Neal on Distruptive Innovation
http://vimeo.com/34670679

ａｄという3つの製品で市場を激変させた。アップルストアもハイテク製品の売り方を変えた。その一貫した市場破壊力を見れば、アップルが世界一独創的な企業と言われるのもうなずける。

イノベーションは人間の直面するあらゆる課題において起こり得る。マーティン・ルーサー・キングは、マハトマ・ガンジーの非暴力運動をアメリカの公民権運動に応用した「破壊的」社会イノベーターであり、それゆえに１９６４年にノーベル平和賞を受賞した。より最近では、ムハマド・ユヌスとグラミン銀行が、マイクロファイナンス（超小口融資）を通じた貧困緩和について２００６年のノーベル平和賞を受賞した。多くのノーベル平和賞の受賞者は、歴史の流れを変えた社会イノベーターだ。

とりわけ20代の若者の間では、いわゆる社会イノベーションと社会起業に対する関心が急速に高まっている。優秀な若者を貧困地区に教員として派遣するティーチ・フォー・アメリカ（ＴＦＡ）のアイデアは、ウェンディ・コップが１９８９年に書いたプリンストン大学の卒業論文から生まれた。２０１０年、ＴＦＡに応募した学生の数は前年比32％増の４万６０００人以上。なんとアイビーリーグの大学4年生の12％が応募してきた[9]。さらにＴＦＡを経験した若者たちが、新たな社会イノベーションを起こしている。デーブ・レビンとマイク・ファインバーグはＴＦＡでの活動を終えた１９９４年、ナレッジ・イズ・パワー（「知識は力なり」）プログラム（ＫＩＰＰ）を設立。いまやＫＩＰＰは全米最大のチャータースクールとなり、経済的に恵まれない（それゆえに落ちこぼれやすい）マイノリティーの子供の教育活動で世界的に知られるようになった。

漸進的イノベーションと破壊的イノベーションはどちらも必要だ。たとえば炭素燃料の消費量を減らすには、断熱材や省エネ窓など日常品を少しずつ改善していく必要がある。実際、省エネ建材メーカー「ペラ」のリック・ハスマン部長（法人担当）は、継続的改良に力を入れていると言う。「イノベーションが必要なのは、正しい問題点や正しい疑問を把握するとき、そしてより良い問題解決法を見つけるときだ」とハスマン部長は語る。「問題の解決法をなんとなく思いつくなんてことはない。状況は常に変わっているのだから」

しかし製品やサービスを大幅に改良するだけでは、現代人の炭素燃料への依存を劇的に減らすことはできない。窓を改良すれば省エネに役立つが、より抜本的な問題解決のためには、太陽光や風力など環境に優しい代替エネルギー源を確保することが必要だ。電気自動車も、いずれ必要かつ破壊的なイノベーションになる可能性が非常に高い。カーシェア事業や車の相乗り事業は、炭素燃料の消費を減らす必要性から生まれた経済的・社会的イノベーションだ。ワシントンとその近郊でレンタル自転車事業を展開する「キャピタル・バイクシェア」も、社会イノベーションのいい例だ。

このようにイノベーションとはさまざまな形で起きる。私は20代のイノベーターたちの話を聞いて、そのイノベーションの多様性と創意に驚嘆した。フェイスブックやＹｏｕＴｕｂｅなど新しいメディアをクリエーティブに使いこなす彼らは、イノベーションに対してまったく新しい考え方を持っている。２０１１年の「アラブの春」が示したように、その現象は本物の革命まで生み出している。

イノベーターに必要なスキル

私は前著『世界の学力格差』で、フラット化する世界で仕事、生涯の学習、そして市民生活に求められる新しいスキルを「7つのサバイバル術」と名付けた[10]。

1 批判的思考と問題解決能力
2 ネットワーク全体におけるコラボレーションと影響力によるリーダーシップ
3 敏捷性と適応力
4 イニシアチブと起業家精神
5 情報へのアクセス力と分析力
6 口頭と書面でのきちんとしたコミュニケーション力
7 好奇心と想像力

『世界の学力格差』が刊行されて以来、企業や非営利団体や軍のリーダーから、「まさにこれこそ私の組織で最も重要なスキルだ」という声が寄せられた。しかしイノベーターに必要な資質を考えたとき、この7つのスキルだけでは不十分だと私は考えるようになった。たとえばイノベーターには、根気、実験する意欲、計算されたリスクを引き受ける能力、そして失敗への寛容性、さらには批判的思考だけでなく「デザイン思考」が不可欠だ。そこでイノベーターのスキルについて、いくつかの新しい考え方を紹介しよう。

1991年にデービッド・ケリーが設立したIDEOは、「人間中心かつデザインに基づくアプローチにより、公共部門・民間部門を問わず組織のイノベーションと成長を助ける[11]」世界的なデザイン会社だ。IDEOはファストカンパニー誌とビジネスウィーク誌の両方によって、世界で最も独創的な会社のひとつとされている。しかしそれと同じくらい重要なのは、IDEOの経営陣がイノベーションの社会的な認知度向上に大きく貢献してきたことだろう。デービッド・ケリーはスタンフォード大学の教授で、同大学のハッソ・プラットナー・デザイン研究所(通称dスクール)の創設者でもある。ここは学生と教員がチームになって、IDEOが「デザイン思考」と呼ぶものを社会問題に応用する場所だ(dスクールについては第5章で詳しく触れる)。デービッド・ケリーの弟でIDEOのマネジングディレクターを務めるトム・ケリーは、『発想する会社!』(早川書房)と『イノベーションの達人!』(同)を刊行。IDEOの社長兼CEOのティム・ブラウンも、『デザイン思考が世界を変える』(同)でイノベーションやデザイン思考といった概念を世に広めた。IDEOのデザイン思考は、イノベーションのあらゆるプロセスの基礎になると考えられている。

ブラウンは、ハーバード・ビジネス・レビュー誌に寄稿した論文で、「デザイン思考者」の5つの特質を挙げている。第1は「共感」で、人間を中心に世界を多角的に思い描く能力。2つめの「統合的な思考」は、問題をあらゆる側面から見つめて、場合によっては突破口的な解決策を見出すのを可能にする能力だ。「楽観主義」も必要不可欠だとブラウンは言う。なぜならデザイン思考は、どんなにむずかしい問題にも必ず解決策が見つかると信じることから始まるからだ。しかし「実験主義」すなわち新しいクリエーティブな方法で解決策を探る試行錯誤のプロセスがなければ、

▶ Kelley on Innovation and Empathy at IDEO
http://vimeo.com/34671870

最終的な解決策は得られない。そして5つめに、デザイン思考者は「コラボレーター」でなくてはならないとブラウンは言う。「現代の製品やサービスや経験は非常に複雑であり、クリエーティブな天才がひとりいれば問題は解決できるという思い込みはもはや幻想にすぎない。問題解決には複数の分野を知る情熱的なコラボレーターが必要だというのが新しい現実だ。最高のデザイン思考者は、異なる分野の人と一緒に仕事ができるだけではなく、自らもさまざまな領域で相当な経験を積んでいる。IDEOではエンジニア兼マーケティング専門家、人類学者で工業デザイナー、建築家で心理学者といった人物が働いている[12]」

ジェフリー・ダイアー、ハル・グレガーセン、クレイトン・クリステンセンの3人は、「イノベーターのDNA」と題されたハーバード・ビジネス・レビュー誌の論文（『イノベーションのDNA』〔邦訳・翔泳社〕として書籍化）で6年がかりの調査結果を発表した。これは「極めて独創的な企業のクリエーティブな（しばしば破壊的な）ビジネス戦略を明らかに」するもので、「……独創的な企業を顕微鏡にかけ、その事業の基盤となったアイデアがいつどのように生まれたかを調べた。特に私たちが知りたかったのは、こうした企業が他の経営者や起業家とどう違うのかだ。マクドナルドの営業権（店舗）を購入する人は起業家かもしれないが、アマゾンを構築するにはまったく異なるスキルが必要だ[13]」としている。3人は、25人の独創的な起業家の資質を調べ、革新的な企業を立ち上げたか新しい製品を創造した3000人超の企業経営者と500人以上の個人を調べた。

クリステンセンらは、独創的な人間かそうでないかは、関連付ける力、質問力、観察力、実験力、ネットワーク力という5つのスキルがあるかないかで決まることを発見した。3人はさらにそれを実行力と思考力の2つのカテゴリーに分けた。

●実行力……イノベーターは**質問力**（疑問を投げかけること）によって現状を打破し、新たな可能性を検討する。また**観察力**によって、新しいやり方のヒントとなる（顧客やサプライヤーや他社の）ささいな行動に目を付ける。さらに**実験力**によって新しいエクスペリエンスを執拗に試してその領域を探る。そしてさまざまなバックグラウンドの人との**ネットワーキング**を通じて、それまでとはまったく異なる視点を持つようになる。

●思考力……4つの行動パターンはみな、イノベーターが物事を**関連付け**、新しいインサイトを得る助けになる[14]。

イノベーターのスキルと資質についてもっと「現場」の意見を聞くために、私はグーグルのジュディ・ギルバート人材開発部長に話を聞いた。アップルとグーグルは、世界で最も独創的な企業の第1位と2位にランクされている[15]。両社が最近の大学生の人気就職先でトップにランクされているのは、この世代がイノベーションに高い関心を持っている証拠だろう[16]。ギルバート部長の仕事は、グーグルに就職した若者を「成長させる」方法を考えるとともに、会社が将来どんなスキルを必要か検討することだ。

グーグルが採用で最も重視するスキルはどんなことだろう。「もちろん賢いことは重要だ」とギルバート部長は言う。「でも知的好奇心のほうがもっと重要だ。私たちがやってもらおうと思っていること、たとえばプログラム開発や会計処理が上手にでき[illegible]は重要だ。しかし私たちは全員にリーダーシップを求める。誰かにリードしてもらうのを待[illegible]はなく、状況をコントロールできる人物だ。グーグルで成功する人は、すぐに行動を起こし[illegible]傾向がある――壊れている物を見かけたらすぐに直すような性格だ。問題を見つける能力も重[illegible]が、見つけた問題について不満を並べたり、誰かがそれを解決してくれるのを待っていない[illegible]『どうすればもっとよくできるだろう』と自問すること。それからすべてにおいてコラボレー[illegible]が必要不可欠だ。周囲に多様な専門性を持つ人がいることに気がつき、彼らから学ぶ能力が[illegible]物を私たちは高く評価する」

イノベーターは育てられる

ハーバード・ビジネス・レビュー誌でブラウンやクリステンセンらが指摘したスキルと、グーグルが社員に求める資質にかなりの共通点があることに、私は非常に驚いた。イノベーターの「DNA」は、デザイン思考に必要不可欠なスキルと言えるだろう。人の話に耳を傾けて観察するスキルを駆使しなければ共感は得られない。また統合的な思考は、いい質問をして関連付けをする能力から始まる。コラボレーションとネットワーク力の間にも関連性がある。また2つの論文とグーグルの話には、実験重視という共通点がある。実験には一種の楽観主義、つまり試行錯誤を続ければ、いつかより深い理解とよりよいアプローチが得られるという信念が必要だ。

これらを総合すると、成功するイノベーターに最も欠かせない資質のいくつかは次のようになる。

●好奇心。すなわちいい質問をする癖と、もっと深く理解したいという欲求。

●コラボレーション。これは自分とは非常に異なる見解や専門知識を持つ人の話に耳を傾け、他人から学ぶことから始まる。

●関連付けまたは統合的思考。

●行動志向と実験志向。

しかし教育者として、そして親として、私がこのリストを見て最も重要だと思うのは、こうしたスキルや考え方の癖は、育てたり、教えたり、引き出したりできることだ！　私たちの多くは、クリエーティブで独創的な人は生まれつきそうなのだと考えがちだ。しかしここで紹介してきた専門家はみな、ほとんどの人は正しい環境とチャンスを与えられれば、もっとクリエーティブで独創的になれると考えていた。実際、グーグルのギルバート部長の仕事は、社員の独創性を伸ばすことだ。

ＩＤＥＯのブラウンＣＥＯはこう記している。「よく考えられていることとは反対に、デザイン思考者になるのに、変な靴を履いたり黒いタートルネックのセーターを着る必要はない。またデザイン学校に行かなければなれないわけではない。ただ、プロのデザイン思考者のほとんどは、何らかのデザインの訓練を受けているが。私の経験では、プロ以外の多くの人もデザイン思考の才能を持っており、正しい能力開発と経験があればそれを解き放つことができる[17]」

ダイアー、グレガーセン、クリステンセンも同じ考えだ。彼らの論文は次のように結論付けている。「独創的な起業家精神は遺伝的資質ではなく、積極的な努力によって得られるものだ。アップルの『シンク・ディファレント（発想を変えろ）』というスローガンは刺激的だが不完全だ。発想を変えるには行動も変えなくてはいけない。イノベーターのDNAを理解し、補強し、手本にすれば、企業は全従業員にクリエーティブなひらめきを起こさせることができる[18]」

だとすれば、DNAという言葉を使うのは正しくない。人間がイノベーターになる資質は主として持って生まれたものではないのだから（もちろんたぐいまれな才能を持って生まれる人もいるが）。ダイアー、グレガーセン、クリステンセンの3人は、学んで身につけたことのほうが重要だという点で一致しているようだ。つまり生来の資質もあるが、周囲の環境が伸ばしてくれたり、教えてくれる資質もあるのだ。

だがそこで問題がある。現代の社会で「（大多数の人と）違う発想をするために、違う行動を取る」のは容易ではない。それを変えるには大人の行動を根本から変える必要がある。グレガーセンはあるインタビューで創造性の欠如について語っている。「4歳児は絶えず質問をし、物事の仕組みについて首をひねっている。ところが6歳半くらいになると質問するのをやめる。なぜなら学校では、厄介な質問よりも正しい回答が歓迎されることを学ぶからだ。高校生にもなるとめったに知的好奇心を見せない。そして成人して就職したときには、自分の中から好奇心を閉め出してしまっている。新しいアイデアを見つけることに自分の時間の20％以下しか割かない企業経営者は80％にも上る。もちろんアップルやグーグルのような企業の経営者なら話は別だが[19]」

このように考えているのはグレガーセンだけではない。ケン・ロビンソンは著書『才能を引き出すエレメントの法則』（祥伝社）とTEDの講演で、好奇心と創造性がさまざまな形で阻まれていることを、「教育によって閉め出される」という表現で語っている。心理学者で創造性について研究してきたロバート・スターンバーグも同意する。「創造は癖だ。問題は、学校がこれを悪い癖として扱うことがあることだ。……どんな癖でもそうであるように、創造性は伸ばすこともできれば、抑えこむこともできる[20]」

イノベーション世代

最近いわゆるミレニアム世代を取り上げた書籍や研究が増えて、彼らをめぐる議論が高まっている。彼らは史上「最も間抜けな世代」だと評する人もいれば、これまでになく独創的な世代だと言う人もいる。私は前著でこうした本の多くを紹介した。本書では、この世代がそれまでの世代とは異なる育ち方をしてきたことを簡潔に論じ、企業経営者や軍の指導者がミレニアム世代を管理するむずかしさをどうとらえているか紹介しよう。

小学校の教室を見学したことがある人なら誰しも、子供はみな無限の想像力と好奇心、創造性を持って小学校に入学することを知っている。だがそれも、グレガーセンが言うように、奥の深い質問をするよりも、早く「正解」を知ることのほうがずっと重要だと学ぶまでのことだ。ところが現代の若者の多くは、インターネットで「学校」に行ったことがあるという点で、それまでの世代と大きく異なる。彼らはマーク・プレンスキーが「デジタル・ネイティブ」と呼ぶものに育つ初の世代だ。現在の8～18歳は教室にいる時間よりも電子機器を使う時間のほうが長い[21]。また学校の先生よりもインターネットのほうがずっと説得力のある先生だと考えていることも多い。

新しいテクノロジーを若者が利用することについては課題も多く、すでに間違った使い方や過度の依存が社会的な問題になっている。これについては大人が対策を講じるべきだと私は思う。実際、本書で紹介するイノベーターの親の一部は、子供の「スクリーンタイム（テレビを見たりコンピュータを使う時間）」を慎重に制限していた。それでもなお、インターネットを使った新しい学習方法を活用した結果、多くの若者（私は彼らを「イノベーション世代」と呼びたい）は、これまでのどの世代よりも大きなイノベーションと起業の能力（と関心）を持ち合わせるようになった。

インターネットは、学校での授業と違って自分の好きなように使うことができる。私が前著のために行ったインタビューで、多くの若者は「遊び感覚でグーグル検索」し、リンクをたどるのが好きだと言っていた。フェイスブックやツイッターやＹｏｕＴｕｂｅの中毒性を心配する若者もいたが、多くはインターネットで何かをつくったり、誰かと知り合ったり、コラボレーションすることを学んでいた。写真や動画や音楽をアップロードしたりブログを書いたりすることは、この世代の多くにとって第2の天性だ。またテレビとインターネット両方のおかげで、彼らはそれまでのどの世代よりも早くリアルに世界の出来事に触れている。

イノベーション世代の多くは幅広い社会問題に対して高い意識と関心を持つとともに、テクノロジーを使いこなして自分で学習し、自己表現し、ネットワークを作ることができる。そして世界のどこかに自分の「印」を付けたいと切望している。彼らの多くは過度に野心的で世間知らずかもしれない。せっかちなのは間違いない。だが彼らは私たちの未来であり、私たちは今までの常識に収まらない彼らと協力する方法を学ばなければならない。彼らをどう育て、教え、指導するか、そして私たち自身も彼らから学ぶ方法を知らなければならない。

イノベーション世代の多くは地球の未来を心配し、より健康な生活を送りたいと考え、お金を儲けるよりも世界を変えたいと考えている。これは伝統に逆らった考え方だ。多くの親は、自分の子供が一流のキャリアを築き、親よりも経済的に豊かになることを願っている。多くの教師と経営者は、伝統的な意味での「成功」に向けて奮闘する「昔流儀」の態度を称え、アメとムチでやる気をおこさせようとする。その結果、イノベーション世代の多くが、大人の権威と年長者が管理する組織に懐疑的になった。彼らにとって学校は「資格をもらう」ためにやらなければならないゲームであり、できるだけ楽をしてやり過ごす。企業で昇進の階段を上ることに興味はなく、おもしろい仕事や価値ある仕事を任されるまで20年待つようなことはしたくないと思っている。ワークシートや忙しいだけの学習には我慢がならない。彼らの夢と野心は時間とスペース、そして積極的な育成を必要としている。

だが、世間的に認められた組織で働く40代、50代、60代の人間の多くは、若者の夢や野心に時間とスペースを与えない。従来型の学校や企業のリーダーは、イノベーション世代をどう扱っていいかわからない。彼らの夢と野心は、上の世代のそれとは違うのだ。

ハイテクベンチャーキャピタリストで、ハーバード大学経営大学院の卒業生であるボブ・コンプトンは、現代の20代と関わった経験を次のように話している。

この世代の若者を管理し、やる気にさせるのは、ほとんど絶望的にもどかしい。私がハーバードで学んだツールもテクニックも、それ以降に受けた訓練や経験もまったく役に立たない。それどころか伝統的に使われてきたインセンティブ、たとえばストックオプションや歩合やボーナスを提示すると逆効果を招くことが多い。この世代は管理されると憤慨する。あるとき若手社員に商品開発のスピードを上げたらストックオプションとボーナスをやると提案したら、「ぼくはお金を入れたら動く自動販売機じゃないんですよ、ボブ」と言われた。「お金を入れたら動く」じゃないって？　それじゃどうすれば「動く」んだ？　今も訳がわからない。

ベスト・バイのCEO時代に20代の若者のスキルと情熱を大いに活用したブラッド・アンダーソンは、この世代もやる気にさせることはできると思っている。アンダーソンも、現代の若者は「やる気の源」が違うことに気がついている。「働く意欲の欠如？　とんでもない」と彼は言う。「問題はリーダーシップの欠如だ。確かにこの世代は、いろんな意味で甘やかされている。だが彼らは自分が関われること、自分が興味を持てることを探している。多くは物事に激しく熱中するが、そう仕向けるのは簡単ではない。彼らを何かに熱中させることができたら、並外れた結果が得られる。しかし自動車工場の組み立てラインのようなことをやらせたら、つまりとにかく会社に来て言われたことをやらせようとすると、その仕事に熱中することはない」

シスコシステムズのニール副社長も、この世代にやる気を起こさせるには別のやり方が必要だと考えている。「まず彼らは非常に柔軟性が高い。答えを与えられるより、自分で質問したがる。彼らにとって重要なのはパーソナルブランディング（自分のイメージをブランドのように確立すること）ではなく、答えを見つけるために誰を知っていて、どんなコネクションを使えるかだ。グローバル志向も強く、外国で起きていることをよく知っている。ベビーブーマー（基本的に第二次大戦後～1960年生まれ）は自分の手柄を上げるために人間関係を作った。今の世代にとって個人の手柄はさほど重要ではない。『私が』よりも『私たちが』という意識が強い」

キース・ミラーは3Mのマネジャー（環境イニシアチブおよび持続可能性担当）で、20代の子供が2人いる。「家でも職場でも毎日この世代にやる気をおこさせようと四苦八苦している」と、ミラーは言う。「子供たちは2人とも成績はよかったが、本人たちには学ぶことそのもののほうが重要だった。成績のためだけにやることには価値を見出さなかった。『おまけの問題を解いたら追加で5点もらえる？　なんでわざわざ？』という調子だ。私の世代はやりたくないこともやって、出世しようとしたものだが」

「（3Mの）若手社員は、自分がやっていることに意味を求める。多くは持続可能性と、自分に何ができるかに興味を持っている。これは私の世代には大きなチャレンジだ。私は平社員としてスタートして、おもしろいプロジェクトを担当できるようになるまでに、いろんなことをやった。自分の実力を証明しなくてはいけなかった。今の世代は入社してすぐにインパクトを生み出したがる。問題は、どうやって彼らを会社にとってインパクトのあるプロジェクトと結びつけるかだ」

カンブリア・コンサルティングのマネジングディレクター兼パートナーのエレン・クマタは、

Neal on a Differently Motivated Generation
http://vimeo.com/34671956

フォーチュン誌が選ぶ米主要企業100社の経営陣と仕事をしてきた。クマタによれば、大企業は「ミレニアム世代にやきもきしている。仕事のやり方は違うし、自分の手柄を挙げることがいちばん重要だと考えていない。出世欲がなく、自分にはさまざまな役割があると考えている。問題は、組織が彼らの強みを生かせるかどうかだ」

ハーバード大学テクノロジー起業センターを設立したポール・ボッティノ所長は、ミレニアム世代の強みと彼らを管理するむずかしさを話してくれた。「この世代にはちょっとした反抗精神がある。中央の権威を信じていない。コミュニケーションを取るときも自分の立場を譲らず、人前でも堂々と自分の意見を主張し、『それはあなたの考え方で、私の考えは違います。そういう違いがあってもいいですね』と言う能力がある」

ジェネラル・ダイナミクス（重機械メーカー）幹部のレスリー・アンダーセンによれば、彼女の会社の最大の課題は、20代の若者が辞めないようにすることだ。「彼らは私が考えたこともないような質問をする」と彼女は言う。「自分は何に貢献しているのか、自分の仕事のより大きな意味を知りたがる。そして自分の満足のいく答えを得られないと辞めてしまう」

この世代の関与と働きを必要としているのは企業だけではない。ミレニアム世代は私たちの未来だ。彼らは今よりも健康で、安全で、持続可能な暮らしを生み出せるし、生み出さなければならない。本人たちは認めたくないかもしれないが、彼らもまた成功するために私たちを必要としている。彼らは私たちの知識や経験、手引き、指導、サポートを必要としており、私たちはそれを新しい方法で提供しなければならない。イノベーション世代がイノベーションに基づく経済や暮らしを作るのを本気で応援するつもりなら、私たちは学校、職場、そして子育ての習慣のすべてを変えなくてはならない。

これまでのイノベーターは偶然生み出されてきた。起業家やイノベーターが、学校や職場（あるいは親さえも）が自分の才能を伸ばしてくれたかとか、自分の夢を応援してくれたと言うことはめったにない。過去50年間で最も独創的な3人の起業家、すなわちエドウィン・ランド（ポラロイドカメラの発明者）、ビル・ゲイツ（マイクロソフト）、マーク・ザッカーバーグ（フェイスブック）は、自分のアイデアを実現するためにハーバード大学を中退した。スティーブ・ジョブズ（アップル）、マイケル・デル（デル・コンピュータ）、ラリー・エリソン（オラクル）、そしてディーン・ケーメン（発明家）も大学を中退した。

こうした事実は、若者の起業家的で独創的な能力（忍耐力、共感、強力な倫理意識といった基本的な資質に加えてイニシアチブ、好奇心、想像力、創造性、コラボレーションと分析力）を伸ばす上で何を意味するのか。親は何をすればいいのか。学校や大学は何を変える必要があるのか。この点で優れた働きをしてきた教師や大学教授（と若者自身）は何をし、何を教えたのか。起業家的イノベーターのメンターたちから、私たちは何を学べるのか。これらが本書の中核をなす問いだ。

イノベーターを育てる3つのカギ

もっと多くの若者をイノベーターに育てる必要がある。そしてイノベーターの資質の多くは教えたり学んだりできる。この2点が確かなら、私たちは親として、教師として、メンターとして、経営者として何をすればいいか。何から手をつければいいのか。

私は最近オーリン工科大学（第5章で詳しく触れる）のセミナーに出席した。ミラー学長は招待された企業関係者や教育関係者、そして大学の理事に、イノベーターをサポートする環境の作り方を話し合ってほしいと呼びかけた。ところが私のグループのモデレーターがこの論題を示すと、みんないっせいに黙り込んでしまった。ようやくIBMの重役が口を開いた。「堅苦しい官僚的な組織、孤立、ストレスの多い職場環境など、イノベーションを妨げる要素を挙げるほうがずっと簡単だな」。ほかの参加者も同じ思いだった。

私は本書のリサーチのため、ハーバード大学経営大学院のテレサ・アマビール教授兼研究部長の研究に目を通した。アマビール教授は本来化学者だが、スタンフォード大学の大学院で心理学の博士号を取得し、ハーバードでMBAを取得した。そして過去35年間は、創造性や生産性やイノベーションについて研究し、2冊の本と多くの論文を書いてきた。

アマビール教授の最も影響力のある論文のひとつは、「あなたは組織の創造性を殺していないか」（邦訳は『DIAMONDハーバード・ビジネス・レビュー』1999年5月号に収録）だ。この論文のすばらしいところは、企業で創造性をどのように理解するべきかの枠組みを示すとともに、創造性を抑圧する経営と奨励する経営を例示していることだ。私はいくつかの理由から、アマビール教授の示す枠組みには説得力があると思う。次頁の図は創造性が専門性、クリエーティブな思考力、そしてモチベーションという3つの要素が絡み合った結果であることを示している。これはイノベーションに不可欠な要素を理解するのにも役に立つと思う。図の中心にある創造性という言葉をイノベーションに置き換えれば、イノベーターの育て方を理解する出発点になる[22]。

イノベーションはゼロから起こすことはできない。**専門性**（**知識**）が必要だ。ただしどのくらいの知識がいつ必要か、それを得る最善の方法は何かは、本書でこれから検討する重要な問題だ。本物のイノベーションを生み出すには、知識は必要だがそれだけでは不十分だ。**クリエーティブな思考力**が必要だ。それは正しい疑問を投げかけ、結びつきを見出し、観察し、共感し、コラボレーションし、実験する能力で、本書とクリステンセンらの論文がイノベーションのスキルと呼んでいるものだ。そして最後に、**モチベーション**が必要だ。

アマビール教授の研究が一段と興味深くなる（破壊的とも言える！）のはここだ。教授は、モチ

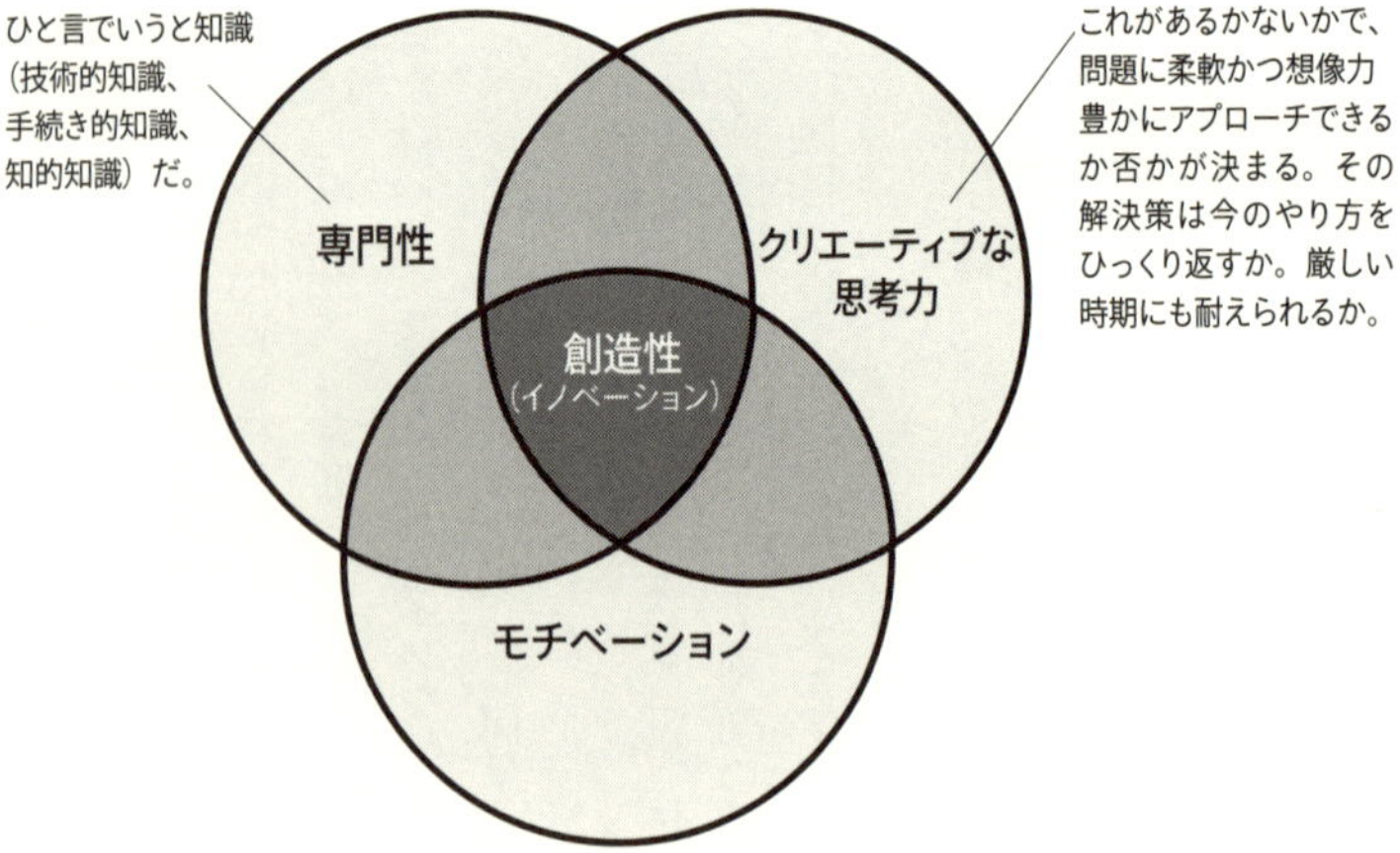
ひと言でいうと知識
（技術的知識、
手続き的知識、
知的知識）だ。
専門性
クリエーティブな
思考力
創造性
（イノベーション）
モチベーション
これがあるかないかで、
問題に柔軟かつ想像力
豊かにアプローチできる
か否かが決まる。その
解決策は今のやり方を
ひっくり返すか。厳しい
時期にも耐えられるか。

ベーションが専門性やスキルよりもはるかに重要だと考えている。「専門性やクリエーティブな思考は個人の原料、つまり生まれつきの財産と言っていい。しかし人が実際に何をやるかは、3つめの要因であるモチベーションによって決まる」。またアマビール教授は、モチベーションを外的モチベーションと内的モチベーションに分けている。

あらゆる形のモチベーションが創造性に同じインパクトを与えるわけではない。実際には、モチベーションには外因性と内因性の2種類があることがわかっている。創造性にとって極めて重要なのは後者だ。……外的モチベーションはアメであれムチであれ、その人物の外に起因する。血栓薬を開発するプロジェクトで、うまくいったらボーナスをやると上司が約束した場合、あるいは失敗したらクビだと脅してきた場合、研究者は必死になって解決策を見つけようとするだろう。……お金はクリエーティブな考えを妨げるとはかぎらないが、多くの場合助けにもならない。お金によって買収されたとか、支配されたという気持ちを抱かせてしまった場合はなおさらだ。もっと重要なことに、お金だけでは社員は仕事に情熱を注がない。

しかし情熱と興味（何かをしたいという人間の内的欲求）は、内的モチベーションにほかならない。血栓薬の研究がその研究者の血友病に対する強い関心、個人的な挑戦意識、あるいは誰も解決したことがない問題を解決したいという意欲に起因している場合、その研究者は内的モチベーションに動かされている。……外からのプレッシャーではなく、自分の関心、満足感、挑戦意識が最大のモチベーションになっているとき、人は最もクリエーティブになる。[23]

では、内的モチベーションとは何なのか。どうやってそれを伸ばせばいいのか。アマビール教授が言うように、それには「情熱と関心」しかないのか。私はそうは思わない。私は研究活動、教育者としての仕事、そして親としての経験から、内的モチベーションには遊び、情熱、目的意識という3つの要素があると思う。この3つを親、教師、メンター、経営者がどのように奨励するかによって、若きイノベーターの人生には大きな変化が表れる。

遊び

研究によれば、人間は新しい可能性を探り、実験し、想像する欲求、つまりイノベーションを起こす内的欲求を持って生まれる。カリフォルニア大学バークレー校のアリソン・ゴプニック教授(哲学)は、子供の学習と発達の研究における世界的な第一人者で、『哲学する赤ちゃん』(亜紀書房)など多くの著作がある。彼女をはじめとする認知科学者は、「乳幼児は、私たちの想像を超えることを知っており、観察し、探り、想像し、学んでいる」ことを発見した。[24] ゴプニック教授は次のように書いている。

ごく幼年期の子供でもすでに可能性を検討し、それを現実と区別し、その可能性をもとに世界を変えていることを私たちは発見した。子供は今とは違う未来の世界を想像し、それをもとに計画を練る。また今とは違う過去の世界を想像して、過去の可能性を考えることができる。そして最も衝撃的なことに、幼年期の子供は完全に想像上の世界を思い描いたり、まったくの作り話を考えたり、驚くべき「ふり」をする。

従来の常識では、知識と想像力、科学と空想は非常に異なり、正反対とも考えられてきた。しかし新たな考えでは……、子供が世界を学ぶ能力は、世界を変えたり（新しい世界を現実にしたり）、まったく存在しないかもしれない世界を想像することまで可能にしていることがわかってきた。子供の脳は世界について簡単な理論をつくり、世界がどう動いているかを把握する。またその理論によって、新たな可能性を思い描き、異なる世界を想像し存在するふりをする。[25]

子供はこうしたスキルを遊びを通じて学ぶ。

グーグルの創業者のラリー・ペイジやセルゲイ・ブリン、アマゾンの創業者でCEOのジェフ・ベゾス、ウィキペディアを立ち上げたジミー・ウェールズ、料理研究家のジュリア・チャイルド、ラップ歌手のP・ディディことショーン・コムズの全員に共通することは何か。先に紹介したグレガーセンの研究は、最も独創的な人たちの一部には驚くべき共通点があることを発見した。彼らはみな、遊びを通じて学ぶモンテッソーリの学校に通っていたのだ。マリア・モンテッソーリ、レフ・ビゴツキー、ジャン・ピアジェら20世紀の心理学者は、子供は遊びを通じて学ぶことを示す画期的な研究を残した。さらにモンテッソーリは、遊びの重要性に関する自分の理解を学校のカリキュラムに取り込んだ。現在モンテッソーリ教育を実践する学校は世界中に存在する。

遊びを通じて学ぶのは乳幼児だけではない。マサチューセッツ工科大学（ＭＩＴ）の卒業生で、現在同大のメディアラボの講師をしているヨースト・ボンセンは、ＭＩＴの有名ないたずらの伝統について話してくれた。「独創性は、人間の中核をなす」とボンセンは言う。「私たちは好奇心があって、ふざけるのが好きな動物だ。ここＭＩＴでのいたずらの伝統を見るといい。あるときなど15階建てのビルほどの高さがある大ホールの丸屋根に、警察のパトロールカーが置かれていたことがある（これはＭＩＴのいたずらでいちばん有名なものだ）。そこへの出入り口はカギのかかった上げ蓋しかない。そんなことをいったいどうやったのか。まずパトカーは張りぼてで、警備の目をかいくぐってドームのすぐ下まで運ばれた。いちばんむずかしいのは、それをドームのてっぺんまで運び、見つからないように、そしてケガをしないように降りてくることだ。警備員の動きをチェックして、注意をそらす仕掛けも必要だ。これらすべてをやり遂げるには緻密な計算と、途方もなく大きなリーダーシップとチームワークが必要だ」

「いたずらはクリエーティブなことに喜びを見出す文化の象徴だ」と、ボンセン講師は言う。「困難な状況下で、何かを短時間かつ予算ゼロでやり遂げる。それは最高に名誉で愉快なことだ。彼らは事前に許可を求めなかったし、騒動後に許しを求めることもなかった」

ＭＩＴの学生たちがやったのは遊びだ――ただ楽しむためだけにやったのだ。だとすれば、遊びは人間の本質のひとつであり、内的モチベーションのひとつでもある。

▶ MIT Pranks, Hacks and Creativity
http://vimeo.com/34672028

情熱は内的モチベーションの中でもわかりやすいものだろう。何かを探り、新しいことを学び、もっと深く理解したいという情熱。むずかしいことをできるようになりたいという情熱。こうした情熱は身近なもので、自ら経験したことがある人も多いだろう。

マルコム・グラッドウェルは、著書『天才!』（講談社）で、物事を習得するには（アマビール教授の表現を借りれば専門性を獲得するには）、1万時間の努力が必要だと書いている。そして有名なイノベーター（グラッドウェルが「傑出した人」と呼ぶ人たち）が突破口を見つけるのを可能にした環境を説明する。しかしグラッドウェルはモチベーションには触れていない。若きビル・ゲイツやスティーブ・ジョブズ、より最近ではマーク・ザッカーバーグが何かに1万時間費やそうと思わせたものは何なのか。彼らには毎晩遅くまでプログラムを書くよう脅したりおだてたりする「タイガー・マザー」（スパルタ式の厳しい母親）はいなかった。彼らにあったのは情熱だ。

スティーブ・ジョブズは生前、若き起業家へのアドバイスを求められたときこんなことを言っている。「私のところにやってきて『起業家になりたいのです』と言う人は大勢いる。そこで私が、『そりゃいいね。どんなアイデアがあるんだい』と聞くと、『まだアイデアはありません』と言う。そんなとき私は、『自分が本当に情熱を傾けられることが見つかるまで、ウエーターか何か仕事をするんだな。ウエーターだって大変な仕事だから』と言うことにしている。かなりの自信を持って言えるのだが、起業家として成功するかしないかの半分は、根気で決まる。……だから自分が情熱を感じられるアイデアや課題、あるいは正したいと思う間違いを見つけなくちゃいけない。さもないとそのために粘る根気が続かない[26]」

本書のために行ったイノベーターとその親、教師、メンターとの計150件以上のインタビューで、最もよく出てきた言葉は「情熱」だった。

目的意識

『モチベーション3・0』（講談社）の著者ダニエル・ピンクは、人間には本来、何かを自分で決めて行動したいという意欲（自主性）と、何かをマスターしたいという意欲（熟達性）、そして何かを実現したいという意欲（目的意識）の3つのモチベーションがあると言う。ピンクは、情熱という言葉には感覚や感情に流されているような響きがあるとして使うのを避けた。情熱を追い求めると、ポジティブな結果と同じ数だけ深刻なトラブルを巻き起こす可能性があるというのだ。

ピンクの言っていることはある意味で正しいと思う。純粋な情熱だけでは、困難な物事をやり遂げたり、辛抱強く粘ったりするモチベーションは維持できない。それは愛でも仕事でも同じだ！

私の研究では、若きイノベーターはほぼ例外なく、青年期に何かを学ぶか実現したいという情熱を抱くが、その情熱は学習と探求を通じてもっと深いもの、もと持続的で信頼できるもの、すなわち目的意識へと進化する。

目的意識はいろいろな形を取りうる。しかし私のインタビューと、『イノベーションのDNA』の著者たちのインタビューで最も頻繁に出てきたのは、「変化を起こしたい」という意欲だ。

驚くべきことに、イノベーターたちが自分の動機を説明するとき使った言葉はみな非常に似通っていた。ジェフ・ベゾスは「歴史を作りたい」、スティーブ・ジョブズは「世界をあっと言わせたい」、スカイプの共同設立者ニクラス・ゼンストロームは「世界をよりよい場所にするために破壊的になりたい」と語った。……変化を起こすという使命感を持つと、リスクを引き受けたり失敗を犯したりするのはずっと楽になる。[27]

私が話を聞いた若きイノベーターたちの人生には、遊びが情熱、そして目的意識へと進化していく線がはっきり見えた。彼らは子供時代に大いに遊んだが、その遊びは多くの子供の遊びと比べると極めて無秩序なものだった。そこには試行錯誤によって物事を探り、実験し、発見するチャンス、つまり冒険して失敗する余地があった。子供時代のこうしたクリエーティブな遊びを通じて、彼らは情熱を傾ける対象を（多くは青年時代に）見つけた。しかしその情熱を追求する過程で、関心の対象が変わり予想外の変化が起きる。それは新たな情熱を育み、時間が経つに連れて、より深く成熟した目的意識へと発展していく。それはグループでやる大人の遊びのようなものだ。

遊びが情熱、そして目的意識へと発展していく旅を通じて、彼らはアマビール教授が「クリエーティブな思考力」と呼ぶものを身につけ、本物の「専門性」を獲得していった。たいていはその過程で、内的モチベーションを育みながら。彼らは一定のリスクを引き受けて、辛抱することの重要性（とＩＤＥＯのモットー「早い段階でしょっちゅう失敗しろ」が重要である理由）を学ぶ。物事を学ぶ過程で失敗が果たす役割について、オーリン大学のある学生はこう言っていた。「『失敗』という考え方はしない。これは『繰り返し《イテレーション》』だ」

だが若きイノベーターたちは、こうしたことをたったひとりで学んだわけではない。その過程で親や教師やメンターなど、少なくともひとり（しばしば複数）の大人のサポートを受けていた。こうした大人の助けがいかに大きな役割を果たしたかについては、読者の皆さんも驚かれるかもしれない。彼らはそれぞれ静かな方法で、普通の親や教師やメンターとは違う行動を取って、目の前の若者が普通とは違う考え方をできるようにした。

第2章では、イノベーターを「つくる」ものは何かを考える。卓越した若者を生み出す上で最も重要な子育て、教え方、指導方法とは何か。また私が提案する、イノベーターを育成する上で重要なポイントの枠組みを検証する。

2

Portrait of the Innovator as a Young Man

若きイノベーターの肖像

若くしてiPhoneのプロダクトマネジャーに抜擢されるようなイノベーターを「つくる」には何が必要なのか。どうすればそんな子に育つのか。何をどう教えればいいのか。新しいモノを創る能力を伸ばすには何がいちばん重要なのか。実際に若きイノベーターとして活躍する人が歩んできた道を観察すれば、何かヒントが得られるだろうか。本章ではこれらの問いの答えを探る。

カーク・フェルプスは高校も大学も中退した。もっと科学を学びたいという理由から、全寮制のエリート校として知られるフィリップス・エクセター・アカデミーを11年生（日本の高校2年生）で辞め、スタンフォード大学に入学。そこもあと少しで学士号と修士号の両方を取れるというところで辞めて、アップルに入ってiPhoneの開発に加わった。現在29歳のカークは、アメリカの電力業界に革命を起こすべく、サンランというスタートアップ企業で仕事をしている。

カークは自分が受けた教育についてどう思っているだろうか。「何を勉強するかは重要じゃない。自分が興味のあることとの見つけ方を知るほうがずっと大事です」と、カークは言う。「ぼくはまず身近におもしろいチャンスを見つけて、それをバネに次のポイントに進むことにしています。宇宙で衛星を操縦するような感じですね。猛スピードで宇宙に飛び出してみて、『あそこに惑星があるぞ』と思ったら、少し軌道修正する。しばらくしたら、また別のところに向けて飛んで行く。次にどこに向かうかは自分がどういう人間になりたいかで決まる。自分が何を好きで、自分の引き出しにどんなツールを加えたいか、今のスピードをどう利用すればどんなおもしろい方向に進めるかがカギです」

▶ Introduction to an Innovator
http://vimeo.com/35508706

「これは両親がぼくをサポートしてくれた方法と似ています」と、カークは言う。「『カークは今これに関心があって、それに向かって勢いよく進んでいる。重要なのはそこだ』ってね」

フェルプス家の子育て

カークの父親のR・コード・フェルプスと母親のリア・フェルプスは、子供たちの学びにいつも注意を払ってきた。それは学校やサマーキャンプを慎重に選んだり、年に何度か子供たちの担任教師と話をする程度ではない。2人は試行錯誤を繰り返し、証拠に基づく子育てをした。

「カークは4人きょうだいの最年長で、私たち夫婦の失敗を全部経験しました」と、コードは言う。コードはヒューレット・パッカードを経て、現在はヘルスケア関連のスタートアップで働いている。「妻と私は子供たちにいろんな環境を経験させました。ビュッフェ式のレストランのように、『これをやってみたらどうだ』『嫌なら、あっちのほうが楽しいかもしれないぞ』という具合です」

カークの場合、そのビュッフェにはどんなものが用意されていたのだろうか。

「たとえば小さい頃にサッカーをやらせました。カークは興味を示したし、割と上手でした。それを見たとき、これはほかの経験と組み合わせられるぞと思いました。そのひとつは子供たちを恵まれた住宅街から連れ出すことです。カークを近所のサッカーチームではなく、スペイン語が飛び交う低所得地区のチームに入れました。限定的とはいえ、カークにとっては違う文化を経験するチャンスです。そのチームが強いかとか、カークがレギュラーになれるかどうかは重要ではありませんでした。ただ、カークがスポーツを好きになると同時に、自分とは違う種類の人たちと触れ合ってほしかったのです」

カークはどんな小学生時代を過ごしたのだろう。

「子供たちには最高の学校と最高の教師を与えたいと思い、私立の小学校に入れました。その学校はカークに必要なことをいろいろ教えてくれたのですが限界も見えました。そこで私はホワイトボードを買ってきて、わが家の『宿題部屋』と呼んでいた部屋に設置しました。大きなテーブルに子供たちを座らせて、最先端の教師になりきって『授業』をやったのです。学校なんかより私のほうがうまくやれるんじゃないかと思ってね。でも妄想でした。子供たちが泣き出したんです。自分がダメ教師だと気づいて一週間でやめましたよ」

「私たちはいつも実験していました。学校の良さもわかるけれど、もっと改良する方法はないかと思っていたのです。改良というか、より高めるという感じかな。いつもあれこれ試していました」

「私は大学以来、アメリカ史、特に1850年代と1960年代のアメリカのルネッサンス期に関心がありました。カークが小さい頃は、『白鯨』や『ロビンソン・クルーソー』、ジャック・ケルアック（ビート世代の作家）、アルフレッド・ヒッチコック（イギリスの映画監督）、ジミ・ヘンドリックス（ギタリスト）に夢中で、子供たちにこうした本や時代のことを話して聞かせました。ジミ・ヘンドリックスも聞かせましたよ」

「9年前、ニューヨークに家族旅行に行くことになりました。子供たちにはすばらしい経験になるぞと、私は張り切りました。イタリアから来た妻の祖先が降り立ったエリス島に行こう。世界貿易センタービルの跡地も外せない。ヤンキーズ対メッツの試合にも連れて行かなくちゃ。ミュージカルの『オクラホマ！』と『レ・ミゼラブル』も見せよう、とね。私が歴史の教師になって、子供たちがアメリカ人とは何かを理解する手伝いをしようと意気込んだのです」

「旅行前に『レ・ミゼラブル』を読み聞かせたのは、子供たちには拷問だったようですが、オクラホマのランドラッシュ（入植競争）や公民権運動の話もしました。とにかくこの一大旅行に向けて、子供たちと一緒に準備しようとやる気満々でした」

結局、その旅行はどうなったのか。

「エリス島訪問は大成功だったし、世界貿易センタービルの跡地では厳粛な時間を過ごしました。メッツ対ヤンキースの試合も最高でした。でも子供たちは『オクラホマ！』には我慢ならなかったし、『レ・ミゼラブル』は苦痛だったようです。私はジャン・ヴァルジャンに心酔したけれど、子供たちは違った！」

「うまくいったこともあれば失敗もありました。でもたぶんそれが私流の子育てです」と、コードは振り返る。「（子供の可能性という目に見えない）ブラックボックスを起動させるために最善を尽くす。行き詰まって後戻りが必要なときもある」

「うちにはクリエーティブな人物について書かれた本がたくさんあり、カークはそれをむさぼり読んでいました。カリフォルニア工科大学の物理学者リチャード・ファインマンの本が2冊、創造力を論じた『脳の右側で描け』と『アートと物理学』、それに最高の謎解きと問題のとらえ方を説いた『数学とイマジネーション』。『ベーオウルフ』（アングロサクソンの叙事詩）と『仏教聖典』も。

カークは私が薦めた本はほぼ全部読みました。いつも本を持ち歩いていました」

「宿題に関しては、4人の子供はみな苦労しなかったし、親が助けてやる必要もありませんでした」

　フェルプス夫妻はどうしてカークをエクセターに行かせることにしたのか。

「私たちには初めての学校選びで、むずかしかったです。当時エクスターは巨額を投じて科学専用校舎を建てていたし、教師をやっている知人もエクスターの科学の授業はすばらしいと絶賛していました。その頃までにカークは科学にかなり強い興味を抱いていて、夏休みにはスタンフォードの研究室でアルバイトもしました。ビーカーを洗ったりする雑用係でしたが、カークにはとても満足のいく刺激的な経験だったようです。それで科学に興味があるなら、エクセターに行くのもいいんじゃないかと思ったんです。ただ、ものすごく悩みました。(エクセターは全寮制だったから) これで親としての役割は終わりなのか、もうカークの成長をサポートすることはできないのかと」

「でもあれこれ考えているうちに、カークがエクセターに行くなら、一緒に行けばいいじゃないかと気がついたのです。当時私の仕事は出張が多かったから、住む場所はどこでもいいと上司は言ってくれました。だからカークが入学するとき、一家でニューハンプシャー州のエクセターに引っ越したんです」

「学校のすぐ近くに家を借りて、一年ほど生活しました。下の3人の子たちは地元の学校に通い、カークは数ブロック先の寮に住み、週末はうちに帰ってきました」

「近くに住んだことで、学校のことが詳しく見えてきました。そして私立の学校について一般に言われることは必ずしも本当ではないと思うようになりました。学校のやり方が本当に正しいのか、カークが本当に興味のあることを見つける助けになっているのか、疑問に思えてきたのです。科学の授業も暗記が中心でクリエーティブとは思えませんでした」

「生徒はみな同じ学び方をするように指導されていました。エクセターの特色はハークネス・メソッド（教師と生徒が大きな楕円形のテーブルを囲んで問答式で学ぶメソッド）[1]とされますが、授業の目標には特に画期的なところはありませんでした。確かにハークネス・メソッドでは良質な対話が生まれるけれど、そこから導かれる結論は非常にありきたりなものでした」

母親のリアは、カークがエクセターを2年で辞めてスタンフォードに行った理由を話してくれた。「カークはエクセターのカリキュラムがとても硬直的で、イノベーションの余地も乏しく、スピードも遅いと感じていました。（2年生の終わりには）すでに卒業に必要な単位は取り終え、次のステップに進む準備ができていました。エクセターでは物足りないと感じていたのです」

カーク自身の説明は少し違う。「あの頃ぼくは生化学にとても興味があって、将来は学者になりたいと思っていました。目いっぱい授業を取って、2つの運動部で学校代表チームのメンバーに選ばれて、それでもまだもっとやりたかった。科学が好きな高校生にとって、エクスターは最高の環境でした。でも空いている時間にもうひとつ科学の授業を取ろうとしたら、それはできないと言われたんです。年頃だったせいもあると思うけど、ぼくは不公平だと怒りました。それでスタンフォードに願書を出してみたら合格したので、エクセターを辞めることにしたんです」

「学校側はとても嫌な顔をしました」と、リアは振り返る。「カークが辞めないように、いろいろと妨害をしました。エクセターの名に傷が付くと思ったんでしょう。エクセターで退屈した生徒がいるなんて、大学には思ってほしくなかったのね。『スタンフォードなんて彼には絶対無理ですよ』と言われました」

だがカークはエクセターで11年生を終えたところで、スタンフォードの学士と修士の同時取得過程に入学を認められた。最終的には修士号と学士号の取得まであと2単位というところでスタンフォードも辞めてしまうのだが。

わが子をエリート校に入れた中流家庭の多くと違って、フェルプス夫妻は高校も大学も中退するという、カークの型破りで一見リスキーな決断に反対しなかった。親として「常識外れ」だと思ったことはないのだろうか。たいていの親は、「文句を言わずに学校に行って、学位を取りなさい」と子供に言い聞かせるのではないか。

「私たちのやり方が普通と違っていることは、いつも感じていました」とリアは言う。「うちは就寝時間も早かった。7年生か8年生までは、その年頃の子供としては極端に早い時間に寝かせていました。学校がないときは、外で自由にたっぷり遊ばせたものです。おもしろいと思うことを自分で見つけられない子は、いつまでも退屈しているしかない。外で遊んでいるときは特にそう。よその母親は子供にいろんな習い事をやらせるけれど、うちの子たちは外でたくさん遊ばせました。何かを作ったり、ボールを蹴ったり、木登りをしたり……。よその子がうちに来ると、『わあ、外で遊ぶのか！』と驚いていましたね。近所の子の多くはベビーシッターと家の中にいて、コンピュータで遊んでばかりだから、うちに来たら全然違うと驚いたみたい」

「もうひとつよそと違っていたのは、毎日1時間を読書の時間と決めていたこと。子供たちは、すごくいいことだから、自分にも子供ができたら同じようにすると言っています。どんなに宿題がたくさんあっても、学校とは関係のない本を静かに1時間読むことだけは守らせていました」

「読書の時間を設けた理由のひとつは、学校であれを覚えて来い、この問題を解けと言われるプレッシャーを忘れる環境を作りたかったからです」と、コードは言う。「自分が好きな本を選んで、自分の好きなペースで読めるのは大きな違いです」

テレビは見なかったのだろうか。

コードは笑って言った。「日曜日の朝にスペイン語放送でサッカーを見せようとしたけれど、この実験はあまりうまくいきませんでした」

「金曜日の夜はポップコーンをつくり、家族でソファに座ってテレビ番組を2つか3つ見た」と、リアは言う。

「母親としては、屋外で過ごすことと何も決まりのない時間、そして毎日の読書の3つが子供の成長にはとても重要だと思います。市販のおもちゃはあまり与えず、自分で楽しいと思うことを見つけさせるべきです。LEGOは別として、頭を使わないおもちゃや、コンピュータで反射的にプレーするだけのプレイステーションやXboxなどのハイテクゲームは全部取り上げて、『さあ、でかけましょう』と外に出るべきです」

「週末になると、多くの親は友達とテニスやゴルフに行く」とリアは言う。「でもうちは子供たちと一緒に過ごすのが心から楽しかった。これもよそとは違うことでしょう。多くの親が、自分の子供と過ごすのはあまり楽しくないと思っていたようですが、うちは違いました」

「多くの親は子供によかれと思って、『正しい』習い事をやらせ、『最高の』学校に入れる」とコードは続けた。「でも私に言わせれば、そういう親は子供と過ごす時間の大切さを見落としています。子供が何か言ったとき耳を傾けてくれる大人が近くにいること、子供が何かを探しているとき気にかけてくれる大人がいることは重要です。私たち夫婦は子供と過ごす時間を犠牲だとは思いませんでした。人間として子供たちがとても興味深いと思ったから一緒に過ごしただけです。多くの人はそこのところを軽視しています。子供たちが小さかったとき、私は自分の会社を立ち上げて忙しかったから、よく言われる『短くても質の高い時間を一緒に過ごすことが重要だ』と考えた時期がありました。仕事から帰ったら、子供と密度の高い45分を過ごせばいいと。でも子供は、まず親が十分な時間を割いてやらないと質の高い時間を与えてはくれません」

ルールのない遊び

カークはどうして、何を勉強するかよりも、「自分が興味のあることとの見つけ方を知るほうがずっと大事だ」と思うようになったのか。遊びは子供の成長に必要不可欠だというフェルプス夫妻の考えに、私は衝撃を受けた。夫妻は子供たちの読書の時間、スクリーンタイム（テレビを見たりコンピュータを使う時間）、そして就寝時間については、非常に計画的で明確なルールを定めていた。その一方で、遊びの時間は子供たちが自由に発見し、探検し、実験できる時間にすることに強くこだわった。また読書の日課は守らせたが、何を読むかは自由に決めさせた。

近隣住民の多くと違って、リアは子供たちの放課後を習い事で埋めたりせず、外で誰の監視もなく遊ばせた。子供は自分が興味のあることを自分で見つける方法を学ぶべきだと、リアは考えていた。自分のイマジネーションを形にできるLEGOはいいけれど、イマジネーションをまったく必要としないビデオゲームはダメ――そんなおもちゃ選びにも、自由な遊び重視というフェルプス夫妻の考えが反映されている。

父親のコードは、子供たちに次々と新しい経験をさせることで、子供たちの「遊び」に貢献した。カークが違う文化や言語に触れられるように、ヒスパニック系住民が多い低所得者地区のサッカーチームに入れた。またカークが物事を深く掘り下げて考えられるように、さまざまな本を与えた。ニューヨーク旅行に向けた「予習」も、コードが子供たちにいかに意図的かつ体系的に新しい考え方や経験を触れさせたかを物語っている。コードは子供たちを楽しませるためではなく、その成長をサポートするために、さまざまな機会の「ビュッフェ」を用意したと語った。父親として、何がいちばん子供たちの興味を引き、やる気にさせるのか（そのことをコードは「ブラックボックス」と表現していた）を見つけようとした。

フェルプス夫妻が子供たちに「さあ、自由に遊びなさい」と言うとき、自分たちがのんびりしたいとか、子供の世話からしばし解放されたいといった気持ちは微塵もなかった。むしろ夫妻は子供たちと過ごす時間を心から楽しみ、家族で遊ぶ時間を大切にした。

とはいえ、子供を大人の監視もなく自由に遊ばせるのにはリスクがともなう。多くの親は事故を心配する。木から落ちて歯が欠けたり、腕の骨を折るかもしれない。最悪の場合、誰かに誘拐される危険もある。私自身3人の子供を育てて、今は2人の孫がいるから、こうした不安はよく理解できる。だがフェルプス夫妻を見ると、子供に自由な遊び時間をたっぷり与えることで得られる恩恵は、そうしたリスクを犯す価値があるものだとわかる。カークは自分が何に関心があって、それをどう追い求めるべきか学んだだけでなく、自信を持つことを学んだのではないか。自分の直感を信じてそれに従うこと（おそらくイノベーターにとって最も重要な資質のひとつだ）を学んだのではないか。

その自信をくれたのは遊びだけではない。フェルプス夫妻は子供たちに全幅の信頼を置いた。今もそうだ。あるとき私は、カークがリスクのあるスタートアップ企業に参加したことが心配ではないかと、夫妻に聞いてみた。

「コードも私も東海岸で育ちました」とリアは言う。「それと比べると西海岸は考え方が全然違う。クリエーティブにやって成功する道がたくさんある」

「2、3年前、カークはこう言っていました。『こっち（西海岸）ではパイを焼くけど、東部ではパイを切り分けるだけだ。ぼくはパイを切り分けることに興味はない。いつもパイを作っていたい』」

スタンフォード

カークはいつ、どこで、パイを切り分けるのではなく、「パイを作る」ことが天職だと気づいたのか。科学に対する情熱が、今やっていることにどう変わっていったのか。スタンフォードに行った理由と、そこで出会った「人生を変えた経験」について聞いてみた。

「両親は、ぼくが学校の外で自分の知的好奇心を追求するよう強く勧めました。当時ぼくは高校のことに熱中していたから、両親はぼくが学校という枠にとらわれず、クリエーティブに考えられるようサポートしてくれました。ぼくのニーズに合うように学校環境を変えるか、学校の外で機会を見つけようとしてくれたのです。科学の授業をもうひとつ選択したかったときも、100%サポートしてくれました。ただ、両親はぼくが何に興味があるのかはあまり重要視していませんでした。むしろぼくが本当に興味のあることを見つけるプロセスが重要だと思っていました」

「たいていの子供は『創造』と聞いたら、発明家や科学者を思い浮かべるでしょう。ぼくは小さい頃、単純にモノを作りたかった。それが好きだったんです。ぼくにとってモノを作るということは科学者であるということでした。だから小学校と中学校では科学者のつもりで、科学を学ぶことに全エネルギーを注ぎました。でも大学に入ったら、自分は科学者ではないことに気がつきました。ひとつの問題について深く考えて実験を設計する、といった孤独な側面に魅力を感じなかったんです。ぼくが好きなのは、『みんなで作ろう』というコラボレーション的な作業。スタンフォードに入ってかなり早い段階で、それはエンジニアリングというものなんだと気がつきました」

「何のエンジニアになりたいかはまだわかりませんでした。だからとりあえず、いろんなことに応用できそうなコンピュータサイエンスを選びました。でもぼくは機械いじりや電気工学的なことが好きで、グーグルでプログラムを書く自分なんて想像できませんでした。誰も目にすることのないサーバーのプログラムを書くなんて、あまり魅力的だと思えなかったのです。ぼくは人が手に持って使うことができるプロダクトを作りたかった」

「それを独学する方法はないかと考えて、ロボット工学のことを調べ始めました。コンピュータサイエンス学部とイタリアの研究室で手術支援ロボットの研究もしました」

「修士課程は機械工学と電気工学の授業を中心に選択しました。『スマートプロダクトデザイン』という、組み込みシステム設計の授業を発見したのはそのときです。それが大学生活——ぼくは『プロジェクトキャリア』と考えたいのですが——の転機になりました。スマートプロダクトデザインとは、基本的にロボット作りのことです」

「授業の狙いは、機械工学の学生に電子工学とソフトウエア工学を教えて、組み込みシステムをつくれるようにすること。組み込みシステムとは、車や飛行機から電動歯ブラシまで、デスクに置いて使うコンピュータ以外のあらゆるコンピュータを意味します。基本的にはコンピュータですが、その物理的形状はタスクによって違います」

「それはスタンフォードの工学部でもいちばん長くてむずかしい授業でした。頭脳的にディープな関わりを求められるだけでなく、授業に全力投球しなければいけないから、本当にやる気がないとついていけない」

「ぼくの人生を変えたのは、その授業の内容ではなく、そのピープルプロセス（人を重視するやり方）でした。それまでぼくがスタンフォードで経験してきたのは孤独な作業でした。コンピュータサイエンスは特にそう。プログラムを書く作業ほど、現実世界のエンジニアリングとかけ離れた作業はありません。現実世界のエンジニアリングはチームワークです。ひとりで政治や社会や技術的な問題を全部抱え込んで解決できるわけがない」

「ぼくはクラスでいちばん奥が深い学生でも、賢い学生でもありません。でも自分がやりたいのは、複数の領域が重なる部分の価値を膨らませることだと気がつきました。ひとつの領域に5年間ものめりこむ博士課程には魅力を感じませんでした。ぼくは周縁に価値を加える方法を見つけたかったのです。エンジニアリングの分野では、それは統合エンジニアを目指すことを意味します。だから、その授業は最高だった。チームでいろんな領域が絡む問題に取り組み、いろんなツールを集めてひとつのソリューションを作り上げるんです」

「こうしてスマートプロダクトデザインの授業を選択したことが重要な転機になったわけですが、現在の道に進む上では、その後起きたことのほうが重要です。翌年ぼくは、この授業の助手をやることになりました。その経験のおかげで、自分が将来やりたいことを思い描けるようになった。アップルに声をかけられたのも授業助手だったときです」

「漠然とした問題を明確に定義し、解決方法を形にするのは本当に楽しかった。それはアカデミックな環境でやれる、現実のエンジニアリングにいちばん近い経験だったと思います。ぼくがアップルに入った後に声をかけた仲間は、みんなこの授業の助手をやっていた連中です」

第1章では、人がモノを創ったりイノベーションを起こしたりするには、内的モチベーションが必要だという話をした。また内的モチベーションを育てるには、子供のときの遊び、10代の情熱、大人になってからの目的意識が重要だと述べた。カークは子供のとき、遊びを通じて身の回りの環境を探り、自分にとっていちばん興味のあることを見つけるよう励まされた。そしてその過程で科学とものづくりへの情熱を育んだ。だがいちばん重要なのは、早熟な子供を持つ多くの親と違って、カークの両親が息子は将来科学者になると決め付けて、カークの進路を固定してしまわなかったことではないか。フェルプス夫妻は、カークが探求を続けるよう後押しした。カーク自身も言っている。「両親はぼくが何に興味があるのかはあまり重要視していませんでした。むしろぼくが本当に興味のあることを見つけるプロセスが重要だと思っていました」と。

フェルプス夫妻が常にサポートしてくれたからこそ、カークは大学時代も情熱を持って進化を続けられたのではないか。カークは、自分が本当にやりたいのは科学ではないと気づき、コンピュータサイエンスを学んでみたが、それもしっくりこなかった。だが、ついにスマートプロダクトデザインという授業と出合い、自分がやりたいのは、仲間と形あるモノを作ることだと気がついた。さらに授業助手という経験を通じて、その情熱は深い目的意識に進化したようだ。

カークの目的意識と内的モチベーションはさらに成長して、アップルでの経験を通じて深まっていく。カークのアップルでの経験は、目的意識に導かれて能力を磨いた若者の物語であると同時に、意図的に対立を生み出すことによってプロダクトの設計と製造にイノベーションを生み出す企業の物語でもある。次に紹介するのは、世界屈指の独創的な企業の文化と、そこで成功するためにカークが必要としたスキル、そして仕事の要求に見事応えたカークの成長の物語だ。

アップルへ

「アップルで初代iPhoneの開発チームに加わることになったのは、スマートプロダクトデザインの授業を取っていた人の紹介でした」とカークは言う。「あの授業は一種のスーパーノード（ピアツーピア通信網を可能にする高性能ユーザーのこと）を作っていました。つまり世界的に優れた人材を育成するのがうまい人たちを輩出していたんです。あの授業には、今すぐチームでものづくりをしたい学生が工学部じゅうから集まっていた」

「スマートプロダクトデザインの授業とアップルには、誰もが不条理なくらい大きな犠牲を払って努力しているという共通点がありました。みんな恐ろしくハードワーカーなんです。それも報酬のためでなく、自分のやっていることが正しいという信念があるからです」

「アップルの雇用契約書にサインすると、その日のうちに飛行機のチケットが送られてきました。初出勤の場所は大阪でした。以来、中国と日本に何度も行って、1年でマイレージが30万マイルたまり、体重は5キロ近く減りました」

「ものすごく大変な仕事でした。ぼくのチームは想像を絶する犠牲を払っていたと思います。うちに観葉植物があったら枯れていたでしょうし、イヌを飼っていたら逃げられていたでしょう。恋人がいたら捨てられていたでしょうね。チーム全員がそんな感じでした。でもそれが、そのときぼくらがやりたかったことなんです」

「こういうチームのリーダーは、仲間のやる気を保ち、自信を持たせる方法を知っていないといけない。ぼくはもっと早くにそういう能力、つまり政治的・社会的能力を磨いておくべきでした。とはいえ、エクセターではそういうチャンスはあまりなかったでしょうけどね」

「プロダクトマネジャーの仕事は、製造工程を動かすことではありません。何が妨げになっているかを理解して、それをチームに明確に示し、感情に流されず（社内外の関連部門と）冷静に緻密な取引をすることです。これをスムーズにやるにはマルチリンガルな人間になること、つまりいろいろなことがどう絡み合っているか理解する必要があります」

「ぼくがアップルでプロダクトマネジャーの仕事をこなせた唯一の理由は、光学エンジニアやメカニカルエンジニア、電気エンジニア、ファームウエアのデザイナー、インダストリアルデザイナー、それにパッケージエンジニアなど、すべての関係部門と話ができたからです。ぼくには彼らの仕事はできないけれど、彼らが何をしているかは理解していたから彼らを代弁してやれました。そして対立が生じたときは冷静に話し合いができたのです」

「対立は、優れたプロダクトを作る基本です。革新的であるはずの多くの会社がすばらしい製品を作れないのは、新しいプロダクトを作るには制約を取り除かなければいけないと考えているからです。でも制約を取り除いてしまったら、それを乗り越えるために考え抜き、イノベーションを起こす原動力がなくなってしまいます」

「アップルはこれを世界一うまくやる会社です。実は世の中にはクリエーティブな人やアイデアはあふれています。そんななかでアップルが抜群に大きな成功を収めているのは、プロダクトのコンセプトが優れているからだけではありません。エンジニアリングとデザインがしょっちゅう対立しているからなのです」

カークの言う対立とはどういうものなのだろう。

「iPhoneの開発では、あらゆる場面でデザイン部門とエンジニアリング部門が対立しました。最初の対立を挙げましょう。iPhoneの開発では、ディスプレーをできるだけ大きくすることが極めて重要と考えられていました。ディスプレーを筐体と同じ大きさに近づければ、小さなテレビのようなマジカルな外観になります」

「でもディスプレーをそこまで大きくするのは技術的にとてもむずかしい。普通ガラス板の縁には目に見えない小さなひびが入っていて、ディスプレーはそこから割れていきます。ディスプレーを筐体とほぼ同じ大きさにしたいなら、ディスプレーを非常に強靭にする必要があります。それには、縁がクリーンな（ひび割れのない）ガラスが必要です。アップルでのぼくの最初の仕事のひとつは、どうすればよりクリーンなカットのガラスを作れるかをサプライヤーと考えることでした」

「その話をサプライヤーにしたら、頭がおかしいんじゃないかという顔をされました。そんな要求をしてきた会社はなかったからです。日本のサプライヤーは自分たちの技術に自信を持っていたし、実際世界最高レベルのエンジニアたちです。それだけに『なぜそんなことを聞いてくるんだ。おたくの知ったことじゃないだろう』と、ものすごく憤慨していました」

「でもアップルはすべてのサプライヤーの仕事を把握しています。アップルのプロダクトが常に時代の最先端を行っているのは、サプライヤーの意見に耳を貸さないからです。サプライヤーに『御社で最高の製品を教えてください』と聞いた上で、『ではその25倍優れたものを作ってみましょう。

こうすればできると思うんですが』と提案するわけです」

「サプライヤーを奮起させるには、ぼくみたいな青二才を送り込んで、『こうしてみたらどうでしょう』と言わせるしかない。ディスプレーを目いっぱい大きくすることについては、アップルの最高幹部レベルですでに決まっていました。当然その決定はデザインを現実に移すときに対立を生みます。その場合まず、業界の誰よりも詳しくディスプレーのサプライチェーンを勉強しなくてはいけません」

「ディスプレーのサイズを筐体の大きさに近づけるには、もうひとつ問題がありました。電話を落としたときに衝撃を受けやすく、割れやすくなることです。この問題はガラスにステンレスの枠をはめることで解決されました」

「よその会社でこういうパーツを作ることは絶対にありません。なぜならそのたった1つのパーツを調達するのに、たいていの携帯電話以上のコストがかかるからです。しかもそういうパーツは大量生産できないと考えられていました。でもアップルは『CNC（数値制御装置で自動的に機械加工を行う工作機械）を買い集めて、どこも作ったことのないプロダクトを作るぞ』と宣言した。そして本当に、特殊なCNCフライス盤を世界中から買い集めたのです。ユニボディのマックを作れるようになったのも、このCNCのおかげです。今もユニボディのノートパソコンを作っているのはアップルだけです」

「アップルは大きな夢を掲げて、戦略的な（生産）能力を買い上げ、誰も作ったことのないプロダクトを作り上げます。普通のハイテク機器メーカーの重役が最初にすることは、何が安いかを見定めて、安い価格を維持すること。だからほとんどのスマートフォンはプラスチック製です。そういう重役は、『そのデザインじゃコストがかかる』と現場に口を挟む。アップルの重役はまず、偉大なプロダクトとは何かを考え、それを作るにはどうするのがいちばんいいかを考え、最後に安く作る方法を考えるのです」

「もちろんiPhoneにはすばらしいエンジニアリグとデザインが詰まっていますが、それが可能になったのは、経営陣が、自分の仕事はコスト削減だけではなく偉大なプロダクトを作ることだと理解しているからです。ぼくのチームはガラス張りのスマートフォンの第一号を開発しましたが、それはアップルがガラスをどうカットし、どんな色をつけ、どう強化するかに尋常ならざる労力と時間と資金を投じたからです」

「アップルでは誰もが、偉大なプロダクトを作るという会社の中核的価値観を理解しています。またアップルのプロダクトを偉大たらしめるものを大切にしています。すべての対立は、こうした理解に基づき解決されます。だからエンジニアリング部門が普通のスマホよりも高くつくステンレスのパーツが必要だと主張して、業務部が嫌な顔をしても、アップルの価値観に沿った決定方法と協力方法で対立が解消されるのです」

名物教授との出会い

カークの転機はスマートプロダクトデザインの授業だった。その授業での経験が、カークの目的意識を育み、新たなスキルを学び、アップルで仕事を得て成功することにつながった。では、それはどんな授業だったのか。調べてみると、カーク（と多くの若いイノベーター）の人生を大きく変えたのは、授業よりも担当教官だったようだ。「エド・キャリアーは教官であり、ぼくのメンターでもありました」と、カークは言う。

「こんなジョークがありました。エドが火星に行きたいと思ったら、夜空にバットシグナル（バットマンを呼び出すライト）を照らせばいい。たちまち世界中から元教え子が集まってきて、半年もすれば火星に行けるだろう——。エドは断然、スタンフォードで最高の教官です。エドとその授業はぼくの大学生活を一変させました」

「エドはスタンフォードでは興味深い存在です。研究専門の教授じゃないから、（スタンフォードのような）研究大学では見下される傾向があります。職業専門学校の先生みたいだってね。エドの授業はものづくりの方法を教えていて、純粋に学問的な要素はありません。でもエドが生み出している価値は、研究専門の教授たちよりもずっと大きい。シリコンバレーの有名企業はどこも、2人たどればエドの授業とつながっています。（電気自動車の）テスラモーターズやアップルにもエドの授業の出身者がいる。シリコンバレーのものづくりのリーダーばかりです。エドはこの授業を20年担当しているのに、毎年資金繰りに苦しんでいて、卒業生から寄付を募って授業を続けています。アカデミックなカルチャーではまったくサポートを受けられないからです」

エド・キャリアーはスタンフォード大学機械工学部のデザインラボラトリー（現在はデザイングループ）に所属するスマートプロダクトデザイン研究室の室長だ。肩書きは顧問教授（コンサルティング・プロフェッサー）。1975年にイリノイ工科大学で工学士の学位を取得した後、一般企業で働き、1986年にスタンフォードの博士課程に入り、1992年に機械工学の博士号を取得。産業界では、火力発電所や原子力発電所向けの浄水施設から、米航空宇宙局（NASA）で使われる防寒用電気手袋まで、さまざまなプロダクトのデザインを手掛けた。8年間デトロイトの自動車関連企業に勤め、自動車のエンジン制御システムの設計にかかわったこともある。現在はスタンフォードで教えるほかに、デザインコンサルティングの仕事もしている。

「スマートプロダクトデザイン研究室は、機械エンジニアがメカトロニクスと呼ばれる分野について学ぶ場所です。機械工学と電子工学とコンピュータサイエンスの交差点だね」と、キャリアー教授は説明してくれた。「学生の大部分は機械工学部の修士課程の学生で、電子工学やソフトウエアを学びにやってきます。カークのように、コンピュータサイエンスから入ってきて、あまり伝統的ではない方法、つまり組み込み工学やプロダクトに応用したいと考えている学生も何人かいます」

実際の授業ではどんなことをするのだろうか。

「私が目指しているのは、学生たちのエンパワメントです。いろんな材料を使いこなせるようになり、そのスキルでいろんなことができるようになったという自信を持ってほしい。講義もあり、いつも満員で教室から人があふれています。だが本当の学びは、授業で聞いたり本で読んだりしたことをラボで回路の設計やプログラミングに応用するとき得られます。最も重要なのは、こうした材料やスキルや応用力を全部統合すること。極めてハンズオン的で応用重視のアプローチです」

「真の統合作業はチームプロジェクトで行われます。この修士課程の中核をなす3つの講座の1つで、プロジェクトは少しずつ複雑になり、与えられる時間も長くなっていく。学べば学ぶほど、よりむずかしいタスクに挑戦できるようになります」

たとえばどんなプロジェクトがあるのだろう。

「学生たちは3回目の授業までに、マルチプロセッサを使いこなせるようになり、インタラクション装置とアクション装置を結ぶ無線通信の応用を学び始めます。たとえば先学期は『世界一危険な仕事』がテーマでした。するとカニ漁が極めて危険だということがわかったので、これをプロジェクトにすることにしました」

「学生たちはカニ漁船とリモコンを作り、私たちはラボのすぐ横にある池にいくつもの『カニポット（カニ捕獲用のカゴ）』を設置しました。カニポットにはそれぞれ無線ICタグが付いていて、漁船はまずカニポットの近くまで行ってICリーダーでカゴの中にカニが何匹いるか読み取り、実際にカニを捕獲して、波止場に戻り、カニを降ろす」

「プロジェクトはチーム間の競争にしてもいいことになっています。勝ち負けは成績には関係しませんがね。このクラスでは、船が浸水したら、つまり漁船に設置されている水センサーが水を感知したら、波止場に戻って修理しなければいけないことにしました。あるチームは（環境団体の）グリーンピースを自称して、カニを捕獲する競争はせずに、カニを守ることに決めた。そこでカニポットからできるだけたくさんのカニを捕獲し、わざと水センサーに水をかける方法を考案した。『浸水』した船はカニを全部逃がして、『修理のため』に波止場に戻らなければいけない。でもカニポットは空にしたから、逃がしたカニがほかのチームに捕獲されることはない。こうしてカニを助けたわけです」

　おもしろそうな授業だと私は感心した。プロジェクトには遊びの要素も入っていたからだ。

「これは私自身がずっと昔に学んだことです。プログラムに奇抜な要素があると、モチベーションが非常に高まります。あまりにリアルで経済活動に関係があるタスクを与えると、学生たちは楽しいと思えなくなる。たとえ私たちが考案したゲームと教育的な内容は同じでも、現実的すぎると学生たちの心に響かないし、彼らを魅了できないのです」

「私たちは毎年新しいプロジェクトを考案しています。このクラスの以前の履修者がコーチとして集まり、一週間ほどブレインストーミングをして、ひとつのプロジェクト案を作りあげます。まずプロジェクトの目的と、盛り込まなくてはいけない要素を考え、その上で楽しい要素を加える。また新しいテクノロジーを取り入れるおもしろい方法がないか考える」

「毎年違うプロジェクトにすることは重要です。そうすると『オレたちのプロジェクトはお前たちのよりずっとむずかしかった』なんて言い出す連中が出てきますがね」

　女子学生の割合はどのくらいなのだろう。

「あまり多くない。でも修士課程全体の平均よりはずっと多い――この授業を受けるといろいろなことができるようになると評判になっているからでしょう」

　キャリアー教授の口からはエンパワメントという言葉が何度か出てくる。いったいどういう意味なのか。なぜそれが重要なのか。

　教授は少し黙ってから答えた。「これは私自身の学生時代の経験にさかのぼります。私は教授たちが出す問題を解く方法はたくさん学びました。でもゼロから何かを作るという自信はまったく得られませんでした。現実の世界では、自分の知識を総動員しなければ解けない問題に直面します。その解決方法は独学しなければならなかったのです」

「私にとってエンパワメントとは、学生が世の中に出て未知の問題に直面したとき、自分が学んだことを応用して、それまで使ったことのない材料を使って解決できるようになるという意味です」

スマートプロダクトデザインの授業は学際的で実践的な色彩が強いようだ。それが大学というアカデミックな環境で問題となることはないのだろうか。

「この授業が（学内で）どう見られているかは気になりません。受講生が博士課程に進むと、ほかの学生にはできないことをやれるからです。少しばかり怖いもの知らずになるようです」

履修した学生たちが授業の有用性を示す証拠となって、キャリアー教授の立場を守ってくれているということだろうか。

「そのとおり」と、教授は言った。

授業の存続以外では問題はないのだろうか。

「私は顧問教授です。長いこと顧問教授は私だけでした（訳注：顧問教授とは博士号取得者で企業での実務経験等がありスタンフォードで教えることを希望する者に与えられる肩書き）。終身在職権はなく、一年ごとに契約を更新しています」

では、終身在職権がある教授たちと比べると給与もかなり低いのだろうか。

「報酬が気になるなら、大学教員にはなっていなかったでしょう。私が今やっているのは、伝統的な意味で学究的なことではありません。研究プロジェクトもやっていません。仲間の研究にはたくさん参加していますがね。私が力を注いでいるのは教えること、そしてこの授業が常に新鮮で、最先端技術の近くにいるようにすることです。学生たちには、自分が学んでいることが今まさに世の中で起きていることだと感じてほしい」

世の中で今何が起きているかを知り、最先端技術についていく授業は、研究とは見なされないのだろうか。

「見なされません。研究とはどういうものか私はわかっています。自分でも以前やっていましたからね。でもそれは私にとっていちばんエキサイティングなことではなかったし、いちばんやりがいを感じられることでもなかったのです。いいことと悪いことと半々だったかな。恐ろしく優秀な学生との出会いもありました。スタンフォードをやめようかと思ったことも何度かありますが、いつもデザイングループの仲間と学生のことを考えて思いとどまってきました」

では、キャリアー教授のような教え方がもっと広がるようにするには、大学はどんな報酬やインセンティブの仕組みを作るべきなのだろうか。

「スタンフォードやMIT、ジョージア工科大学、ミシガン大学などリサーチワンの大学（カーネギー財団高等研究所の分類で研究活動に極めて力を入れている大学のこと）はみな、博士課程に非常に力を入れています。ここスタンフォードでは、学生の少なくとも半分が大学院生。だから終身教授は、世界的な研究者であると同時にいい教師でなくてはなりません。でも明らかに重点が置かれているのは研究のほうです。教師としては世界的なレベルでも、研究者としてまあまあのレベルでは終身教授になれないのです」

大学の研究重視傾向は、学部生にとっては何を意味するのか。

「リサーチワン大学では、修士課程は実践志向が強いものの、学部は博士課程に向けた準備になりがちで、応用はあまり重視されていません。学生たちが将来何になるかはまだ決まっていないのだから、幅広い教育をしてやらないと危険だと思うのですが、多くの教授にとっては自分の専門分野を理論的に教えるほうが楽です」

これはずいぶん気がかりな話だ。未来のために必要なのは、博士号取得者を増やすことではなく、キャリアー教授が世に送り出しているタイプの人材を増やすことではないか。

「自分が担当しているから先入観が入りますが、工学部の主役は修士課程の学生です。会社を立ち上げるスキルを学ぶためにきたという学生が大勢います。起業家志望の学生には魅力的なプログラムなのです。私のようなテクノロジー系の授業もあれば、起業についての授業もある。多くの学生がここに集まるのは、(プロダクトであれ会社であれ)新しいものを作る刺激があるからでしょう」

キャリアー教授はカークを覚えていた。学生時代のカークの原動力は何だったのだろう。

「カークは抜きん出ていました。学生としても、授業助手としての働きもすばらしかった。とても熱心で頭がキレる青年でした。自分が学んでいることと、それを使ってやれることに興奮していましたね。早い時期から自分がどういった方向に進みたいか、かなりしっかりした考えを持っていたようです。アップルでの仕事はキャリアというより、将来のための修業と考えている印象を受けました」

「ただ学位は取るべきだったと思います。学位なんて必要ないレベルにまで到達したのかもしれませんが、いつ会社の人事部から、『彼はダメだ。学位がない』と言われるかわかりませんからね」

エンパワメント

キャリアー教授の話は、若者をイノベーターに育てる上で欠かせない要素を数多く教えてくれる。たとえば学生に現実的な問題を解決させることでスキルを習得したかどうか確認するハンズオン・プロジェクト、さまざまな領域を活用する問題解決法、そしてチームワーク。だが私がいちばん気になったのは、キャリアー教授が言った「エンパワメント」と「奇抜さ」という言葉だ。

学校教育でエンパワメントという言葉はめったに聞かないし、大学院の教官から聞くとは思ってもみなかった。だがキャリアー教授が自分の受けた教育の欠陥（テストに合格するための知識は学んだが、自分では何もできなかったこと）を説明するのを聞いて、エンパワメントが合理的な目標に思えてきた。学問的な知識は、それだけではあまり役に立たない。イノベーションの世界で最も重要なのは、新しい状況や問題に直面したとき、学問的な知識を応用できることだ。キャリアー教授のエンパワメントには2つの側面がある。まず、課題を解決するためのスキルを教えること、そして課題の難易度を少しずつ上げて学生に自信を持たせることだ。教授は、自分の授業を受けた学生は博士課程で「少しばかり怖いもの知らずになる」と言った。カークにもそんなところがある。

では、奇抜さはどうだろう。この言葉を（教育の分野で）最後に聞いたのはいつだったか思い出せないくらいだが、考えてみると、その言葉がキャリアー教授の口から出てきたのは驚くことではないのかもしれない。奇抜であるということは一種の遊び、しかも大人の遊びだ。第1章でＭＩＴの学生が特大スケールのいたずらを愛する伝統を紹介したが、彼らもまた奇抜な生き物なのだ。つまり子供の学びで遊びが大きな役割を果たすように、大人の学びでも遊びの要素は重要なようだ。とすると遊びは、情熱と目的、そして内的モチベーションの一要素といってよさそうだ。

カークはキャリアー教授の授業を、「受けたいと思わずにいられない」ものだと語った。この授業では、学生たちのやる気の源は「いい成績を取りたい」という欲求ではなく、「チームの一員である」という事実にあるようだ。おもしろい課題が与えられ、それを解決するには、さまざまな領域で学んだことや、新たに学んだことを総動員しなければならない。それが学生たちをやる気にさせる。しかもそれが楽しい。私が聞いたかぎり、キャリアー教授の学生たちは、ほとんどの学生よりも、内的モチベーションに駆り立てられて学んでいるようだ。

教授との会話で話題にあがったもうひとつのテーマ、つまりリサーチワンの大学が重視すること（としないこと）に関する話は、私にとって驚きであり、憂慮すべきものだった。私はスタンフォードやＭＩＴやハーバードといった研究系大学とその大学院は、アメリカの未来のためにイノベーションと富を生み出す場所であり、だからこそ世界の羨望の的なのだと考えていた。だが実はそうではないのかという疑念が、話を聞くうちに浮かんできた。

カークはスタンフォードで受けた多くのアカデミックな授業について、ひと言も触れなかった。彼にとって最高の教師であり最も重要なメンターは、大学の例外的な存在だった。エド・キャリアーは、企業で数十年間工業デザインの仕事をした後、1992年にスタンフォードで博士号を取得。それ以来、1年契約で教壇に立ってきた。キャリアーが学内で昇進したり終身在職権を得る見込みはゼロ。スマートプロダクトデザイン研究室も、毎年卒業生から寄付を募って維持されている。スタンフォードはものづくりをする人間よりも、博士号取得者を輩出することにずっと力を入れているというキャリアー教授の話は衝撃的だった。

スタートアップで自分試し

カークはなぜアップルを辞めたのか、そしてアップルを辞めた後は何をしてきたのか。彼の話を聞いていると、現在のカークは自分が何を学べるかだけでなく、世の中にどんな貢献をできるかに基づき仕事を評価していることがわかってきた。ますます目的意識を深めているというのが私の受けた印象だった。

「2008年の夏にアップルを辞めました。アップルの製品開発で学んだことを、新しい場所で応用したいとワクワクしていました。もっと新しいことを学びたかったんです。生まれた時期と場所のおかげで、ぼくは本当に貴重な学習機会に恵まれてきました。ひとつの仕事を10年もやるなんて、間違っている気がします。ぼくは自分の引き出しに道具を増やし続けたいんです。たとえその道具で何をするかまだわからなくても」

「アップルの後（小さなベンチャーキャピタルの）ファウンデーション・キャピタルで仕事を始めました。

そこを選んだのは創業者たちが『実行派』だったから。みんなその前に一般企業で長く働いた経験がありました。そういう人たちから学びたいと思っていたんです。でもそこが通過点であることはわかっていました。だからファウンデーション・キャピタルで新たな投資チャンスを発掘したり、投資先にアドバイスやサポートをしたりしながら、次の仕事を探していました」

「サンランは投資先のひとつでした。ぼくは彼らの面接をして、すばらしいチームだと思ったし、ビジネス的にもエキサイティングなチャンスだと思ったんです」。こうしてカークは２０１０年の夏、シニアプロダクトマネジャーとしてサンランに加わった。

「サンランは世の中の電気に対する考え方をがらりと変える可能性があります。これほど大きなチャンスはめったにないでしょう。サンランは一般家庭向けの太陽光発電サービス業者で、太陽光パネルを所有し、その設置、保証、メンテナンスを行います。契約世帯は毎月安価な電気代を払うだけでいい。目標は20年以内にアメリカ最大の家庭用電力供給業者になることです。サンランと買電契約を結ぶと、たいていの家庭ではすぐに電気代が10～15％安くなります。公共料金の値上がりが続けば、割安感はもっと高まるでしょう」

「顧客からのフィードバックは、『財布に優しいことが地球にも優しいなんて最高』というものが多いですね。サンランでは顧客にもっと喜んでもらえるように、顧客の声を聞くことにとても力を入れています。ぼくらは新しいタイプの環境活動家を生み出しています。ガチガチの環境保護主義者ではなく、環境に優しい方法がスマートだからサンランを選ぶというソフトな環境活動家です」

「ぼくの仕事は再生可能エネルギーにかかわる顧客経験を設計し、実現することです」

親が子供を信頼する

カークの物語は、ひとりの若者が独創的なビジネスに関わるようになった経緯について興味深いことをたくさん教えてくれる。カークの両親は、見たところ郊外の普通の家庭の親だ。ところが話を聞くうちに、彼らの子育て哲学が息子のイノベーション能力を伸ばす上で欠かせない役割を果たしたことがわかってきた。それは子供たちと過ごす時間であり、学習とは試行錯誤を通じた発見なのだという考え方であり、子供たちの学習プロセスへの関心、さらには決まり事と自由のバランスだ。なかでもカークの自信と探究心という内的モチベーションを重視したことが、決定的に重要な役割を果たしたように見える。フェルプス夫妻にとって学習とは、目的（いい学校や会社に入る）のための手段ではなく、それ自体が目的だった。

フェルプス夫妻が子供たちの決断を躊躇なくサポートしたことにも、私は感銘を受けた。それが型破りな決断だったり、リスキーな決断に見えても、その姿勢は変わらなかった。カークが高校の卒業証書をもらわずにエクセターを辞めたときも、学士号も修士号も取得せずにスタンフォードを辞めたときもそうだった。また後で知ったことだが、カークの弟は才能あるスポーツ選手で、高校のとき私立校から公立校に転校したいと言い出した。そのほうが全米大学体育協会の一部リーグ校に入れる可能性が高かったからだ。このときもフェルプス夫妻はその決断を１００％サポートした。

彼が大学卒業後プロ選手になりたいと言ったときも賛成した。さらに夫妻が子供たちに、社会に「恩返し」すること、つまり貢献する重要性を教えたことにも私は心を打たれた。

カークが受けてきた教育を振り返ると、エリート私立高校は、彼のイノベーション能力を高める上でさほど大きな役割は果たさなかったようだ。父親のコードは、「生徒はみな同じ学び方をするように指導されていました。……そこ（ハークネス・メソッド）から導かれる結論は非常にありきたりなものでした」と語った。こうした不満は、さほど驚きではなかった。私はアメリカのトップクラスとされる公立高校と私立高校のいくつかを研究してきたし、実際にこうした学校で教えたこともあるからだ。いわゆる名門校の多くにおける学び方と教え方は、その評判を大幅に下回る。

これに対してカークの大学時代は、少しばかり複雑だ。現在、高校卒業時に誰もが「大学進学レベル」の学力を身につけているべきで、大学進学者を増やすことが未来のカギだと広く考えられている。またビル・ゲイツをはじめ多くの企業経営者は、企業の競争力を高めるには、大学でＳＴＥＭ（科学、技術、工学、数学）を専攻する学生を増やす必要があると主張している。だがゲイツもマーク・ザッカーバーグも、スティーブ・ジョブズもマイケル・デルもディーン・ケーメンもポール・アレンも、多くの優れたイノベーターは独創的なアイデアを実現するために大学を中退している。カークもそうだ。ヘンリー・ラトガーズ（ラトガーズ大学の名前の由来となった18世紀の篤志家）の表現を借りると、学校がこれらイノベーターの教育を邪魔していたのだ。ジョブズによると、彼が大学で取った授業のうち、初代マッキントッシュに最も役立ったのはＳＴＥＭ関連の授業ではなくカリグラフィーの授業だった[2]！

第1章で述べたように、ハーバード大学経営大学院のテレサ・アマビール教授は、人間の創造性を伸ばすのは専門性、クリエーティブな思考力、そしてモチベーションの3つだとした。カークの場合、このうち最も重要性が低かったのは専門性のようだ。カーク自身も、「何を勉強するかはそんなに重要ではない」と言ったように、専門知識はあまり重視していない。だからといって、アカデミックなことや専門知識が不要だと言っているのではない。キャリアー教授もアカデミックなことは教えているし、カーク自身、キャリアー教授以外の授業では、多くの理論や学問的なことを学んだだろう。こうした知識はカークが学び続け、問題を解決する基礎になった。だがそれよりもはるかに重要なのは、知識を応用する力であり、なるべくヒビが入らないようにガラスをカットする方法といった新しいことを学ぶ能力だ。

学生にSTEM系の専攻を勧めるだけの提案に、私は疑問を持つようになった。カークがアップルで活躍する上では、アマビール教授がクリエーティブな思考力と呼ぶものや、カークが政治的・社会的能力と呼ぶもののほうがずっと重要な役割を果たしたように見える。そして何より重要だったのは、カークの内的モチベーションと目的意識だったようだ。カークが選択したすべての授業のなかで、彼の成長に最も大きな変化をもたらしたのはキャリアー教授の授業だった。

イノベーションの文化

キャリアー教授の授業では、単なる技術的な知識よりも、内的モチベーションとクリエーティブな思考力のほうがずっと重要な役割を果たす。またそこで習うアカデミックな内容は、それ以外の要素ときちんとつながっている。理論や専門知識は単独で学ぶべきものではなく、問題解決の手段なのだ。最終「試験」では、理論を暗記していることではなく、専門知識を使って与えられた課題をどう解決したかが評価される。また授業ではチームワークが要求され、さまざまな領域の知識を持ち寄る必要がある。そこにはほとんどのSTEM系科目とは大きく異なるカルチャーがある。

　従来型の高校や大学の教育カルチャーには、キャリアー教授のクラスのカルチャーとは絶対的に相容れない3つの基本的特徴がある。第1に、従来型の学校では個人どうしの競争や実績を評価するが、キャリアー教授は**チームワーク**を重視する。第2に、従来型の授業では、細分化された科目の専門知識を教えてそれを暗記しているかどうかを問うが、キャリアー教授の授業では課題をベースに**分野横断的なアプローチ**が取られる。第3に、従来型の学校は外的インセンティブ（成績や評価点）をちらつかせて学生の尻を叩く。これに対してキャリアー教授の授業は、**探求**や**エンパワメント**や**遊び**（あるいは奇抜なアイデア）といった**内的インセンティブ**を駆使する。

　チームワークと分野横断的なアプローチ、内的モチベーション、そして冒険してみようという自信につながるエンパワメント――こうした要素はアップルのカルチャーにも欠かせなかったとカークは言っていた。常識的に考えれば、最も独創的な企業で働けるように学生たちを育ててくれる授業が、そうした企業とよく似たカルチャーを持つのは当然だろう。カークも言っていた。統合プロジェクトは、「アカデミックな環境でやれる、現実のエンジニアリングにいちばん近い経験だった」と。

こうした教室または学校のイノベーション文化は、アマビール教授が唱える創造性の3要素（専門性、クリエーティブな思考力、モチベーション）モデルのどこに組み込めるだろう。私は第1章で、この3つの要素が重なる図を紹介し、イノベーション能力の育て方を理解するために改案した。教室や学校のカルチャー（価値観、信念、行動）を、専門性とクリエーティブな思考力とモチベーションに影響を与える要素として、3つの輪を取り巻くように配置したらどうだろうか。下図のようになる。

新たなる疑問

では、若者のイノベーション能力を育てる上で、大学はどれだけ重要な役割を果たすのか。単に学生にＳＴＥＭ系の授業を選択させればいいのか、それともキャリアー教授が実践して

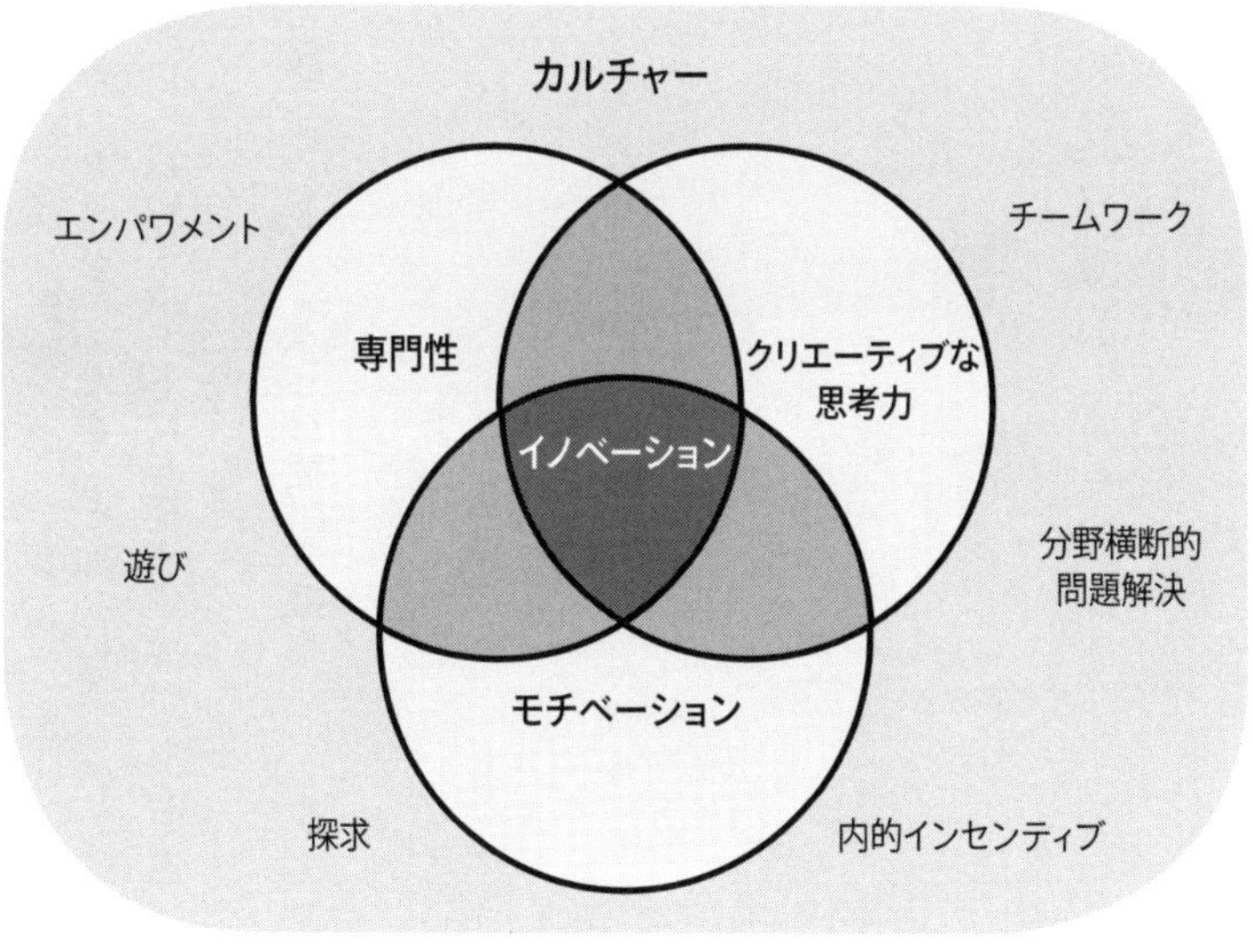

いるような、違う教え方が必要なのか。

カークは余裕のある中流家庭に生まれて私立学校に通わせてもらえたが、そんなに運のいい家庭ではない場合、イノベーターの育て方に違いはあるのか。親のサポートにも経済環境によって違いが生じるのか。

次章では、さらに4人のSTEM系イノベーターを紹介して、こうした疑問を探る。

3

STEM
Innovators

STEM系イノベーター

シャナ・テラーマン

シャナ・テラーマンは、子供のときからアーティストだった。「よく私のオフィスに来て、ティッシュペーパーで人形を作っていた」と父親のケネス・テラーマンは言う。「ある日ハイキングから帰ると、森の情景を靴箱に再現しました。7歳か8歳のときのことです」。それがシャナの将来を予言する出来事だったとは、本人も両親も思いも寄らなかった。2006年、24歳になったシャナは、3Dデザインのウェブプラットフォーム「ワイルドポケッツ」を提供するシム・オプス・スタジオを設立。2010年秋に同社が3D設計ソフト大手のオートデスクに買収されると、オートデスクのプロダクトラインマネジャーに就任した。「ワイルドポケッツ」は、オープンソースのゲームデザインサイトとして現在も存在し、誰でもそのツールを使えるようになっている。①

「シム・オプス・スタジオを立ち上げた狙いは、誰でも3D設計プロセスに参加できるようにすることでした」と、シャナは言う。「でも今はもっと大きな舞台で、デジタル世界だけでなく現実の世界にもインパクトを与えています。オートデスクでは、持続可能で効率的で無駄が少なく、大幅な経費削減が可能な設計支援プロダクトをつくっています。建築現場にいる建築家やエンジニアは、携帯端末からクラウド上の設計図やソフトを開き、いろんなパーツやデザインを視覚的にシミュレーションできます」

シャナはメリーランド州ボルティモアで生まれ育った。父親のケネス・テラーマンは小児科医で、母親のドナ・ベスレンズは看護師として、学校保健のプログラムづくりに関わっている。「公立の

▶ Meet Shanna Tellerman
http://vimeo.com/34085088

学校に行かせるのはやめようと早い時期で決めていました」と、ドナは振り返る（当時ボルティモア市の公立校は中退率が非常に高く、全米で有数の荒れた学区とみられていた）。

「シャナは8年生（日本の中学2年生）までユダヤ人学校に通ったためか、高校を探し始めたとき、『信仰のない学校には行きたくない』と言い出しました。友達は近隣の名門私立学校に手当たり次第に願書を出していたのですが、シャナは自分の価値観に近いクエーカー教系のボルティモア・フレンド高校にだけ出願しました」

「フレンド高校はシャナのアートへの関心を伸ばしてくれました。あるアートの先生は特にシャナに目をかけてくれた」と、父親のケンは言う。

それはシャナも実感しているようだ。「いちばんよかったのは、高校でアートを専攻できたこと。ほぼ毎日アートの授業を受けられました。先生は生徒それぞれにあったアプローチをしてくれたから、私も自分がいちばん関心のある分野で力を伸ばせたんです。小さな屋根裏部屋みたいなスタジオで創作活動に没頭したのが懐かしい。光と影のコントラストが美しく、温かみのある部屋でした。毎日1〜1時間半ほど静かな環境でアートに没頭できたのは最高の気分転換になりました」

大学受験は高校生活でいちばん大変なことだったと、シャナは言う。

「私の志望校には、ボルティモアの私立高校でスポーツも勉強も頑張ってきた白人中流層の女の子たちが大勢出願していました。私の取り柄といえばアートくらいでしたが、多くの大学はアートの能力を重視していません。第1志望はペンシルベニア大学で、ダメもとでエール大学にも出願しました。どちらもおもしろそうなアートプログラムがあったからですが、どちらも不合格。ものすごく落ち込みました。あんなに頑張ったのに『まだ足りない』と言われている気がして。でも、ポートフォリオ・デー（アート系大学が集まって進学希望者の作品を講評してくれる日）に、カーネギーメロン大学が私の作品を見てくれて、すぐに合格にしてくれたんです。カーネギーメロンは私のサッカー部での活動も認めてくれて、サッカー部に入るという条件で奨学金もくれました。すごく行きたかった大学ではないけれど、これ以上の好条件はないとすぐに心を決めました」

シャナの両親は、娘が大学でアートを専攻することについてどう思ったのだろう。

「妻も私もアートは苦手。私は棒線画を描くのがせいいっぱいです。でも子供たちに才能があることは小さい頃からわかったし、その関心を育てる努力もしました」と、ケンは言う（シャナの10歳下の妹も才能あるアーティストだ）。「あるとき子供たちの遊び部屋をアトリエに改造しました。シャナはそこにこもるのが好きで、出てきたときはチャコール（木炭）や絵の具だらけの顔を輝かせていました。アートが大好きなことは明白でした。私たちは基本的に、シャナが自分で進路を選べるようにしました。彼女なら自分がやりたいことを見つけられるという信頼があったし、自分で決めた道を進むほうがハッピーになれると思ったからです。アートで生計を立てるのは無理だとは、決して言いませんでした」

「（アートで生計を立てるのはむずかしいと）思ったことはもちろんあります。でも口には出さなかった」と、母親のドナも言う。

「（進路に関して）どこまで子供の好きにさせるかは判断がむずかしい問題です。でもシャナには、自分のことは自分でやるという責任感がありました。親としては、『やりたいことをやるのは結構。

Tellerman's on Parenting
http://vimeo.com/34675943

ただし基本的なルールは守ること』というスタンスでした。部屋を片付けたり、夏休みにアルバイトをしたり、地域や国の奉仕活動をしたり。子育てに明確な地図はありません。私たちは、『おまえは本当にアートの才能があるね。すごい』と言ったこともないのです。自分がやりたいことを追いかけるほかにも、大切なことはあります」

「シャナのアートへの関心が現在の仕事につながるとは思いもしなかった」と、ドナは続ける。

「ただ彼女は社会的な正義感が強いから、それが大きく影響したと思います。きっかけはビジネスとはまったく無関係。シャナが大学院で最初に開発したのは、緊急救援隊員のための訓練用ソフトウエアでしたから。本人も自分がスタートアップ企業のCEOになるなんて思いもしなかったでしょう。でも彼女にはビジョンがあって、それを実現するには会社を設立するしかなかった」

アート専攻の学生からCEOへ

アート専攻の学生からスタートアップ企業のCEOになるまでの道のりをシャナに聞いてみた。

「カーネギーメロンの4年生のとき、ランディ・パウシュ教授（コンピュータサイエンス）の『バーチャル世界の構築』という授業を取りました。それまでで最高の授業でした。人生の方向性やキャリアに対する考え方などすべてを変える、目の覚めるような経験でした。今この授業を担当しているのはジェシー・シェル教授という、やはりすばらしい先生です。シェル教授は、シム・オプス・スタジオの元になったプロジェクトの顧問で、シム・オプスの共同創業者のひとりでもあります。

パウシュ教授とシェル教授は多くの人に大きな影響を与えたと思います」

「『バーチャル世界の構築』の授業は集中トレーニング講座のような雰囲気でした。各チームが2〜3週間単位でいろいろなプロジェクトを完成させるもので、ヘッドフォンやハンドセンサーやゴーグルを付けて360度の3D空間を経験できるバーチャルリアリティー環境を作るのです。各プロジェクトが完成したら、授業で発表してクラスメートの意見を聞く。前期の終わりには学内プレゼンテーションがあり、全米から業界関係者が見学に来ます。私はその学期にやった5つのプロジェクトのうち3つが学期末プレゼンテーションに選ばれました」

「その授業でいちばん強烈だったこと、そして私の興味の対象を変えたのは、コラボレーションでした。コンピュータサイエンスや美術、音響デザイナー、3Dモデラーなど、いろんなバックグラウンドの学生との共同作業は本当に楽しかった。まずアイデアをひとつに絞って、それを形にするわけですが、タイトなスケジュールの中でチームが脱線しないように気を配りつつ、モチベーションを維持しなくてはいけません。学期末のプレゼンは最高にクールな経験でしたが、私が本当に夢中になったのは、それまでのプロセスです。忙しいスケジュールの中でいろんな人と協力して、いろんなビジュアルを試す……。何よりも私を動かしたのは『人』でした」

1999年、パウシュ教授はドン・マリネリ教授（演劇）と、エンターテインメント技術に関する学際的な修士課程「エンターテインメント・テクノロジー・センター（ETC）」を設立した[2]（パウシュ教授は膵がんにより2008年に47歳で他界した。その「最後の授業」はYouTubeで公開されており本にもなっている[3]）。2002年からETCで教えているシェル教授（訳注：2012年に引退）が、

ETCの始まりについて語ってくれた。「芸術学部とコンピュータサイエンス学部が共同で設立した修士課程で、両学部とは独立して運営されています。立ち上げたのは現状維持には関心のない2人の変革者（パウシュ教授とマリネリ教授）。2人は大学側と交渉して、『ETCの活動に口出ししないこと、その代わり運営は自分たちでやる』という合意を取り付けました」

パウシュ教授の授業に感動したシャナは、ETCに進むことに決めた。「大学院はすべてプロジェクトベースで進められました――半年ごとに1プロジェクト。2年間それだけで授業やテストはゼロ。各チームは現実のクライアントか課題を与えられます。成績はプロジェクトの初め、中間、最後のプレゼンで決まり、最後のプレゼンは修士課程全員の前で行い意見を聞きます」

「私は2003年度の後期、『ハズマット・ホットゾーン』という名前のプロジェクトに取り組みました。ビデオゲームの技術を使った緊急救援隊員の訓練用シミュレーションシステムです。ごく早い段階でニューヨーク市消防局の危険物質の研修担当者だったトニー・ムソーフィティに相談して、プロトタイプを見てもらいました。すると『いいね。でも私たちが本当に必要としているものを教えてあげよう』と言われたのです」

「ニューヨーク市消防局は9・11テロで多くのスタッフを失いました。特にたくさんの上級スタッフが犠牲になったため、若手スタッフを急いで育てる必要がありました。火事ひとつにしても、火以外にいろいろな危険があります。実地訓練ができればいちばんいいけれど、それにはお金も時間もかかる。そこでビデオゲームの技術を使えば、コストもかからず、火事の現場にいるような状況を作り出せると思ったのです。トニーは、災害のシチュエーションや危険の種類を選べるシステムを希望しました。また訓練の途中で一度ストップしてそれまでの動きを見直し、必要ならもう一度同じシーンの訓練ができるようなシステムがいいと。そこで私たちはプロトタイプを作りました。当初トニーが割いてくれた時間は2時間だけでしたが、プロトタイプを見てからは本気で関わってくれるようになりました」

「ひとつの学期が終わるとたいていのプロジェクトも終わりになります。私は大学院1年生が終わると、夏休みに（コンピュータゲームの）エレクトロニック・アーツ社でインターンをして、シミュレーションゲーム『ザ・シムズ2』の開発にかかわりました。そのまましばらく働くことも考えました。でも結局は大学に戻りました。戻ってよかったと思います。2年生の前期・後期ともハズマット・プロジェクトを続けていいと言われたのです。このプロジェクトは多くの関心を集めたため、私は修士課程を終えると大学に雇われて、プロジェクトを続けるための資金を調達することになりました。ものすごい数の助成金に応募しましたが、何しろ実績がないので、大きな助成金をもらえる可能性はほとんどゼロでした」

「この時期にテッパー経営大学院の授業を聴講しました。プロジェクトの計画方法や管理方法を学んでおくべきだと思ったからです。それ以来、どうすれば私たちがやってきたことをビジネスに結び付けられるかをもっと考えるようになりました。そしてそこで知り合った小さな投資グループに勧められて、2006年1月にシム・オプス・スタジオを自分で立ち上げたのです。でも起業については本当に何も知らず——シリコンバレーという場所が存在することさえ知りませんでした。最初に投資してくれたのは、アイデア・ファウンドリという地元ピッツバーグの経済活性化を図る非営利団体でした。その2年後、シリコンバレーの投資家が関心を示してくれました。ただし投資の条件は、私がサンフランシスコに引っ越して直接経営の指導を受けること。そこで半年間サンフランシスコの友達のアパートに寝泊りさせてもらいました」

それから5年間、リーマンショック後の不況の中、シャナのチームは何とかビジネスを軌道に乗せようと奮闘した。まずわかったのは、消防局など多くの緊急救援機関は、シム・オプス・スタジオのシミュレーションシステムを購入する予算がないことだった。そこでシャナは新しいプロダクトを考えた。専門的な知識や技術がなくても、誰でも（教師でも非営利組織でも）合理的なコストで3D環境を作れるシステムだ。シム・オプスの設立を手伝ったシェル教授は、「シャナには不屈の精神がある」と語る。「とにかくやってみると言うんです。怖いもの知らずで、信じられないくらい粘り強い」

2010年秋にオートデスクがシム・オプスを買収するときまでに、シャナは350万ドル近くの資金を調達していた。彼女と9人のチーム（まだピッツバーグにいた）は、プロダクトを作りその有効性を証明していたが、収益モデルが見つからなかった。そこにオートデスクが買収の名乗りを上げてきた。「シム・オプスがうちの会社のレーダーに引っかかったのは2年前のことです」と、オートデスクのマイク・ヘイリー部長（新型プラットフォーム技術担当）は言う。「初めてシャナと会ったとき、とても感心しました。テクニカルなスキルではなく、彼女の幅広い考え方にね。でもそのときはタイミングが合わなくて買収は見送った。だが次にチャンスがめぐってきたとき、ピッツバーグでシム・オプスのチーム全員に会ったところ、エンジニアリングとデザインのバランスが見事に取れていました」

ヘイリー部長から見たシャナの長所と短所は何だろう。オートデスクにすぐなじんだのだろうか。

「創造的な環境にいるとき最も重要なのは、失敗を恐れないことです。シャナはクリエーティブなことが好きで、失敗してもくよくよしない。強力なビジョンがあって、リーダーシップも出てきた。ただ、チーム作りや適切なプロセスの立案はまだ苦手らしく、この部分ではまだ成長の余地があるでしょう。それでも（買収されてからの）5カ月で、彼女はスポンジのようにいろんなことを吸収してきました。だが2～3年もしたら、ここで学ぶべきことはあまりなくなるでしょう。自信がついて、起業したりもっと新しいことを試したくなるんじゃないかな。シャナはひとつのことに一心不乱に突き進むタイプじゃない。もっとクリエーティブです。大企業で大きな事業部門を動かす上級幹部になるかもしれないし、小さな会社のCEOになるかもしれません」

シャナは自分の将来についてははっきりしたビジョンがあるようだ。

「今までの人生で最高の経験は、豊かなアイデアを持つ人たちと一緒に仕事をしたこと。本当に最高！　何かを一緒に作り上げ、シェアし、一緒に笑う。それで得られる達成感は、やみつきになります。パウシュ教授の授業を受けるまで知らない感覚でした。アートは基本的には孤独な作業ですし、中学校や高校でやるグループ活動も、みんなでひとつのものを構築するわけではありませんでしたから」

「大きな会社で働くのは楽しいのかどうか不安でした。大きな会社は部門ごとに壁があるとか、意思決定にとてつもなく時間がかかるとよく言われます。でもオートデスクは、スタートアップのような雰囲気が残っていました。もちろん人事部のようにスタートアップには絶対にない部署もあるけれど。私が気に入っているのは、会社が興味深い大きなゴールを設定していて、そのために業務チームやエンジニアリングチームなど、いろんなチームが協力していること。すべてがすばらしく賢い人たちとのチームワークなんです。自分でも想像もしなかったようなものを作り上げる――そういうコラボレーション的なところは大学院時代と同じ。イノベーションを続けられるかぎり、オートデスクにいてもいいと思っています。そのスピードが落ちたら、別の会社にいくか、またスタートアップを立ち上げます」

なぜそんなにイノベーションが大事なのだろう。

「私にとってイノベーションとは、この世界で意味があること、人々にインパクトを与えること、そして人をワクワクさせることをやるということ。企業には2種類あると思います。ひとつはうまく回っているけれど仕事のペースが遅い古風な会社。社内で何が起きているかよく把握しているし、システムもきちんとしていて、物事の進め方も決まっている。もうひとつは破壊を繰り返す会社。アップルはスタートアップのように経営されています。こういう会社は迅速なプロトタイピングとイテレーション（短期間の開発の繰り返し）を通じて、イノベーションを続ける。未来がどうなるか絶えず考える。確かに企業は利益を上げなくてはいけないけれど、本当の成功とはその利益を継続的なイノベーションに投資することで得られます」

中流家庭とイノベーター

シャナが歩んできた道のりは、カークの話と似ているところがたくさんあった。どちらも両親が先のことを心配せずに、子供に自分の興味のあることを追いかけさせ、その内的なモチベーションを育てた。またどちらの親も、子供が思春期に自分の学校について重大な決断を下すのを許している。彼らは子供の判断を信頼した。そしてどちらの家庭も、子供が「(社会に) 恩返しする」方法を考えるよう促した。

またシャナもカークも実践的かつ分野横断的な授業で、思い切って冒険することを奨励され、チームワークが要求されるプロジェクトを通じて人生が変わる経験をした。どちらにとっても、学生生活で最もエキサイティングだったのはコラボレーションとリアルなものづくりだった(それは2人にとって人生初の経験でもあった)。こうした授業のおかげで、2人の情熱はより深い目的意識へと進化した。前章の最後で示したイノベーター育成モデルで考えると、こうした授業のカルチャーが2人の内的モチベーション、そしてクリエーティブな思考力と専門性を豊かにした。そしてシャナが受けた授業もカークが受けた授業も、伝統的な大学教員の型にはまらない人物が教えていた。

また2人は、独創的な大手企業とスタートアップの両方で働いた。そして世界に変化を起こしたいと意気込む起業家精神あふれるイノベーターに成長した。

フェルプス家とテラーマン家は、経済的にはどちらも典型的な中流家庭だ。では、文化や経済状況が異なる家庭はどうなのか。果たしてフェルプス家やテラーマン家と同じような価値観で子育てをしているだろうか。その子供たちもやはり、大学で型破りな指導者に出会い、人生観が変わるような経験をしてイノベーターに育っていくのか。次は現在20代前半の2人のイノベーターと、30代前半のイノベーター兼起業家を紹介しよう。3人が過ごした幼年期や思春期は、カークとシャナのそれとは大きく異なる。

ジョディ・ウー

ジョディ・ウーは、2009年にマサチューセッツ工科大学(MIT)で機械工学の学士号を取得。その後、カリフォルニア大学バークレー校の全額支給奨学金を断って、タンザニアで「グローバル・サイクル・ソリューションズ」を立ち上げた。現在24歳のジョディは、「自転車をイノベーションの手段にする④」をモットーに同社の社長兼CEOを務めている。

「両親は1980年に台湾からアメリカに移住してきました。私が生まれたのはその7年後です」と、ジョディはコーヒーを飲みながら語り始めた。「こちらに親戚がいて、アメリカは自分たちの子供にとってチャンスの国になると考えたのです」

「私はずっとジョージア州コンヤーズで育ち、地元の公立学校に通いました。両親は小さな中華料理店を営んでいました。私が16歳のとき売ってしまいましたが、それまではそこが私の世界の中心でした。レストランのテーブルで宿題をしたのを覚えています。小さなときから店の手伝いをしていました。高校はロックデール・マグネット科学技術高校(RMSST)に通いました。ロックデール郡高校の一部教室を使って運営されていて、数学と科学の授業はＲＭＳＳＴで受け、それ以外の科目はロックデール郡高校の授業を受ける仕組みでした」

「当初は友達と同じ高校に進みたかったから、ＲＭＳＳＴには行きたくなかった。でも『嫌ならいつでも戻れるから』と父に言われて、行ってみることにしました」

結局、ジョディがＲＭＳＳＴを辞めることはなかった。

「授業がとてもおもしろかったんです。どの授業でも実践的な研究プロジェクトが用意されていました。生徒はプロジェクトとトピックを選ぶ。たとえば『脳細胞について研究したい』と言ったら、それを研究する資金が準備される。ＲＭＳＳＴはジョージア工科大学と提携していたから、ときどき大学の授業に出られたのも特別な経験でした」

ジョディは9年生（日本の中学3年生）のとき、科学のプロジェクトでグラスファイバーと木材を使ったジオデシック（正12面体）ドームについて調べた。「このプロジェクトはとても楽しかった。ドームの強度を調べるためにみんなで重石を乗せたんです。限界までくるとドームが壊れて重石が全部落ちてくる」。10年生（同高校1年生）のプロジェクトは、水力発電機に羽根車を使ってみるというものだった。また11年生（同2年生）では、放射能が脳細胞に与える影響を研究した。

「11年生のプロジェクトはとても気に入りました。自分の研究が人間の命を救う可能性があると思ったから。でも私には脳細胞の研究は無理だとわかりました。脳細胞が死ぬ理由なんて一生わからない気がしたんです。この分野ではさまざまな研究が行われているけれど、結論は一致していません。誰が正しいことを言っているのか見極めるのは困難でした」

Meet Jodie Wu
http://vimeo.com/34085225

「科学フェアも経験しました。あるプロジェクトで、インテル国際学生科学フェアの国内予選に出場し、250人の準決勝出場者のひとりに選ばれたんです。(RMSSTには)数学の競技チームもありました。顧問のチャック・ガーナー先生がチームのロゴを作り、他の学校のチームと競う遠征を企画してくれて、私たちは優勝しました。ただのオタクの大会だけど、すごくクールな気分でした。ガーナー先生は私が高校のときいちばん影響を受けた先生です。数学を愛していて、数学の歴史などいろんな雑学を教えてくれて。ガーナー先生には何でも打ち明けられました」

チャック・ガーナーは教員歴17年のベテランだ。数学チームとジョディの思い出について聞いてみた。

「チームは毎週3時間の練習があり、年間13のトーナメントに出場します。このうち3つは泊まりがけの大会で、それ以外のイベントも一日がかりです。アメリカ地区の数学週間の役員もやりました。こうした活動でもらえる手当は年間875ドルだけでしたけどね」

ではなぜガーナー先生はこうした活動をしているのか。

「数学チームの顧問の仕事には、魅力的なことが2つある。ひとつは、優秀な子供たちに絶対おもしろいのに授業では触れない数学のトピックを教えてやれること。そういうことは子供にはわからないと連中は思っています(『連中』とは誰のことかガーナー先生は明言しなかった)。それにこの子たちは人間としてもすばらしいのです。教室の外での彼らのことを知るのは本当に楽しかった。トーナメント会場まで1時間ほどバスに揺られて行くこともあり、生徒たちとのおしゃべりに興じたものです。彼らにはウィットがあり、ユーモアのセンスがあり、一緒にいて楽しいんだ。付き添いで来たもうひとりの教師はうんざりしていましたがね。私はバスの最後部に座って子供たちと話したり、こっそり数学を教えるほうが好きでした。私は数学の博士号を持っていますが、彼らと話していると、自分がいかに数学のことをわかっていないか思い知ったものです。自分の頭を使って自分のやり方で問題を解こうとする姿勢に感嘆しました」

　ジョディはどんな生徒だったのだろう。

「私が教えたなかでもいちばんしっかりした生徒のひとり。それにとても優しい子でした。人の悪口は絶対に言わないし、怒りやイラだちを人には見せないようにしていた。（そういう生徒を見るのは）とても新鮮でしたね。クラスメートは向上心が強くで、負けず嫌いの子ばかりでしたから。ジョディはそういう騒々しくて鼻につく子たちとは全然違いました。ほかの子は注目を浴びるのが大好きで、『あなたのＧＰＡ（成績平均点）いくつ？　テスト何点だった？』という具合だったからね。ジョディはそういうことはしなかった」

　ジョディは希望通りＭＩＴに進学して機械工学を学ぶことになった。彼女に大学4年間でいちばんの思い出を聞いてみた。

「1年生のとき、ある授業がきっかけで、土木建築会社パーソンズでインターンをしました。これは企業で働くいい経験になりました。2年生の夏は、有名な大手企業でインターンをしたのですが、その職場の非効率ぶりにショックを受けました（ジョディは会社の名前を明かさなかった）。残業する人もいれば、暇でフェイスブックをやっている人もいる。同じ仕事を3人がしていたり。その経験から、エンジニアになりたいとは思わなくなりました。そんな会社に30年も勤めて何のインパクトも与えられないなんて嫌だと思ったんです。楽しいと思えなかった」

MITデザインラボ

「すべてが変わったのは、エイミー・スミスが立ち上げたデザインラボ（Dラボ）の授業を取ったときです。彼女は平和部隊（アメリカの長期ボランティア派遣プログラム）で3年間ボツワナに滞在したのをきかっけに国際開発の仕事に興味を持ち、エンジニアとしてのスキルを途上国に活用してきた人です。当時Dラボは3つの授業からなっていました。Dラボ1が開発、Dラボ2はデザイン、Dラボ3は拡散。テクノロジーがない地域に大きなインパクトを与える機器を作って、世界に変化を起こしたいという私の気持ちと、エンジニアのスキルを結びつけられるところが気に入りました」

Dラボ⑤のエイミー・スミス共同所長に、ラボを設立した理由を聞いてみた。「自分が学部生だったときこういう授業があったらよかったのにと思う授業をやってみようというのが、Dラボの出発点です。実際に準備を始めたのは私がMITの大学院生だった1990年代で、授業を担当するようになって11年になります。資金を集めるのにとても時間がかかりました。Dラボは正式な研究所や実験室ではないし、どの学部とも提携していないから、MITの組織内での定義づけがむずかしいのです」

ということは、スミス所長には終身在職権もないし、その権利を得る見込みもないのだろうか。

「ええ、全然。(大学側は)実技教授の申請をしてほしがっているけれど、実技教授にも終身在職権はありません。それに私には申請する時間もないのです。申請書類には過去12年間の仕事を記載しないといけない。自分の仕事を誰かに説明するなんて考えたこともなかった。そんなの悪夢ですよ。私やDラボの活動について多くの記事が書かれているけれど、私自身が本や記事を書いたことはありません」(彼女が謙遜していただけだということを、私は後で知った。タイム誌は2010年、スミス所長を世界で最も影響力のある100人のひとりに選んでいる(6))。

Dラボの運営方針について聞いた。

「Dラボの哲学はどこまでも実験的であること。実在する人のための現実的なプロジェクトをやって、本物のフィードバックを得ること。学生たちが自分の活動について意味あるフィードバックを得ていないことは非常に多いのです。私たちは1日2ドル以下で暮らす人たちのためにデザインをして、彼らからフィードバックを得ていきます」

ジョディはどんな学生だったのだろう。

「見かけによらず意志が強い。いつもほほえんでいて、おとなしそうに見えるけれど、彼女には何をするべきか考えて、それを実現する方法を見つける力があります。ジョディがDラボの申し子になると思ったかって？　いいえ。彼女は強引でも鼻につくタイプでもなく、ただ根気がありました。新しいタイプの起業家でしょうね。実行あるのみで、その意気込みをわざわざ世界に宣言しないタイプです」

Smith on the MIT D-lab
http://vimeo.com/34085331

タンザニアで会社設立

Dラボを出てタンザニアで会社を立ち上げるまでの道のりをジョディに聞いた。

「エイミーの授業では秋学期に国際開発について学び、1月に途上国に行くことになっていました。これは私にとって大きな魅力でした。途上国で価値あることをやりたいとずっと思っていたからです。私が行ったのはタンザニア。本当に目の覚めるような経験でした。『3週間で世界を変えてやる。この技術を持って行ったら多くの人を助ける画期的なことができる』と意気込みました」

「旅の前半はアメリカ人的な発想から抜け出せず、とてももどかしかった。でも最後の週に、タンザニア人の自転車修理工バーナード・キウィアに会えた。私はグアテマラで開発された足こぎコーンシェラー（とうもろこし実取り器）を1台持って行っていました。エイミーが授業で紹介してくれたものです。バーナードは2007年の第1回国際開発デザインサミットの参加者でした。このサミットもエイミーが始めたもので、世界中から集まった参加者が途上国で使えそうな新しい技術を一緒に考案する場です。バーナードはサミット参加後に開発した技術を全部見せてくれました。自転車のハンドル部分を使った弓のこや、足こぎ粉引きなど、いろんな発明がありました。それを見て開発の仕事は本物のインパクトを与えられるんだと思いました」

「でも同時に、これで世界を救えると思っていたコーンシェラーが実用的でないこともわかりました。大きすぎるし値段も高くて、誰も買いたがらなかった。自転車から足こぎ部分を切り取ってシェラーを取り付け、その上にイスを付けたマシンで、シェラーだけなら25ドルだけれど、マシン全体では200ドルもしてしまう。そこで自転車を切断してしまわずに、自転車そのものにシェラーを取り付ければいいと気がつきました。これなら持ち運びも簡単です。コミュニティ全体で使うこともできる。シェアできる。トウモロコシのシーズンでないときは、普通に自転車として使えばいい」

「それがDラボ2（デザイン）の初めに私が発表したプロジェクトでした。それが継続プロジェクトに選ばれて、私は自分のデザインチームを持つことになったのです」

「次の夏休み、デザインを一新したシェラーを持ってタンザニアを再訪しました。プロトタイプ段階の本当にラフなデザインでしたが、当時現地で使われていたものよりもよかった。シェラー付き自転車の貸し出しを始めたところ、好評でした。そこで夏休み明けにヨースト・ボンセン先生の開発ベンチャーのクラスで、自転車をレンタルすれば1週間でシェラーの元が取れることを発表すると、ボンセン先生は、事業計画書を書いてみろと勧めてくれました。このプロジェクトは見込みがあるぞと言ってくれたのです」

MITメディアラボ（この組織については後に詳細に触れる）のヨースト・ボンセン講師は、ジョディが取ったクラスについて説明してくれた。

「開発ベンチャーのクラスの目的は、最高のアイデアを商品化する方法を見つけることです。ジョディが足こぎコーンシェラーをデザインしたように、全学生が自分のアイデアを発表します。（ジョディのアイデアは）すばらしいと思いました。その後何回かの授業でデザインを詳しく検討して、ほかにどんな工夫ができるか考えました」

Jody Wu in Tanzania
http://vimeo.com/34085422

ジョディは言う。「ボンセン先生の勧めで『10万ドルチャレンジ（ビジネスプランコンテスト）』に応募したら、該当カテゴリーで優勝し、2万ドルの賞金をもらったんです。開発ベンチャーのクラスで、MBA取得者や企業経験者がひとりもいないチームは私たちだけだったのに。[7] この賞がきっかけでいろんな賞をもらい、最終的に3万ドルが集まりました」

「4年生の春、ボンセン先生を通じてMITの卒業生でエンジェル投資家のセミヨン・デュカクに会いました。私はちょうどカリフォルニア大学バークレー校に合格したところでしたが、セミヨンが、『とにかくやってみろ。いちばん多くのことが学べるのは現場だ』と背中を押してくれました。セミヨンを通じて、グローバル・サイクル・ソリューションズの設立資金として5万ドル出資するという投資家も現れました。どうしようかと迷って父に相談すると、やるべきだと言って父も5万ドル出してくれました。『娘に投資するのは間違いかもしれないな』と言いながら。そのお金は父が借金して工面してくれたものだと知ったのは、後になってからです」

ジョディの父親マーシャル・ウーに、娘のベンチャーに投資した決意について聞いてみた。

「タンザニアでビジネスをやるなんて、いい考えじゃないと思いました。向こうには向こうのやり方があって、不正な手段を求められることもあるだろうし、危険だと思いました。そういうことには関わるなよと、娘に頼みました。でもいい経験になると思いました。まだ若いし、学校では学べないことを学べるでしょう。人生に必要なことを学べるから、娘にとってはいいことです」

なぜジョディのベンチャーに投資することにしたのだろう。

「娘にはサポートが必要です。家族が応援していること、ひとりぼっちではないことをわかっている必要があります。彼女はまだ若く、物事を実体験から学ばなくてはいけない」

投資は回収できるだろうか。

「儲けなんかないでしょう。利益をあげるつもりで娘のビジネスに投資したんじゃない。ただ応援するためです。子供を助けること、有益なことをサポートするのは中国の伝統です。私は引退後の生活のために投資する必要はありません。よろず屋だからね。何でも修理できるし、年をとってもできる。私の人生にたくさんのお金は必要ありません」（ジョディの父親は8年前にレストランを売った後、職業専門学校に行って暖房やエアコンの修理技術を身につけていた）。

２００９年にＭＩＴを卒業すると、ジョディはタンザニアで自分の会社を立ち上げた。「ＣＥＯとしては修行中です。私はビジネスの経験はゼロだから、セミヨンがアドバイザーになってくれています」

セミヨン・デュカクはシリアル起業家（いくつも会社を立ち上げている人物）で、投資家でありながら、グローバル・サイクル・ソリューションズの会長を務める。なぜこのベンチャーに参加しようと思ったのだろう。

「途上国向けに安価で実用的なことをやろうという動きがあります。重要なのは農具を送ることではなく、起業を可能にすること。それがアフリカ経済を成長させる唯一の方法です。とはいえ、エンジェル投資家として私が重視するのは、ビジネスではなくて人。ワクワクする経験をシェアし、人の役に立ち、生産的であり、楽しめる人間。他人のニーズを理解することも重要です。商品化、マーケティング、資金調達もある。私は（いいアイデアを）可能にする触媒です」

The Importance of Supportive Parents
http://vimeo.com/34085526

ジョディはどんなところで助けが必要だろう。

「若手起業家にとってむずかしいのは、本当にやりたいことを見つけて、そのひとつに集中することです。ジョディの場合、ノーと言うことと、脱線しないこと、それから人を雇うのとクビにすることで助けが必要です」

２０１１年４月、私はスカイプでジョディに近況を聞いた。「スタッフは５人から14人に増えて、タンザニア国内の４地方に代理店を置くまでになりました。新製品もあります。足こぎ携帯電話充電器です。コーンシェラーは１台60ドルで６００個売れたし、足こぎ充電器は８ドルで１２００個、バイク用バッテリー充電器は１個３ドルで８００個売れました（バイク用バッテリー充電器は、研究開発担当チーフエンジニアであるバーナードが発明した）。この２年で15万ドルの資金を使い切りましたが、ビジネスが軌道に乗ったとは言えません。こっちでは何事も急いでやるという意識が薄いから、生産は遅れてばかり。昨年は為替レートが15％も変動して利益が吹き飛んでしまいました。２カ月間、毎日８時間停電したこともあるし、１カ月間給水がストップしたこともあります。私の家ではシャワーや食器洗いに使える水の量を決めていました」

「ビジネスモデルを見直して、新たな資金調達もしました。今はボトムアップとトップダウンの両方の戦略を試しています。貯蓄組合や信用組合といった機関との協力を探り、いろんな補助金も申請中。農務相と話をすることになるなんて思いもしませんでした。手ごたえはあるし、今後は規模を拡大するつもりです」

イノベーターの価値観

ジョディが育った文化や環境は、カークやシャナのそれとは大きく異なる。だがもっと重要なのは、カークやシャナと似た要素がイノベーターとしての成長に貢献したことではないだろうか。ジョディの両親も子供の将来を心配するより、夢を追いかける重要性を信じ、子供が仕事でリスクを冒し、試行錯誤から学ぶのをよしとした（そういう経験を後押しさえした）。ジョディの父親はこの理念を非常に重要だと考え、借金までして娘のビジネスに投資した。

また、型破りな教員が指導する分野横断的なコラボレーションプロジェクトが、イノベーターとしての成長に大きな影響を与えた点も、カークやシャナのケースと似ている。エド・キャリアーやランディ・パウシュやエイミー・スミスがいなかったら、彼らの人生はどんなに違っていただろう。ジョディの場合、高校の数学教師のチャック・ガーナー、MITのヨースト・ボンセン、そしてエンジェル投資家のセミヨン・デュカクといったサポートネットワークも存在した。

カークとシャナと比べると、ジョディは子供のときどんなことをして遊んだかあまり話さなかった。そこで私は、遊び、情熱、目的が彼女の内的モチベーションに与えた影響を聞いてみた。ジョディの返事（メール）を紹介しよう。

遊びが情熱や目的に進化するという考えは理にかなっていると思います。まず遊びから。私はよくLEGOのビレッジシリーズやケネックス（組立式玩具）のジェットコースターを組み立てていました。また同じパズルを何度もしました。大学では機械工学にほれ込み（情熱）、工具店に行ってゼロからモノを作り、人々の役に立つものを作る（目的）ようになりました。

でももっと驚きなのは、両親の生き方が私の中に息づいていることです。ビジネスを立ち上げる勇気、受け取るよりも多くを与える寛大さ、従業員に忠誠心を育てること、謙虚さ、不屈の精神、そして慎重なお金の使い方、つまり決して無駄遣いせず、1セントでも慎重に使うこと……。私は成長を重ねるにつれて、もっといろいろなことを、もっといろいろな場面でできることに気がつきました。工学を学ぼうと思ったのは、物事の仕組みを知りたかったから。グローバル・サイクル・ソリューションズを始めたのは、自分の知識を活用できると思ったから。同時に、もしやらなければこのアイデアとコンセプトは忘れられてしまうと思ったからです。

ジョディのメールは、カークやシャナの場合と同じように、親が子供たちに明確な価値観を教えることがいかに重要かを示している。何より「恩返し」の重要性は、3つの家族に共通する基本的な価値観と言っていい。イノベーションをしながら「楽しむ」ことは、3人の若者全員の人生に繰り返し出てくるテーマだ。イノベーションは大人の遊びになりつつある。だが世界を変えるという、より「真面目な」目標は、遊びと同じくらい、あるいはそれ以上に重要だ。誰かの役に立ちたい、さらには相手が何かをできるようにしたいという欲求は、本書で紹介してきた教員たちの基本的価値観でもある。

さて、若きイノベーターに科学、技術、工学、数学をどう教えるかという問いに入る前に、アメリカに来て間もない若者の経験を紹介しよう。政府が移民を制限しようとしている今、外国から来たとびきり優秀な若者たちが何をもたらしてくれるか理解するのは重要だろう。

デービッド・センゲ

デービッド・センゲは西アフリカの国シエラレオネで、5人きょうだいの末っ子として生まれた。母エリザベスは教育省の職員、父ポールはユニセフ（国連児童基金）のプログラム評価担当官だ。デービッドは2006年にノルウェー政府と赤十字が設立したユナイテッド・ワールド・カレッジ（高校）を卒業。すでにそのときまでに同級生3人とNGO「グローバル・ミニマム」を設立して、シエラレオネにマラリア予防の蚊帳を効果的に配布する新しい方法を考案していた[8]。ハーバード大学の2年生だった2007年には、4人の同級生と社会的企業レボーネ・ソリューションズを設立。レボーネは泥を使った発電装置を開発して、2008年の世界銀行「アフリカに光を」コンテストに入選し、20万ドルの賞金を獲得した[9]。デービッドは卒業直前の2010年、ビル・ゲイツがハーバードに講演に来たときゲイツを紹介する役に選ばれた。

私がデービッドに初めて会ったのは、彼がハーバードを卒業する数日前のことだ。まずは故郷シエラレオネでの生い立ちについて聞いた。

「毎日学校帰りに父のオフィスに寄っていました。エアコンがついていたし、おやつがあったから。読書が好きで、『子どもの権利条約』やユニセフの報告書を読んだものです。14歳か15歳のと

Meet David Sengeh
http://vimeo.com/34085743

き、『子どもフォーラムネットワーク』という組織に参加しました。毎週日曜日に集まって、元少年兵を社会復帰させる方法などいろんなことを話し合うグループです。元少年兵のキャンプを訪問したり、『アフリカ子どもの日』に大がかりな行進を企画したり、南アフリカの『真実和解委員会』の子ども版のような組織を作る手伝いもした。議会に子どもの権利法を採択するよう訴えるロビー活動もしました」

「父はBBCマガジンを定期購読していたのですが、毎月それが届いたら最初に読むのはぼくでした。父はもちろんぼくの学校の成績を重視しましたが、ユニセフの報告書など、学校とは関係のない読み物もたくさん与えてくれました。父は統計学者だったから、ぼくは国のいろんな統計を見ることができたし、父がアンケートを作成したり報告書を読んだりするのを近くで見ていました。そうやって自分の国が直面する問題を学んだんです。父の職場には優秀な友達や同僚がいて、そういう人たちとも交流できました。こうした経験は自信になったし、偉い人の前でも萎縮しないようになれました」

「自分がほかの人にはない機会に恵まれていたこと、そしてほかの人に影響を与えられることが、ぼくにはわかっていました。小児科医になりたいと思った時期もありました」

私はデービッドの卒業式のためにアメリカに来ていたセンゲ夫妻にも話を聞いた。

「デービッドは強い探究心を持っていました」と、父親のポールは言う。「物怖じせず、いろんな質問をしてきました。町の図書館から本を借りるようになると、『あの本は読んだ?』と感想を聞いてきたものです。デービッドは大人を探して質問をした。よく同僚に言われたよ。『デービッドと話すときは、自分の専門分野についてきちんと答えられるようにしておかなくちゃいけない』とね」

「今日のぼくがあるのは学校の勉強のおかげではありません」とデービッドは言う。「ぼくがいちばん影響を受けたのは、高校の最後の2年間に通ったユナイテッド・ワールド・カレッジ（UWC）です。ノルウェーの学校を選んだのは、それまでとは大きく違う経験ができると思ったから。UWCはノルウェーの赤十字本部が関わっていて、生徒はほぼ毎日なんらかのボランティアをしました。地域奉仕、地域参加、国際理解が学校の基本理念でした」（訳注：UWCは世界各国から選抜された高校生を受入れる民間教育機関で、イギリス、カナダ、シンガポール、イタリア、アメリカ、香港、ノルウェー、インド、オランダにある。本部はイギリス）

「UWC時代のルームメートはウルグアイ人、カザフスタン人、ボスニア人、アルバニア人、エチオピア人、デンマーク人でした。イスラエル人もパレスチナ人もいるクラスで人権の授業を受けました。こういう経験は交渉や学問に対する見方を変えます。放課後はみんなで学校の掃除をし、後輩に勉強を教えました。在学中にルームメートとグローバル・ミニマムを立ち上げました。最初のプロジェクトは、シエラレオネの学校の教材調達用に600ドルを集めるというものでした」

「UWCに行くと、卒業するときは別の人間になっています。あの学校を卒業した子たちは、世界中で社会活動家になる。誰もがこういう学校に行くべきです」

では、ハーバードはどうだったのだろう。

「ハーバードに入学する直前、ぼくは人工装具（義肢）の『銀行』を作ることを思い立ちました。

人工装具をつけた人たちが物乞いになるのではなく、自分の体に合わなくなった義手や義足を売買して生計を立てられるようにするシステムです。そこでインターネットで検索したところ、ハーバード内にテクノロジー起業センターという場所があることを知りました。ポール・ボッティノ所長に電話して、20分ほど話しました。所長はぼくの話を聞いて、メールでもっと詳しいことを教えてくれと言ってくれました。いろんな事情から義肢バンクのアイデアは進まなかったけれど、これから大学院で義肢のデザインを学ぶつもりです」

「ハーバードでできたぼくのネットワークは、2人のキーパーソンから広がっていきました。ひとりはテクノロジー起業センターのボッティノ所長。大学に入学した週に彼のオフィスで話をしたときから、ぼくらはいつも起業のアイデアについて話し込んできました。話し始めると5分で終わらせるのは無理――いつも30分は続く。彼はいつも質問を投げかけ、アイデアを出してくれます。彼と話したことですべてが変わりました。ぼくは何かを成し遂げ、モノを創り、アイデアを大きくする人間になりたいと思うようになりました」

ボッティノ所長は言う。「学生たちをありのままに受け入れるとともに、彼らが疑問を抱きチャンスを探すプロセスを陰からサポートして、主役は彼ら自身だと自覚させようとしています。知識を届けるだけの教育は意味がないし、それでは何も残らないと言う学生は増えている。デービッドのような学生にとって重要なのは、知識を応用して点と点を結ぶことです」

「ボッティノ所長がぼくをデービッド・エドワーズ教授に紹介してくれた」とデービッドは言う。

「エドワーズ教授は噴霧式ワクチンなどで有名な生物工学者です。アートとイノベーションを融合させる組織を世界各地に作っていて、ハーバードにはアイデア・トランスレーション・ラボがあります[10]。ぼくは入学した2週間後に教授のラボに参加しました。ハーバードに来る直前にシエラレオネで外科医をしている叔父の仕事を手伝ったとき、病院にスキャナーがないために妊婦が死んでしまうのを見ました。手術室にきちんとした照明もありませんでした。そこでぼくは医療機器を作るグループを立ち上げる計画をエドワーズ教授に見せました。すると教授は、『おもしろそうだね。でも私は君にこのラボで働いてほしいな』と。こうしてぼくは研究助成金をもらいながらラボで活動できることになり、アルバイトを見つける必要はなくなりました」

「ぼくのハーバードでのネットワークのカギとなったもうひとりの人物は、ハリー・ルイス元教養学部長です。長年1年生のアドバイザーを務めている人で、オリエンテーション週間のときぼくらをフェンウェイ公園などボストンの名所に案内してくれました。それからぼくをボストン・レッドソックスの試合に連れて行ってくれて、ハーバードの仕組みを教えてくれました。この大学は分権化が進んでいて、やりたいことがあるなら自分から積極的に働きかけなくてはいけないことです」

「デービッドは稀有な自信の持ち主ですが、自分を売り込むことはしませんでした」と、ルイス元学部長は言う。「自分の国の福祉をとても心配していました。人の悪口を言うことはまったくなかった」

シエラレオネから世界へ

デービッドは、シエラレオネのマラリア予防に関心を持った経緯を話してくれた。

「高校生のとき叔父が住む村を訪ねたら、叔父は自分が持っている唯一の蚊帳をぼくに使わせてくれました。でもぼくは、蚊帳なしで眠っている叔父が心配で眠れなかった。翌日叔父とその話をして、マラリアがいかにシエラレオネで大きな問題かわかりました。統計的なデータは知っていましたが、その時以来もっとリアルに現実が理解できるようになりました。ハーバードの1年生のとき、世界の保健問題に関する授業でマラリアに関するレポートを書きました。その後、高校時代の友達2人を誘って資金を調達し、1500張の蚊帳を購入したのです。その数は2年後には4500張まで増え、今年の夏は1万1000張を配布する予定です。会計事務所のプライスウォーターハウスクーパースが資金の一部を負担してくれて、配布に必要な人員も出してくれます」

「蚊帳を配るとき、ぼくらはまず村の長老のところに行って話をします。またボランティアは全員メンデ語（現地語）の研修を受けます。ユニセフみたいに妊婦と幼児に蚊帳を配るだけでなくて、ぼくらは各家庭を訪問して、寝床になる場所それぞれに蚊帳を置いていく。フォローアップ訪問もする。ぼくらの蚊帳の3年後の使用率は90％。ほかの団体が2006年にやったキャンペーンでは、半年後の使用率がたった40％でした」

では、レボーネ・ソリューションズはどういう経緯で設立することになったのだろう。

「ハーバードでの2年目、ぼくはエドワーズ教授のアイデア・トランスレーション・ラボで働いていました。そこで生物学を活用して、2012年のロンドン夏季五輪の照明をデザインする案が出ました。でもぼくのグループは、ぼく以外の3人もアフリカ出身で、なぜアフリカでなくてロンドンなんだと思いました。アフリカでは何億人もの人に電気が届いていないのに。ぼくはこの問題を個人的に痛感した経験があります。姉が帝王切開で出産するとき停電がおきて、ローソクの明かりの中で手術が行われ、医師が過って赤ん坊の額と背中に傷をつけてしまったんです」

「ぼくらはまずバケツ、次に大きなタッパーに泥を入れて発電するシステムを作り、そのアイデアをタンザニアに持って行きました。いまはバケツ一杯の泥で発光ダイオード（LED）を点灯し、その明かりで読書ができます。必要なのは泥だけで、そこに毎月一度水を加えればいい。5年間の電気代は35〜40ドル。今チームのひとりがナミビアで事業を立ち上げていて、次の世界科学フェスティバルでこのプロダクトを発表するつもりです。レボーネは科学誌ポピュラーメカニクスのイノベーター・オブ・ザ・イヤーにも選ばれた」

「デービッドのグループは純粋な興味から、世界銀行の『アフリカに光を』コンテストに応募した」と、エドワーズ教授は言う。「そうしたら優勝候補になって、自分たちがやっていることを本気で学ばなければならなくなりました。学生は実現方法がわからないことでも夢を見ることができる。そしてイノベーターは学ぶ道がない新しい領域に関心を示すものです。デービッドのインスピレーションの源は自分自身であり、彼は自分の情熱に従って学ぶことを知ったのです」

ハーバードとMIT

ハーバード大学を卒業する数日前、私はデービッドに4年間を振り返ってもらった。

「やりたいことは全部しました。サッカーとアメフトをやったし、ギターを習い、旅をし、最高に優秀な人たちとも知り合いました。MITのメディアラボと、『ワン・ラップトップ・パー・チャイルド（すべての子供にノートパソコンを）』プロジェクトを立ち上げたニコラス・ネグロポンテとも。彼もぼくのメンターのひとりで、シエラレオネに持っていけとノートパソコンをくれました」

ハーバードの授業はどうだったのか。

「授業でやったことは何も覚えていません――スペイン語以外はね。ぼくはスペイン語が話せるんです。もっと早く教えてほしかったのは、GPAを気にする必要はないってことです。2年生のとき科学の授業を4つ選択してひどい成績でしたが、しばらくして心配するのをやめました。その夏、仲間をシエラレオネに連れて行く準備のほうがずっと心配だったから。ハーバードがもたらしてくれる最高のことは学外や教室外での教育です。そのリソースやメンター、チャンス、友達は驚嘆すべきものです」

どうすれば授業にもっと今日性や実用性が出るのだろう。

「今は教室の外に出てやってみろと後押しする授業がいくつかあります。ハーバード大学経営大学院のデービッド・エイガー教授のリーダーシップの授業、アイデア・トランスレーション・ラボの授業、人権の授業。こうした世界にとって重要で、ビジネスや社会的行動につながっていく授業をもっと増やすべきです」

デービッドの父親ポール・センゲは、デービッドの髪形（肩よりも長いドレッドヘア）と、成績の低下について口論になったことを話してくれた。「デービッドの成績はどんどん下がっていきました。

成績よりも学んでいるという事実のほうが重要だということはわかります。でも、それまではずっとオールAだったのに……。『Cなんか取ってくるな』と言ったものです。でも先週のハーバードの卒業式の後、私たちはMITのオープンキャンパスに行き、（メディアラボ設立者の）ネグロポンテ博士に会いました。デービッドが案内を頼むと、博士は『喜んで』と引き受けてくれた。その後デービッドに言われましたよ。『もし一日中勉強していたら最優秀で卒業できたかもしれないけれど、そうしたらぼくも父さんもネグロポンテ博士には会っていなかっただろう』ってね。デービッドの成績を受け入れられるようになるのに2年かかりました。それでも『お前の言っていることは正しい』とは決して言えなかった。親は子供に忠告する存在でなくてはいけません」

デービッドはどんな将来を思い描いているのだろう。

「今後はMITのメディアラボで生物工学の研究をするつもりです。行きたい大学院はそこしかなかった。成績はつかないし、授業の取り方も自由だし、必修科目はなく、世の中で必要とされるものを創造すればいい。選択したい授業を選択し、学びたいスキルを学ぶ、それがぼくが教育に求めていることです。どうでもいい授業を取らなければならないのではなくてね。ぼくは手足を失った人たちのためによりよい義肢を作りたいし、ほかにも可能性を探りたいアイデアがある。世界にとって、シエラレオネにとって重要でクールな保健技術を生み出したいのです」

「少し前にシエラレオネに8000平米ほどの土地を買いました。そこに学校を建てたいと思っています。子供たちが学校だと思わないような場所、毎日行きたいと思う場所、この世界における自分の存在を実感できる場所、自分がどうありたいか自分で決めていいんだと思える場所、他人に影

Sengeh on Harvard
http://vimeo.com/34085964

響を与えられる場所。自分も他のみんなと同じで排除されないと思える場所です」
「先日ある友達が言いました。『ぼくらは流れやさざなみによってあちこちに転がっていく川の中の小石みたいだな』と。ぼくは間髪入れずに言い返しました。『そんなことない。ぼくは小石ではなくて川のほうだ』ってね。ぼくは流れも知っているし、さざなみも、飛び出していく小石のことも知っている。川は波に影響を与えることができる。（シエラレオネに設立しようとしている学校は）誰もが自分は川だと感じられる学校になります。自分が何者かを知り、自分にも変化を起こせることを知る学校です。ぼくらは流れや波に流される無力な小石ではありません」

アフリカの未来のために

デービッドの物語と、カークとシャナとジョディの物語の間には興味深い違いがある。たとえばデービッドの父親は成績やルックスについてデービッドをとがめたが、ほかの3人の親は（少なくとも私が聞いたかぎりでは）こうしたことをまったく問題にしなかった。またデービッドは、父親が「厳しすぎる」と感じたことがあると言っていた。こうした違いは、デービッドの父親が家父長的伝統のある文化出身であることが影響しているようだ。

だが、こうした相違よりも、デービッドの両親も息子に自分の情熱を追い求め、世界を探検して発見しろと後押ししたことのほうがはるかに重要だ。デービッドの父親が息子を「子どもフォーラムネットワーク」に参加させたことや、常にアイデアや本に触れさせたこと（デービッドのイニシアチブや知性や関心を大切にしていた証拠だ）は、成績や髪型をめぐる意見の相違よりもずっと重要だろう。またデービッドの両親も子供たちに強い価値観を植え付けた。父親のポールはこう語った。「デービッドが（シエラレオネに）戻ってきて国のために働くかどうか心配したことはありません。今だって毎年たくさんの蚊帳を持って帰って来ています」

デービッドの人生でも遊びと情熱と目的が絡み合い内的モチベーションの中核をなしているが、それは他の3人のイノベーターとは少し違う。デービッドの遊びの大部分は、自分の周りの世界を強く意識し心配する真剣な遊びだった。彼は小さなときから、シエラレオネの子供たちの窮状を改善することに強い使命感を抱いていた。それは多くの少年兵が殺し合った内戦のさなかに成長したことと無縁ではないだろう。デービッドは大学に行くまで、一般的な意味での遊びをあまり自分に許してこなかったように見える。大学で初めて楽器を習い、サッカーとアメフトを楽しんだ。小さなときから、デービッドは同胞の苦しみやアフリカの貧困を克服するという強烈な目的意識を持っていた。

デービッドの学生時代の出来事で、カーク、シャナ、そしてジョディの学生時代といちばん似ているのは、アイデア・トランスレーション・ラボという分野横断的で問題解決型の実践的なコラボレーション環境で学んだことだろう。ボッティノ所長というメンターに有意義な課題を与えられ、サポートしてもらったことも似ている。デービッドがいちばん能弁になったのは、ハーバードにあったらいいのにと思う授業を聞いたときだ。「世界にとって重要な授業、ビジネスや社会的行動につながる授業」——この表現が飛び出したのは、成績も必修授業もなく、有意義なものをデザ

Sengeh on Sense of Purpose
http://vimeo.com/34086099

インすることだけに特化した大学院に進む興奮と、「自分が毎日行きたいと思う場所、この世界における自分の存在を実感できる場所」つまりエンパワメントする学校を設立する夢を語ったときだ。

4人の若きイノベーターの驚くべき共通点を見れば、若者のイノベーション能力を伸ばすのはどんな教育・学習環境なのか、どうすれば専門知識、クリエーティブな思考力、そしてモチベーションをいちばんうまく育てられるのかが、だんだんとわかってくる。

本章の最後に紹介する若きSTEM系イノベーターは、起業家としてこれまでの4人と驚くべき共通点があると同時に、興味深い相違点がある。ジャミアン・シルズは貧しい地区に育ち、これまで紹介した4人よりもはるかに大きな挫折を乗り越えなくてはならなかった。

ジャミアン・シルズ

ジャミアンは、テネシー州メンフィスで教師の母アーネル・シルズによって育てられた。2009年に初めてインタビューしたとき、ジャミアンはちょうど30歳になったところだった。

「8歳のとき、テレビでバスケットボールの試合を見ました。マイケル・ジョーダンがジャンプシュートを決めてチームを勝利に導いたとき、彼のシューズが目に入ったんです。あれと同じシューズがほしいと母にねだったら、成績でAを取ったら買ってあげると言われました」

「それ以来、スニーカーのスケッチをするようになり、新しいモデルが発売されると買い集めました。ファッション好きだったんです。やがて情熱は執念に変わった。新しいスニーカーが発売されたらすぐ、しかも割引価格で買えるように、15歳のとき靴屋でアルバイトを始めました。店のほうでも私が靴の構造を勉強できるように、返品された欠陥品の破棄係にしてくれました。メーカーの文献を読み、顧客の話も聞いた。友達にスニーカーのデザイン画を描いたら、みんな気に入ってくれてね。母はファッションに入れ込みすぎだと心配した時期もありましたが、素行がよかったし、成績もよかったから、何も言いませんでした。母は教師だったから、勉強しないとか、大学に進学しないなんて考えられなかった。でも、『いったい何足買うつもりなの』と小言を言われたことはあります。そんなときは『ドラッグを買うよりいいだろ』と言い返していました」

「でも（靴のデザインで）生計を立てている人がいるとは思いもしませんでした。私が通っていたメンフィスの保健・工科高校の先生たちは、医者かコンピュータサイエンスの専門家になれといつも言っていた。10年生（日本の高校1年生）のとき、才能あるアフリカ系アメリカ人生徒をサポートする『メンフィス・チャレンジ』からメンターが付いたことは幸運でした。面接の受け方やきちんとした服装や振る舞い、SAT（大学進学適性試験）の受験方法などを教えてくれたんです。夏のインターンの世話もしてくれました。大学は出願した19校すべてに合格し、候補を3つに絞りました。エモリー大学とノートルダム大学、それからワシントン大学です。するとメンターが最高のことをしてくれた。3大学の担当者全員を同時に電話口に呼び出し、奨学金の条件を競わせたんです」

「ワシントン大学では最初コンピュータサイエンスを専攻しましたが、つまらなくて2年生になるときグラフィックデザインと広告デザインに専攻を変えました。1年分の穴を埋めなくてはいけませんでしたが。靴のデザインも学び始めたけれど、先生はあまり協力的ではなく、『本気で靴のデ

Meet Jamien Sills
http://vimeo.com/34510263

ザイナーになりたいの？』と言われましたよ。2科目専攻も反対され、先生たちは私を落第させたいのではないかと思うときもありました。4年生のときのプロジェクトで、靴の製造をデザインしました。プロダクトラインからデザイン、会社のロゴまで含めたデザインで、プレゼンを見た学生や親から大喝采を浴びました。おかげで先生たちも、私にAをつけるしかなかった」

「大学時代の夏休みは3回ともメンフィスにある自動車部品メーカー『オートゾーン』でグラフィックデザインのインターンをしました。そこのデザイナーのカート・ミーアは、ウェブデザイン、グラフィックデザイン、そしてリサーチのやり方を教えてくれた私のメンターです。彼にとってても楽しかったと思うし、私にとってとても貴重な経験でした」

「大学卒業後、セントルイス（ミズーリ州）に仕事の口がいくつかありましたが、地元のオートゾーンでグラフィックデザインの仕事をやることにしました。ところが初出勤の日、オフィスに行くと『何の話だ』と言われた。デザイン部門全体がその前の金曜日にレイオフされていたんです」

「その後はいろんな仕事を転々としました。靴メーカーからたくさんの不採用通知をもらいましたよ。ナイキの倉庫やフェデックスと（スポーツ靴の）チャンプスでも働きました。管理職の仕事のオファーもあったけれど、デザインに集中できなくなるのが不安で引き受けなかった。自由な時間はすべてデザイン画を描き、コンペに応募することに費やしました。夜更かしして、デスクに突っ伏して寝てしまい、朝起きたら顔にペンのインクが付いているなんてこともよくありました」

「やがて靴の会社を立ち上げたいという2人の若い黒人男性と出会いました。そのチームにはデザイナーがいなかったから、私の作品を見せると雇われたのです。夢がかなったと思いましたね。

でもその会社のトップは、チンピラみたいな考えの持ち主でした。名声と栄誉をほしがり、自分を業界の大物のように考えていました。私たちは彼のエゴと経験不足、そして努力不足の道連れになりました。中国の工場に出張していたとき会社が倒産したという知らせを受け取りました」

「途方に暮れましたよ。夢を砕かれ、もう立ち直れない気がしました。だから中国に少し長居することにしたのです。工場を経営していた夫婦は私の家族のような存在になりました。彼らの仕事を見て学び、いろんなことを試させてもらった。ところが工場にいると、いつも頭がガンガン痛くなる。でも工員たちはマスクをしていなかった。彼らは有毒ガスを吸い込んで命を落としていたんです！　山のような廃棄物もありました。もっと賢いやり方があるはずです。それに2年でダメになってしまう靴ではなく、もっと長持ちする靴を作れる方法があるはずだと、私は考え始めました」

「2週間ほどいろいろ調べて、有毒ガスを出さずに質の高い靴を作る方法を考案しました。接着剤を使わずに縫製する完全に環境に優しいテニスシューズです。そのモデルなら材料を効率的に使えるから、廃棄物もずっと少なくて済む。縫製した靴は耐久性も高い。製造コストも安い！」

「そのとき私は、自分が靴のビジネスのあらゆる側面を学んでいることに気がつきました——小売、デザイン、製造、保管。それなら自分でできるんじゃないかと思いました。そこでエコフレンドリーなテニスシューズと作業靴をデザインし始め、倒産した会社のひとりと組み、新しいパートナーや投資家を見つけました。今では6人のパートナーがいます。このうち3人は自分でもビジネスをやっていて、スタートアップ企業の経営をあれこれ教えてくれました」

「私の夢は、最大級の靴メーカーの経営者になって、100%環境に優しい靴工場を世界で初めて開くことです。いろいろ助けてくれた『メンフィス・チャレンジ』でアフリカ系アメリカ人の若者に起業や社会的スキルを教えることもしたい。落ちこぼれるリスクの高い子供たちのためにもっと何かしたい。彼らの落ちこぼれぶりは恐ろしいほどです。10年生なのに読み書き計算もできない。家庭でも学校でも基礎がなっていないんです。学校でやるのは学習ではなくしつけです。彼らはバカで怠惰だとレッテルを貼られますが、本当はすばらしい子供たちなんです」

挫折の末に見えた夢

現在32歳のジャミアンは、これまで紹介してきたイノベーターたちよりも少し年長だ。私が2009年に本書の準備を始めたとき最初にインタビューした人物でもある。だからその後どうなったか、私は興味があった。2011年の夏に話を聞いたとき、彼は相変わらず自分の靴会社の事業計画とプロダクトデザインを改良しているところで、実家に住み、フリーランスでデザインをしながら生計を立てていた。ジャミアンは丸一年かけて安全で独創的な靴をデザインした。従来よりも75%軽くて、靴紐ではなくワイヤーを使うからフィット感が高い。フェデックスが試しにこの靴を使ったところ大評判になったが、全従業員分の需要にこたえるには600足以上製造する必要があり、ジャミアンはそのための資金30万ドルを調達するべく奔走していた。

この3年ほど、ジャミアンは夏になるとメンフィスのユース・リーダーシップ・プログラム（貧困地区の黒人青少年を対象とした8週間のコース）でカウンセラーを務めている。「起業とビジネススキルを教えることで私は変わりました」と、ジャミアンは言う。「子供たちに話すことで、起業について自分が得た教訓がはっきりしてきたのです。人前で話をする練習にもなります。15歳の子供20人のグループは、今まで相手にしてきたなかでいちばん手ごわい聴衆です。でも初日と比べて最終日の彼らの成長ぶりを見ると力がわいてきます」

メンフィス・リーダーシップ・プログラムを手伝っている友達の勧めで、ジャミアンはビジネスコンサルタントで、メソジスト教会の牧師でもあるジェームズ・ラビーンと知り合った。ラビーン牧師は長年ミシシッピ州の公立高等教育機関評議委員会のメンバーを務めており、ジャミアンにミシシッピ大学起業センターのＭＢＡ取得課程に進むことを勧めた。ジャミアンは２０１１年に入学が認められ、現在は自分が必要とするビジネススキルに基づき自分でデザインした課程でＭＢＡ取得を目指している。同センターはジャミアンの会社の持ち分を5％保有するという条件で、ジャミアンの市場調査や販売戦略や事業計画を手伝う教員や学生、さらには事務所スペースも提供している。いまやラビーン牧師もジャミアンのビジネスパートナーのひとりだ。

２０１１年の夏、ジャミアンはかつて繊維工場だった建物と敷地を、自分の会社の倉庫と研究開発センターに使う交渉をまとめた。また３つの大学（ミシシッピ大学、南ミシシッピ大学、サザン大学）のコンソーシアムと協力して、ケナフ（ジュートに似た植物繊維）、綿混紡、竹といった有機材料をテニスシューズに使う研究を進めている。また製造工程の改良も続けている。映画で見たトヨタ自動車のモジュール化された生産工程に着想を得たものだ。「中国における靴の生産は極めて労働集約的だ」と、ジャミアンは言う。「1足の靴を作るのに30人の手がかかっている。私は多くのパーツをコンポーネント化することで、1人で1足作れる工程を考案した」。こうすれば中国ではなく、アメリカでも手頃な価格で作れるとジャミアンは考えている。彼の会社のキャッチコピーは「がんばっている人の靴」だ。

山あり谷ありのジャミアンの人生で、いちばんの教訓は何だったのだろう。

「忍耐です。昔の私はすぐイライラしていましたからね。自分を信じて、ひとつのことに集中することも学びました。くよくよ慰め合っている時間はない。私は給料のいい仕事をたくさん断ってきました。よく、大卒なのにどうしてスポーツ用品の営業をやっているんだと聞かれたものです。そんなときは『心配するな。自分が何をやっているかわかっているから』と答えました。社会経験を積んだあと大学に戻るのはむずかしいことですが、戻ってよかったと思っています。今は大きな会社のCEOに必要なスキルを学んでいます」

「今はいろんなことがずっとラクになりました。(靴をデザインするという)自分の夢よりも、アメリカ人を雇うこと、製造業をアメリカに取り戻すこと、そして環境を守ることを目指していますから」

ジャミアンの母アーネル・シルズは、フルタイムの仕事を抱えながら、女手ひとつで息子を育てることで精一杯だった。それでもこれまで紹介してきたイノベーターの親たちのように、息子の夢を応援する重要な役割を果たした。彼女はジャミアンがマイケル・ジョーダンのシューズにほれ込んだときのことをよく覚えている。

「ジャミアンが7歳のとき、私の姉が粘土をプレゼントしたんです。するとその粘土で動物やいろんなものを作っていました。やがてマイケル・ジョーダンのシューズを作りたいと言い出した。でも（ジョーダンが履いているのと）見た目が同じシューズを作るには、カラー粘土が必要でした。町中探し回って、ようやくジャミアンがほしい粘土を買ってきてあげたものです。するとジャミアンは、テレビで見たのとそっくり同じシューズを作ったの。参ったわね。そのうちジャミアンは靴のデザイナーになりたいと言い出した。『いいけど、靴の絵を描いているだけじゃダメ』と、私は答えました。『勉強しなくちゃいけないことがたくさんあるのよ』ってね。そのときは（成長の）段階のひとつだと思っていました。ようやくジャミアンがほしがっていた靴を買ってあげたとき、彼はイスに座って、じっとその靴を眺めていました。そして古い靴を分解して、どうなっているか構造を調べ始めたんです。6年生のときでした。以来、彼の夢はまったくブレていません」

「ジャミアンには独立した考え方ができて、自分のことは自分でできて、自分をありのままに受け入れ、周囲のプレッシャーに負けない人間になるようにと教えてきたつもりです。いちばん大変だったのは、父親がいないからといって引け目を感じる必要はないし、よその子たちみたいにグレる必要はないと理解させることでした」

「大学の先生たちはあまり協力的ではなかったようです。『だめだめ、靴のデザイナーなんて成功できるわけがない。広告をやるべきだ』と言っているとか。だから私はジャミアンに、『（先生たちが）そこまで言うなら、（広告は）学ぶ価値のあるスキルなのかもね。でもお前が靴のデザインをしたいなら、それをやればいい』と言いました。ジャミアンが本当にやりたいのは靴だとわかってい

Raising an Innovator
http://vimeo.com/34510421

たからです」

アーネルはなぜ息子が夢を追いかけるのが大切だと思ったのだろう。「仕事でハッピーだと思えなかったら、それは単なる働き口であって、キャリアとは言えない」と、彼女は言う。「そしてそれでは幸せになれない。私の祖父は印刷会社をやっていて、とてもクリエーティブな人でした。彼は牧師でもあり、自分の説教を自分で印刷していました。裕福ではなかったけれど、自分がやっていることを楽しんでいました。それはお金よりもずっと重要なことです。私はいつもジャミアンに、自分でビジネスをやりなさいと言ってきました。楽な道ではないことはわかっています。転んで、立ち上がって、泥を払い落として、もっとよくなるにはどうすればいいか考えて、またトライしなければならない……彼を経済的に支えるにはかなりお金がかかったけれど、それで正しかったと思います」

ジャミアンは、高校でも大学（グラフィックデザイン学部）でも大きな影響を受けた教師はいなかったという。ただ、広告デザインのワシントン・オロス准教授は違った。「私が他の教員に苛立っているのを見て、広告デザインのプログラムに誘ってくれました。彼が私の大きな導き手となりました。『靴中毒』の私を応援し、自分のデザインで勝負してみろと背中を押してくれたのです。また鉛筆を取る前に、自分のデザインを『考え抜く』重要性を教えてくれました。私は今もそのスキルを使っています。おかげでもっと早く、もっと賢く、もっと安価にデザインができます」

だがジャミアンの成長で最も重要な役割を果たしたのは、オートゾーンでインターンをしたときのメンターであるカート・ミーアだろう。ミーアは現在プロの風景画家として活躍しているが、

I'm Behind Him 100%
http://vimeo.com/34510524

ジャミアンが初めてインターンに来たとき、オートゾーンの社内印刷物のグラフィックデザイナーだった。当時ジャミアンはどんな青年だったのか。

「最初はとてもシャイでした」と、ミーアは振り返る。「どんなことが好きか聞いてみると、何百足もスニーカーを持っているという。当時はマイケル・ジョーダンの全盛期でしたからね。靴に関してなら何でもとても真剣に学んでいたけれど、当時の環境（大学）は彼のデザインへの関心を伸ばすことを何もしてくれなかったようです」

「そこでコンピュータを使ったデザインを教え始めました。ウェブサイトのデザイン方法、JAVA（プログラム言語）の使い方、フォトショップや3D画像ソフトの使い方。靴の美しさについても語り合いました。ただ本当に際立っていたのは彼のイマジネーションです。ジャミアンはスポーツカーのランボルギーニやディズニーのキャラクターをテーマにした靴をデザインしました。どれも奇抜なデザインばかりでした。『くまのプーさん』のキャラクターをテーマにした靴もありました。靴をキャラクターの形にして、タン（靴の舌革）で感情表現ができるようになっていたのです。最初はバカバカしいデザインだと思ったけれど、自分の価値判断を押し付けてはいけないと思いそのままやらせてみました。当時は『世の中をわかってない奴だな』と思っていましたが、今の彼を見るといい。バイオファイバーを靴のデザインに取り込むなんて、最先端の技術ですよ！　学校では、『もしこうしたらどうなるのか』という問いは省かれることが多いものですが、それが真の創造とイノベーションの源になります」

型破りなメンター

ジャミアンの物語には並外れた要素がたくさんある。何よりも私は、ジャミアンの母親アーネルとメンターのカート・ミーアが、ジャミアンの遊び心と情熱、そして目的意識を懸命に伸ばしたことに感銘を受けた。アーネルはジャミアンに、靴のデザインを「遊び」として奨励した。その遊びが情熱に高まると、夢を追いかけ続けるよう後押しした。たとえ大学の先生たちが反対してもだ。そして彼の情熱が目的意識に開花してからも（まだ実は結んでいないが）、「いつになったらそれはまともな稼ぎにつながるわけ？」などと聞いたりしない。息子を信じ続けている。またアーネルはジャミアンが独立すること、自分の考えに忠実に生きることを促した。さらには冒険して失敗してもいいんだと教え、忍耐するという最も重要なことを教えた。どれもイノベーターや起業家が成功するには、著しく重要な資質だ。ミーアも重要な役割を果たした。デザイナーに欠かせないスキルを教え、おそらく最も重要なことに、ジャミアンの突飛なデザインにダメ出しをせず、そのまま続けるよう応援した。

考えてみてほしい。もしアーネルが「色違いの粘土なんて買わないわよ。私はもっとましなことに自分の時間を使いたいの。それに靴のレプリカを粘土で作るなんてバカげてる。だいたいどうして靴のデザイナーになんてなりたいの？」と言っていたらどうなっていただろう。あるいはミーアがジャミアンのクレイジーなアイデアをばかにし、多くの人と同じようにジャミアンを笑い物にしていたらどうなっていただろう。親や教師やメンターが、ジャミアンの夢やアイデアを風変わりだとか、バカバカしいと切り捨てるのはあまりにも簡単だ。実際、大学の教員たちはそのように反応したようだ。だが若者の好奇心や創造性やイマジネーションを殺すのは、まさにそういう大人の態度だ。私たち大人の一部は、「力になってやる」という名目で、あるいは「若者がばかげたアイデアに夢中になって時間を浪費しないよう助けてやる」として、ジャミアンの先生たちのような反応をしがちだ。彼らも悪意はなかったのだろう。ただ「現実的」なことを言っただけだ。でも幸い、アーネルとミーアはもっと長い目でジャミアンの可能性を見つめていた。

ジャミアンは高校と大学の教師から、給料のいいSTEM系の仕事に就くよう強く勧められたにもかかわらず、そのプレッシャーに屈しなかった。大学の専攻でも、教員のアドバイスに抗って2科目専攻にした。ジャミアンには安定した給料を得る絶対確実な道を選ばない勇気があり、多様なスキルを身につける重要性を知っていた。なかでもミーアから学んだスキルが最も重要だったとジャミアンは言っている。大学でしぶしぶSTEMを専攻した多くの学生たちも、将来リッチになるにはSTEM系の仕事に就くのがいちばんという大人のアドバイスを振り切って自分の情熱を追いかければ、どんなに多くの社会的・経済的価値を生み出し、自分自身も幸せになれるだろう。

最後に、ジャミアンの場合、教師ではなくメンターが大きな役割を果たしたことは注目に値する。ジャミアンに社会的なスキルを教え、最高の条件で奨学金を受けられるようにしたのはメンフィス・チャレンジのメンターだ。このプログラムは、ジャミアンが「恩返し」ではなく、自分が受けた恩を次の世代の恵まれない若者たちに引き継ごうと考えるきっかけを作った。カート・ミーアやジェームズ・ラビーン牧師も優れたメンターの役割を果たした。本書で取り上げる8人のイノベーターのうち3人は、本当の意味で助けになってくれた教師の名前をひとりも挙げることができなかった。それはおそらく3人それぞれが、ある意味で異例の学生だったからだろう。多くの教師にとって、「いい生徒」のパターンにはまらない若者は見落とされがちだ。エド・キャリアー、ランディ・パウシュ、ジェシー・シェル、エイミー・スミス、ヨースト・ボンセン、そしてポール・ボッティノのような教師は稀有な存在なのだ。

私が本書のために話を聞いた若いイノベーター（本書で紹介できなかった多数を含む）はみな、自分の人生を変えた教師かメンターを最低ひとり挙げてくれた。私がその教師やメンターの話を聞くと、彼ら自身もまた組織の型破りな存在（イノベーター）であることがわかった。その教え方や導き方はとてもよく似ているが、それぞれの職場では周囲とは大きく違っている。この教え方や導き方については第5章でもっと詳しく触れることにする。

ジャミアンは、カークやシャナやジョディやデービッドのように、世界を変えると固く決意している。これはここ数年間私が会ってきた多くのミレニアム世代の原動力でもある。彼らは野心的で何かにこだわりすぎているように見えることもある。だが上の世代の有名イノベーターの一部と違って、彼らの生き方にはエゴがあまりない。これまで紹介してきた5人の若きイノベーターにも次章で紹介する3人にも、傲慢さや気取ったところがないことに、私はほとんど衝撃を受けた。全員がイノベーターにとって重要な資質である高い自意識と自信を持っているが、ナルシスト的なところや妙に自己陶酔的なところ（この世代の特徴だという指摘もある）はない。それどころか彼らと時間を過ごすのは心から楽しかった。それは彼らの「育ち」が大きく物を言っているように私には思えた。

もちろんこれまでに紹介した5人と次章で紹介する3人は、みな大きな才能に恵まれている。だが本書の目的は、彼らがいかに生まれながら才能に恵まれていたかを伝えることではなく、その才能を引き出し育てるために大人がどんな手助けをしたか、そしてそこから私たちは何を学べるかを理解することだ。本書の初めに述べたように、赤ん坊は潜在的イノベーターの資質を多く持って生まれる。しかしその資質が伸ばされることはめったにない。本書はこれまで、親が子供の内的モチベーション（好奇心、想像力、自分の周りの世界に対する関心）を育むことがいかに重要かを見てきた。どんな子育てが最も大きな違いを生むかは第6章で検討する。

科学、技術、工学、そして数学の分野でイノベーションを活発化し、起業のスキルを育むには、本書で紹介してきたような教師やメンター、そして従来とは違う種類のプログラムがもっと必要だ。STEM関連の学部における新しいアプローチなど学習方法のイノベーションは第5章で紹介する。

だがイノベーターが必要なのはSTEM分野だけではない。私たちが現在の生活水準を維持しつつ、世界全体の生活水準を上げるには、あらゆる若者がイノベーターになる必要がある。本書で紹介してきた教師やメンターが実践する、従来とは大きく異なる教え方や学習方法を採用すれば、あらゆる若者が恩恵を受けるだろう。

次章では、これまで紹介してきた5人とは異なる関心と夢を持つ3人の社会イノベーターと起業家を紹介する。ただ、読んでいただければわかるように、彼らがイノベーターになるのを可能にした子育てや教え方や指導法は、カークやシャナやジョディやデービッドやジャミアンのメンターがやってきたことと一致する。

4

Social Innovators

社会イノベーター

本書の第2章と3章では、5人のSTEM（科学、技術、工学、数学）系イノベーターを紹介した。しかし第1章で述べたように、世界は人間のあらゆる活動領域でイノベーターと起業家を必要としている。そこで本章では、3人の若き「社会イノベーター」を紹介しよう。

ジャーナリストのデービッド・ボーンステインは著書『世界を変える人たち』（ダイヤモンド社）で、社会イノベーターとは「大きな問題に新しいアイデアで取り組み、自分のビジョンを粘り強く追求し、『無理だ』という声を聞き入れず、自分のアイデアをできるかぎり広めるまであきらめない人たち」[1]だとしている。ボーンステインによれば、コミュニケーション革命によって、世界をより広く深く理解できる人間は増えている。新たな情報源を得た若者たちは、環境破壊や貧困、不正などへの問題意識が非常に高い。コミュニケーション技術は、人々が組織化し連携を図る上でも強力な新しいツールになった。21世紀に情報を握って力を持つのはエリートだけではない。

いわゆる文系出身者が多い社会イノベーターは、STEM系イノベーターとはモチベーションが異なると考えられがちだ。実際、2章と3章で紹介した5人と比べると、本章で紹介する3人の受けた教育、育った環境、夢は大きく異なる。しかしそれよりも重要なのは2種類のイノベーターの共通点だ。彼らの成長のあらゆる段階で、遊び、情熱、目的意識が大きな役割を果たし、親は子供が夢を追いかけるのを応援し、型破りな教師やメンターが人生を揺るがす影響を与える。

ローラ・ホワイト

ＳＴＥＭ系イノベーターは世界を変えるモノを作りたいと考える。多くの人にとって、その夢を理解するのはそんなにむずかしいことではない。他方、社会イノベーターも変化を起こしたいと考えるが、そこには理想主義的な意味合いがある。彼らは既存の枠組みや考え方の破壊者になることも多く、周囲からなかなか評価してもらえない場合がある。それだけに社会イノベーターは周囲の大人の特別なサポートが必要だ。これから紹介するイノベーターの道のりは、それを雄弁に物語っている。また社会イノベーションや社会起業をサポートする上では非営利団体が大きな役割を果たしていること、さらにより大きな視点では、大災害をきっかけに21世紀の大学の使命を見直した大学があることも見えてくるだろう。

ローラはホワイト家の長女として、ジョージア州アトランタ郊外で生まれ育った。父親のドンはジョージア工科大学土木工学部の教授だ。ローラは10歳の頃から競泳で活躍し始め、12歳のときにはバタフライで州大会6位に入賞した。ところが高校1年生になった14歳のとき、いくつかの出来事がきっかけで、自分の将来についてそれまでとは大きく異なる考えを持つようになる。

最初の出来事は、タミー（仮名）と親友になったことだ。昼食時間になると、ローラはいつもカフェテリアでタミーと同じテーブルに座っていたが、あるときタミーが一度も弁当を持ってこないことに気がついた。放課後のイベントにも参加したことがない。やがてローラは、タミーがホームレスだと知り、自分の弁当をタミーと分け合うようになった。

「タミーと友達になって、社会における自分の責任を考えるようになりました」と、ローラは言う。「自分のために泳ぐだけではなく、人のために何かしなくてはと思ったのです。そこで定期的に

Meet Laura White
http://vimeo.com/34510744

ボランティア活動に参加するようになりました。ある日、アトランタ市内の貧困地区に住む子供たちのキャンプで、湖に泳ぎに行く子供たちの監視役を頼まれました。ところが5人の子供が溺れそうになり、私が泳いで全員を助け出すという事件が起きました。とても怖かった。そのとき、この子たちは泳ぎを習うべきだと強く思いました」

同じ頃、ローラは、地元のボランティア団体「ハンズオン・アトランタ」の子供プログラム助言委員会の委員に選ばれた。

「委員会の仕事は、ハンズオン・アトランタの子供向けプログラムについてアドバイスをすること。市内での活動や社会問題について講演会を開いたり、プロジェクトを企画することもありました。なかでもユースサービスデー（若者のボランティア活動を促進する日）に向けて委員全員がボランティア活動を企画するのは大変でした。まったく未経験だったから不安でしたが、スイミングクラブの友達と、私たちにしかないスキルがあることに気がつきました。そこでアトランタの恵まれない子供たちのために、スイミングレッスンを企画したのです」

10年生（日本の高校1年生）修了後の夏休み、ローラはハンズオン・アトランタでインターンとして働くことになった。

「ところが1週間でリーダーが辞めてしまい、私は16歳のインターンにしてはものすごく大きな仕事を任されることになりました。いろんな活動を企画し、ボランティアスタッフをまとめ、夜遅くまで働いて、週末も仕事をしました。そのとき別のスタッフが『ユース・ベンチャー』のことを教えてくれたんです。企画書を送ってみたら、スイミングレッスンの経費として1000ドルが送られてきました。こうして『ワイルド・ウォーター・スイミング』が始まったのです（後に『スイム・フォー・サクセス』に改名）。ユース・ベンチャーは非営利の社会起業支援団体アショカ[2]が運営する若者による社会事業の支援プログラム。アショカがサポートする社会起業家はみな若いときプロジェクトやベンチャーを指揮した経験があるとの認識から、社会起業家やチェンジメーカー（変化を起こす人）を増やすには若者の活動を支援する必要があると考えて作られたものです」

ローラの母ジェーンは、娘の中に芽生え始めた社会起業への関心を応援しようと、夫婦で努力してきたという。「子供たちには自分が興味のあることを追求するよう励ましてきました。その一方で、興味がなくなったことはやめるよう助言しました。ローラの場合、高校に上がるときまでに、競泳よりも地域のボランティア活動に興味があることははっきりしていました」

父親のドンも同じ意見だ。「ローラのスポーツ（楽しみ）はボランティア活動でした。競争が上手な人もいますが、ローラにとって競泳はストレスでした。スイミングを通じて規律と集中力、それに時間の管理は学んだでしょうけどね」

「スイミングプロジェクトの資金を得るために（ユース・ベンチャーに）応募したときは、本当に必死でした」と、ジェーンは当時のローラの様子について語る。「助成金をもらえるのは最終候補に残ったプロジェクト15件だけで、それは投票で決まることになっていました。最終的にローラのプロジェクトは1万票以上を集め、2位以下のプロジェクトを大きく引き離して優勝したのです。私たちもみんな（投票するよう）総動員されました」

「ローラは毎日知り合いにメールを送って、オンライン投票を呼びかけていました」と、ドンも当時を振り返る。

ジェーンは、自分たちがよその親とは違うことをやっていることに気づいていたという。「(よその親は)ソフトボールの練習やサッカーの試合のために子供の送り迎えをすることに多くの時間を割いていました。でもうちは、娘のプロジェクトを応援することに時間と労力を費やす努力をしました。ローラは私が文句を言っていたと言うかもしれませんけどね。だってアトランタのガラの悪い地区を運転するのはいい気分じゃなかったから。それでも協力しました」

ローラは母親が文句を言っていたなどとは言わなかった。それどころか、「両親はいつもサポートしてくれた」と言う。「学校の勉強をちゃんとやることが条件だったけれど、私の自主性を尊重し、将来どうしたいかは自分で探さなくてはいけないと考えていました。細かなアドバイスもなし――私がスイム・フォー・サクセスを始めたときも、あれこれ口出ししたりしなかった」

「両親が私のスケジュールをびっしり埋めてしまうことはありませんでした。自分で考えて、自分の計画を練る時間を与えてくれました……ほとんどの子の親は、スポーツで最高の成績をあげろとか、いい大学に行けと命令して、子供に自分で探求させません。これは成長に大きな影響を与えます」。ローラには2年前に初めて会って以来、定期的に話を聞いている(本書のリサーチも手伝ってもらった)。彼女がテュレーン大学の1年生を終えたとき、高校時代のことを振り返ってもらった。

「高校ではいい成績を取るために頑張ったけれど、授業に関心があったからではありません。授業はかなり退屈でした。ただ自分にはやる気があって、物事に落ち着いて取り組み、きちんとこなす能力があることを証明したかったんです。でも山のようなテストは、私の独創性を傷付けたと思います。いちばん嫌いだったのは数学。あまりにも抽象的で、学んだことを応用したり、いろんなアイデアを試すクリエーティブな要素がなかった」

「でも高校のプラット先生だけは、クリエーティブな考え方をさせてくれました。あるとき船のプロペラに接触して死んでしまうマナティーのニュースをもとに、クラス全体でこうした問題の解決策を考えたことがあります」

大学の1年目はどうだったのだろう。

「私が専攻する政治経済学部は、哲学や経済学や政治学など学際的なプログラムになっています。ひとつの領域しか学べないなんて私には考えられません」

「でも、やらなければいけないことがたくさんあって、物事を深く探求する時間が十分ないことには大きなストレスを感じます。社会起業活動が単位として認められればいいのですが。卒業論文の代わりに会社を立ち上げるとか」

学校で教えてくれればいいのにと思う具体的なスキルはあるだろうか。

「問題の把握方法」と、ローラは即答した。「とても重要なスキルだと思います。スイム・フォー・サクセスを始めたとき、まず何をするべきなのかわからなかった。2年活動して、泳ぎを教えることがすべてではないと気がつきました。さまざまな家庭環境のスタッフがいること、大学キャンパス内のプールを使わせてもらえること、優秀な水泳選手になれば奨学金をもらえるチャンスがあること――スイム・フォー・サクセスに参加した子供たちはこうしたチャンスも得られます。問題を体系的に考える方法を誰かが教えてくれたら助かったでしょうね」

現在スイム・フォー・サクセスはローラの手を離れ、テュレーン大学の別の学生たちが運営している。ローラがやっていたときよりも規模は縮小され、テュレーン大学との提携プログラムになった。ローラは最近、スイム・フォー・サクセスの経験から学んだことをメールで教えてくれた。

「2年前だったら、規模が縮小したことを失敗だと思ったでしょう。でも今は、ローカルなソリューションでもいいんだと思うようになりました。既存の組織と提携したほうが、プロジェクトの持続可能性が高まっていい場合もあります。(ひとつのプロジェクトが)いろいろな方法を試せることは非常に重要。大切なのは変化を起こす最高の方法を見つけるために柔軟であることです」

テュレーン大学

2011年7月、テュレーン大学で3年生を終えたローラに、大学で関わっているプロジェクトと、彼女が学んだこと、そして次のステップについて聞いてみた。どうやら彼女の中には起業家精神が芽生えてきたようだ。その一方で、社会イノベーターとして活動しつつ、大学での責任をこなすことには、ますますむずかしさを感じているようだ。

「社会イノベーションのスキルを磨くカリキュラムづくりにとても興味があります。そこで教職課程の学生が最初に受ける授業『多角社会における教育』に、『社会ベンチャーリーダーシップ』の要素を加えてもらおうと、担当のキャロル・ウィーラン教授と協力しています。この部分では独創性やコラボレーションといった非学問的スキルを学ぶので、教えるのも学生がやります。この授業

White on Tulane University
http://vimeo.com/34510849

スタイルは昨年秋に試験的に行われ、学生の側から社会を変えるアイデアがいくつも提案されました。そのうち6つは現在も続いています」

「たとえば予算とスタッフが不足しているニューオリンズのある公立学校の合唱クラブのために、テュレーンの音楽科の学生がボランティアに行ったり、一緒に発表会をやって資金集めをするというアイデアがありました。落ちこぼれの生徒たちのテストの点数を上げることに必死で成績のいい子たちをほったらかしにしている学校で、成績のいい子たちのための放課後プログラムを作るという案もありました」

「この1年ほどはシチズン・サークルズというグループに参加しています。地域の問題やニーズを自分で見つけて、人を集めて解決策を講じ、その過程で学んだことをシェアする組織です。ここで仲間のアラン・ウェブと学んだことは、大学の授業で学んだことよりもずっと多いです」

「ほかにも、アランとジェフ・ボードグナという人物がやっている『ライブ・トランスクリプト』というプロジェクトを手伝っています。社会イノベーターの活動とその受益者からの評価を写真やビデオで記録するものです。その一環として、テュレーン大学の社会イノベーションプログラムの評価ツールを作る活動もしています」

「自分が受ける教育を自分でデザインする力がついてきたと思います。この冬、大学の費用でヨーロッパに調査に行きましたが、計画も実際の調査も全部自分でやりました。優れた社会起業プログラムのある大学を訪問調査したのですが、私の大学生活で最も多くを学ぶ経験になりました」

「パリで開かれたアショカ・チェンジメーカーズ・ウィークにも参加しました。そこではっきりわかったのは、学校や企業、非営利団体がチェンジメーカーのスキルや能力を教えるための枠組みを求めていることです。来年の卒業論文はこれをテーマにしたいと思っています」

「新学期が始まったら、社会イノベーションの専攻と合わせて、学生主導の授業を増やす活動を続けるつもりです。ピア・ツー・ピア大学（トピックごとに勉強会が作られるグループ学習サイト）と協力して、シチズン・サークルズと『社会イノベーション大学院』を設立する活動にも興味があります。『紛争解決』や『社会イノベーターのためのプロジェクト管理』などさまざまなトピックについての勉強会が集まるオープンソースのオンラインコミュニティです」

「新年度（ローラは大学4年生になるところだった）と、その先のことを考えるとストレスを感じます。卒業に必要な単位を取りつつ、いろいろなプロジェクトをやるのは大変だから……。大学院に行って社会イノベーターに必要な能力を定義し、教え、評価する方法を研究したいけど、そういうことを教えてくれる大学院は見当たりません」

ローラは、大学で彼女の活動に特に協力的だった人物として、ステファニー・バークスデール学長特別補佐（社会起業イニシアチブ担当）と、学部生の専攻アドバイザーであるジョン・ハワード博士の名前を挙げた。「ローラが情熱を感じるプロジェクトには、基本的に『許可』を与えてきました」と、バークスデール特別補佐は言う。「ローラが躊躇しているときは、『もちろん、やるべきよ』と背中を押してあげる。そうすると彼女はすばらしい能力を発揮します。たとえばローラが、テュレーンでTEDxカンファレンスを開催したいと言ってきたとき、私は『ええ、いいわよ』と答えた以外は何の手助けもしなかった。でも彼女は自分でスポンサーを見つけ、TEDから認証を

White Talks About Her Mentor
http://vimeo.com/34510938

もらい、イベントを実現しました」（TEDは「広める価値のあるアイデア」を発表する場を提供する非営利団体。TEDxは、地域会議だがTEDは名称利用を許可するだけで運営にはタッチしない[3]）。

「多くの学生は失敗することを極端に恐れていて、何かにトライすることすら躊躇する」と、バークスデール特別補佐は言う。もうひとりのメンターであるハワード博士は、「私が学びたいことを全面的にサポートしてくれた」と、ローラは言う。彼がいなかったらよその大学に転学していた可能性もあるという。

ジョン・ハワードはテュレーン大学で哲学の博士号を取得し、現在マーフィー研究所（テュレーンの政治経済学・倫理学の研究・教育センター）の副所長として、政治経済学部の学部課程の事務を切り盛りしている。またその仕事とは別に、研究所の社会イノベーションや起業プロジェクトに多数関わっている。テュレーン大学は、ハリケーン・カトリーナで地元ニューオリンズが壊滅的被害を受けたのをきっかけに、地域のボランティア活動を卒業に必要な「必修科目」にした。ハワード博士は、「公共サービスと市民リーダーシップ」という授業を教えており、学生は最終プロジェクトとして、この必修科目の実施や改善について大学の方針を分析する共同論文を書くことになっている。

「学生が主体となってカリキュラムを作るのは非常にいい考えです」と、ハワード博士は言う。「ただし体系的でなければいけない。だから私は、学生たちに求められる結果を示す——この場合はボランティア活動の授業をどう改善するべきかという大学当局への提言書（グリーンペーパー）です。研究の方法や、提言書の内容は学生が決めます。大学という場で学生がこうした現実的なプロジェクトをやるのは極めて珍しいことです。私は学生たちに変化を起こすパワーを与えることで、授業をただ消化するのではなく、積極的に参加させたいと思っています。実際、あるグループは、教室で学んでから実習に移るのではなく、具体的な活動をやりながら学習するほうがいいと提言してきました。だが残念ながら、学生たちの提言は大学側にはほとんど無視されてきました。こういう授業は管理がむずかしいからです」

最近では、ハワード博士はバークスデール特別補佐の「社会起業イニシアチブ局」との協力を強化している。バークスデール特別補佐は学長の直属の立場だから、「指揮系統がずっとシンプルになる」と博士は言う。「私たちのアイデアに耳を傾けてもらえる可能性もずっと高い。だから今学期は、ローラのように社会起業の授業を増やしたい学生や、その他の学生の要望に応えて『社会イノベーションフェロー』というプログラムを新たに設置しました。ボランティア活動の必修授業は一部教員の反対で修正を余儀なくされましたが、このプログラムはそうした妨害とは無縁だし、学生たちにとっても意味が大きい。また今回は参加型指導・学習センター（CELT）の一環として学生がカリキュラムの設計にもっと参加できるようにしています。私たちがやりたいのは学部生からなる『教授陣』を作ることです」

ローラとの協力はどうなっているのだろう。

「ローラとは3年前、彼女が政治経済学を専攻にしたときに知り合った。いろんな領域で能力をつけようと頑張っていました。自分がやっている（社会イノベーション）活動のためには、政治学、経済学、哲学、歴史を理解する必要があると考えていたんです。どれも政治経済学部でカバーしている科目です。この専攻はローラのように量的・質的にポテンシャルの高い学生には魅力的でしょう。一般的な大学のシステムでは、学生を非常に早い段階でスペシャリストにしようとしがちです。だが時間が経つと、その専攻は学生がいちばん関心のあることではなくなってしまう可能性がある」

「3年生の最終学期、ローラは教職課程の授業を選択し始めました。でも新学期が始まって3週間経つ頃には、担当教官と授業を教える側になっていました。キャロル・ウィーラン教授は、ローラに専門的な知識や経験がたくさんあることを認めたのです。これはなかなかできることではありません。ローラのような学生は初めてだとウィーラン教授は気がついた。（学生に対する）理想的な態度です。私たち教員は学生のアイデアやイノベーションを上から目線で見るのをやめるべきです」

「ローラに勇気があって、オープンで、自分の考えをきちんと言う能力があることは、ほとんどすぐにわかりました。でも彼女に強引なところはない。声を張り上げたり、怒鳴り散らしたりしない。自信過剰ではないんです。彼女は口のうまさや売り込みのうまさではなく、純粋にアイデアの良さによって周囲を納得させる力があります。彼女の社会正義に対する決意の固さは見事なものです。口先だけでも、履歴書の見栄えをよくするためでもない」

「ローラは、思い切ったことをやって周囲を奮い立たせることで大きなことを成し遂げる社会民主主義のいちばんいい伝統を受け継いでいます。学生たちのすばらしいリーダーであり、大学の財産です。経済や政治よりも、道徳面で大きな変化をもたらすタイプの人間です。大学フットボールには毎年最高の活躍をした選手にハイズマン賞という賞が与えられますが、もしボランティア活動にハイズマン賞があったら、受賞者はローラでしょう。彼女は何かを『無理だ』と言われるのは大嫌いですが、自分がこれと決めた基準を下げずに物事を実現するプラグマティストでもあります」

ローラのような学生をもっと育てて、サポートするにはどうすればいいのか、ハワード博士に聞いてみた。そして博士の答えを聞いて、ローラや彼女の世代は情熱を追いかけるのに「許可」が必要なときがあるというバークスデール特別補佐の言葉がよく理解できた。

「まず、私たちはローラのような若者に感謝しなくてはいけません。『高尚な』教授陣の間には、オープンであることを幼稚と見なす傾向があります。社会正義を主張するのは世間知らずな証拠と考えるのです。でも学生をそんな風に扱うのはよくない」

「むしろ私たちは、学生が自分の信念を声に出すよう後押しし、正義への共感や決意をサポートするべきです。ローラのようになる可能性がある学生は大勢いますが、その方向で力を伸ばす機会がありません。むしろ無知だとか感傷的だと言われてしまう。でも私たちが気づいているよりずっと多くの学生が、社会全体の利益を大切に考えています。私は学生たちの中にあるこうした資質のかけらを見出し、育てることに多くの時間を割いています」

「実際の授業では、テストによってではなく、学生との文書による『対話』を通じてこれを実践してきました。毎週学生に750〜1000語のエッセイを書かせ、私が翌週同じくらいの長さのエッセイを書いて返す。また授業では毎回、私が一切口を出さずに学生だけでアイデアやプロジェクトの進捗状況を話し合う時間を与えています。学生に助け合う責任を与えると、お互いへの共感がいっそう深まるのです」

ハワード博士には終身在職権があるのだろうか。あるいはその権利を獲得する可能性はあるのか。

「私の立場はあくまでも大学職員で、いくら時間が経っても終身在職権は得られません。学者でも研究者でもないからです。アカデミックなことは重要ですが、私の仕事ではない。私は教員であり、教室で学生とあれこれやり取りをするのが仕事です。（終身在職権を得るために）それができなくなるなら元も子もない。ただ、他人に勧められるキャリアパスではないですね。私は長い間仕事が見つからずに苦労しました。今のポジションを得られてとてもラッキーだと思っています」

「終身在職権を得るカギとなるのは、『指導、研究、学識』です。しかしその評価は、手続き上の管理を簡単にするために非常に伝統的な方法で行われます。指導に関して、『イノベーションの成功例を見せてくれ。学生たちにイノベーションを起こさせるユニークな能力があるという証拠が必要だ』と言われたらどうすればいいでしょう。論文の発表数を基準にして無難な評価をしたいなら、それでもいい。だが学生相手の授業を無難にやり過ごすべきじゃない。それなら学生とはほとんど交流がない研究専門教員と、論文の発表数など気にする必要のない指導専門教員をつくるべきです。厄介だしむずかしいかもしれませんが、学生にとってはそのほうがいいでしょう」

苦悩する社会イノベーター

ローラの両親は、子供に探求心を豊かにする遊びをさせた。ローラ自身、「両親が私のスケジュールをびっしり埋めてしまうことはありませんでした。自分で考えて、自分の計画を練る時間を与えてくれました」と語った。ホワイト夫妻は、近隣のよその親とは違い、競泳をやめてボランティアに専念するというローラの決断を応援した。娘が社会起業の夢を追いかけるのを応援し、非営利事業の資金集めを手伝い、高校4年間を通じていろいろなプロジェクトのためにアトランタの「ガラの悪い」地区まで送り迎えしてやるというリスクも引き受けた。

ローラの情熱は、チェンジメーカーにはどんなスキルが必要で、そのスキルを最もうまく教え評価する方法を知りたいという明らかな目的意識に発展していった。ただしこれは一般的に見ても比較的新しいテーマであるため、ローラがこの先どういった道を進むのかははっきりしない。ローラは自分が受けている教育を、自分の欲求や必要に応じてアレンジするか、新たに作り出さなければならない。そのせいだろうか。自分の創造性を養い、物事の切り口を学ぶ上で、脚本を書くクラスがいちばん役に立ったと、ローラは語っていた。

ローラの社会イノベーターとしての道のりは、いくつかの点で若きSTEM系イノベーターたちよりも困難だ。第一にハワード博士が指摘したように、若者が理想や社会正義を重視するのを、人は世間知らずとみなして真剣に受け止めない傾向がある。そういう反応をする大人が多いから、ローラはときどき自分のアイデアを実現するのを躊躇しているように見えたのではないか。アメリカの教育システムは思い切ったことをやるのを応援せず、失敗するのをよしとしない。あまりにも多くの親や教師が、若者は「世界を変える」ことよりも、ビジネスマンや弁護士や医者など「安全」で給料のいい仕事に就けるよう努力するべきだと考えている。

第2に、いわゆる文系の学部では、課題ベースの実践的な学習方法はあまり例がない。ローラによれば、「ボランティア学習の授業を除けば、文系の学部では工学部や建築学部にあるようなプロジェクトベースの授業がほとんどない」という。ローラも社会イノベーションや改革に関する理論は大切だし学びたいと思っているが、実際のプロジェクトに沿って学ぶべきだと考えている。ローラがヨーロッパに調査に行ったとき訪問した学校のひとつであるデンマークの「カオスパイロッツ」では、学生はまず現実の世界のプロジェクトに着手し、それからそのプロジェクトに関連する重要な理論を学ぶ。

「どの大学も学生の経験や活動、課題を中心に（カリキュラムを）作れるようにするべきです」とローラは言う。「教授陣は今まで以上に授業に時間を取られるし、これまでとは違う役割を要求されるでしょう。終身在職権を得るために論文発表にばかり力を注ぐシステムも大きな問題です。教授陣が自分の研究課題を、学生の取り組みたい課題に沿って決めるとは思えません」。ローラの場合、自分がやっているたくさんのプロジェクトに関連して単位が取れる（そして実践的な改革と理論を結び付ける）授業は、ハワード博士の助けを借りて自分で作った独自研究クラスだけだった。だが学位に必要な単位として認められる独自研究クラスは、2つまでと決まっている。

これまで本書で紹介してきた教師たちと同じように、ハワード博士は学生のエンパワメントを目指している。学生のコラボレーションや、現実世界の問題に対する学際的な理解を促すプロジェクトを練る一方で、学生が独自の考えと内的モチベーションを育むよう努力している。これまで見てきたSTEM系の教師たちと同じように、ハワード博士はイノベーター的な教師だ。だが彼もまた、「終身在職権を得ることは絶対にない例外的存在」だ。

ハリケーンが迫った大学改革

本書では、学界のカルチャーと終身在職権を得るために求められる条件が、若きイノベーターに必要な実践的なプロジェクトベースの学習とミスマッチを起こしていることを見てきた。学界は、応用力や具体的な技能の育成とは違う「純粋な」知識の生産と発信を自らの使命と考えてきた。これでは大学が「象牙の塔」と呼ばれても仕方がない。だが、テュレーン大学はスコット・コーエン学長の洞察力あふれるリーダーシップのもと、ニューオリンズの地域社会と学生両方のニーズを満たす新しい方法を探っている。

「カトリーナはこの街と本学を壊滅させかけた」と、コーエン学長は言う。「ハリケーンの後、私は大学の未来と大災害から得た教訓を考えて、大学は新たな倫理的指針を設けるべきではないかと考え始めました。大学のミッションを問い直したのです」

「テュレーンは一流の研究大学として、研究、教育、地域参加という3つのミッションを掲げてきました。しかし研究と教育に対して、地域参加は後回しにされていました。地域参加は『いいこと』で、新聞やテレビで取り上げられるかもしれませんが、大学のシステム上その意義が正式に認められることはありません。研究活動と教育活動とのつながりがない。そこで私たちは、地域参加の扱いを研究や教育と同等に引き上げて、それぞれの間にもっとパワフルな結びつきを作ろうという結論に達したのです。そしてこれを、21世紀の倫理的指針として定めました」

「このイニシアチブは『テュレーン・エンパワーズ』と呼ばれています。現在は7つの柱がありますが、最初の2つはハリケーンで壊滅的な打撃を受けた地元ニューオリンズの公立学校と公衆衛生でした。地元のさまざまな組織と協力して、住民に教育と医療を行き届かせる新しい計画を練りました。現在はそれを実行に移しています」

「3つめの柱は、新世代の参加型市民とリーダーです。ボランティア活動や社会イノベーションをもっと学生の評価に取り込みたいと考えた結果、テュレーンはアメリカの研究大学として初めてボランティア活動を主要カリキュラムに組み入れました」

コーエン学長によると、他の4つの柱は災害対応と再生、街と文化の物理的な復興、参加型教育・学習センター、そして社会イノベーションだ。「学生たちにむずかしい社会問題に解決策を見つけるという使命感を持ってほしい」と、コーエン学長は言う。

こうした新しい倫理的指針を定める上で、学内でむずかしいことはなかったのだろうか。

「それはもうたくさんありました。まず教授陣がこの提案を受け入れなかった。決定の一部がハリケーンの被害で大学が閉鎖されていた時期に下され、教授陣が意思決定に大きな影響を与えられなかったせいでもあります。だが時間が経つにつれて、抵抗は薄れていきました。次の課題は、教授陣に参加を促すことでした。授業内容をボランティア学習に変えると補助金を出すことや、社会イノベーションを専門とする教授職を設けることなど、あらゆる知恵を絞りました」

「3つめの課題は、この試みをステークホールダー（学生、卒業生、寄付者等）に伝えること。これは時間をかけて進められました。初めて説明したときは、一部の卒業生はぽかんとした顔で、『最近の大学はどうなってしまったんだ。研究や教育はどうなってしまったんだ』という反応でした。

だがそのおかげで、自分たちが始めようとしていることについて説得力のある説明をしなくてはいけないと気づきました。新しい倫理的指針によって地域と大学を強化し、次世代の若者たちを地域に積極的に関わる市民に育てられること。これをきちんと説明できるようになるまでには数年かかりました」

現在テュレーン大学を志望する学生たちのモチベーションは、以前とは変わったのだろうか。

「間違いなく変わりました。この4年間で志願者数は倍以上増えました。実際の入学者が書いた小論文を読むと、8割以上が地域参加という理念に共感したからだと書いています。学生の残留率と卒業率も上昇。これは今の学生が、ニューオリンズを楽しむためよりも、大学の内容に魅かれてテュレーンを選んでいるからです。またテュレーンの新しいミッションを知って、非常に優れた人材がこの大学で教えたいと応募してくるようになりました」

学生の入学基準には何か変更があったのだろうか。大学のランキングは合格者のSATやACT（大学入試検定）の点数で決まることが多いが、私が知るかぎり、こうした点数は社会イノベーションやボランティア活動にどのくらい有意義な貢献ができるかとは無関係だ。

「それについては毎日頭を痛めています」と、コーエン学長は言う。「だがUSニューズ&ワールド・レポート（アメリカで最も一般的な大学ランキングを発表する雑誌）はこうしたテストの点数を基準にしているから無視はできない。テストをどう扱うかは常に大きなジレンマで、まだ解決策は見つかっていません」

コーエン学長はテュレーン大学の今後をどう考えているのか。5年後のエンパワメント活動はどのようなものになると考えているのか。
「社会イノベーションの分野で学部生向けに学内横断的なカリキュラムを練っています。いわゆる第2専攻です。2年後には実現できるでしょう。昨年は社会起業の教授職を5つ設けましたが、今後数年でその数を25人まで増やし、既存の教員たちの手本になってほしいと思っています。伝統的な学究活動はいまも終身在職権を検討するとき最も重視される要因ですが、学生の指導方法やボランティア活動におけるイノベーションも考慮し始めています。また教授陣には、地域参加の重要性を高める方法について他大学との検討も進めてほしい」

アショカがくれたチャンス

より参加型の大学を作るというビジョンは2008年秋、アショカの「アショカU」という新しいプログラムに参加したのを機に大きく前進した。アショカUが目指すのは、「複数の大学の努力を結びつけて、キャンパス、地域社会、そして世界で社会起業の指導、研究、参加の機会を増やすこと」だ。[4] テュレーンはこのイニシアチブに参加するアメリカの10の「チェンジメーカー」大学のひとつに選ばれた。ローラも2009年に学生チームの一員に選ばれた。

ローラは、「私が現在のように成長する上でいちばん大きな影響を受けたのは、アショカUの後援するユースベンチャーだった」として、その詳細をメールで教えてくれた。

アショカがスイム・フォー・サクセスに資金をくれたから、私にも変化を起こせると自信を持つことができました。またユースアドベンチャー大使に選ばれて、ワシントンで開かれた第1回ユースアドベンチャー会議に参加し、世界中のユースベンチャラーと会うこともできた。

アショカUを通じて社会起業教育にも触れ、情熱を傾けるようになりました。アショカU会議ではこの分野ですばらしい活動をしている人たちと出会いました。後に私とシチズンサークルズを立ち上げたアラン・ウェブもそのひとりです。アショカUはシチズンサークルズと私の研究、それに社会起業教育に関連して私がやることすべてにサポートネットワークを提供し、成功例を教えてくれました。

アショカの何よりもいいところは、すごい人たちと知り合いになれることです。たとえば独創的な科学教育を唱えるアショカフェローのフランソワ・タデイ。彼は私を北京での会議に連れて行ってくれたし、この前パリで開かれた「チェンジメーカーズ・ウィーク」の教育グループにも招いてくれました。

パリに招かれたのはとても意義深い出来事でした。ここでもすばらしい人たちに出会い、私とアランのアイデアを発表する機会も与えられました。このプレゼンのおかげでデロイトの重役などさらに多くの人とのつながりができたのです。

ローラが両親の強力なサポートから大きな恩恵を得たのは間違いない。だが大学でバークスデール学長特別補佐とハワード博士の2人からサポートを得たこと、テュレーンが社会イノベーション

About Ashoka U & Laura's Leadership
http://vimeo.com/34915709

の分野で先駆的な大学になろうと決めた時期にリーダーシップを取るチャンスを得たこと、そしてアショカが学習の機会を与えてくれたことは、どれもローラの成長に重要な役割を果たした。さいわい社会起業を教える大学は増えており、社会イノベーションと起業をサポートする組織の数もここ10年ほどで急増している。こうした組織の多くは、ローラのようなチェンジメーカー志望の若者をサポートする重要な役割を果たしている。次のストーリーでは、2人の社会起業家がどんなサポートを得たか見てみよう。

シリータ・ゲイツ

世界的に有名な心理学者のエイブラハム・マズローが、「欲求の階層」論を唱えたのは1960年代のこと。マズローによれば、「欲求のピラミッド」の基層をなすのは食欲、飲水欲、性欲であり、その上に安全、秩序、安定といった「安全の欲求」の層がある。この2つの層は、人間が生存するための物理的欲求であり、それが満たされて初めて、人間は心理的な欲求を考えるようになる。そして愛や所属意識や自尊心が満たされたとき、ようやく人間はピラミッドの頂点つまり自己実現欲を感じるようになる。

マズローの理論が正しければ、経済的に恵まれない家庭出身の若者は、世界を変えられるかどうかよりも自分の生存に必死なはずだ。だがジャミアンやシリータ・ゲイツの経験が物語るように、世界を変えて、イノベーターや社会起業家になりたいと考えるのは、恵まれた家庭の子供だけではない。ジャミアンと同じように、シリータは経済状況が苦しい片親家庭で育った。

23歳のアフリカ系アメリカ人のシリータは、ニューヨーク市のクイーンズ区生まれ。母親は最近リタイアするまで市のソーシャルワーカーをしていた。シリータはひとりっ子だ。２００７年、シリータは「若者が成功する可能性を最大限に伸ばす」ことを目指すＳＷＴライフ（スイートライフと読む）という組織を設立した。「起業の指導、自己啓発研修、そしてミレニアム世代に大きな影響をもつ専門家との出会いを提供する」組織だ。シリータは現在、ニューヨーク市立大学の学士課程（特殊学際研究）の学生だ。この課程は自分の専攻を自分で設計したい学生のためのプログラムで、社会経験にも単位が与えられる。シリータの専攻は「都市若者文化」で、都市研究、社会人類学、ヒップホップ文化入門、出版入門といった授業を選択している。またこれまでにやってきたボランティア活動の記録を作成し、15単位を得た。[5] さらに30人以上のエッセイをミレニアム世代のための社会起業手引書『ジャスト・ビー・コーズ』にまとめ、アマゾンで売るつもりだ（訳注：すでに出版済み）。

母親ブレンダ・ゲイツによると、シリータは小学生のとき起業家になる「遊び」を始めた。「シリータが2年生だったある日、学校に迎えに行くと、用務員が『じゃあね、お嬢ちゃん、私のことを忘れるんじゃないよ』と言いました。びっくりしてシリータに『いったい何なの！』と問いただすと、シリータが学校でポップコーンを売っていることを用務員が教えてくれたんです。私が安売り店で1ドル48セントで買った物を4ドルで売っているって」

「その後シリータは本のしおりを作り、私が職場で1個1ドルで売りました。次は叔母からケーキ

Meet Syreeta Gates
http://vimeo.com/34511077

の作り方を教えてもらい、そのケーキも私が売った。高校に入ると、継ぎあてを買ってきて、それを縫い付けた服を友達に売っていました」

「でもいつも他人を助けたいという気持ちを持っていました。あるとき、昼も夜もベンチに座っている男の人たちは何をしているのかと聞いてきました。何か助けてあげられないかと言うのです。そこで私は、世の中には人生に行き詰まってしまった人がいること、そういう人にも礼儀正しく敬意をもって接しなくてはいけないことを教えました。また夢を追いかけることの大切さや、他人の手本になる大切さも。ただぼんやり夢を見ているだけではダメだと……。やがて高校生になったシリータは、炊き出しのボランティアをしているとき『これだ』と思ったようです」

「炊き出しはクールな経験でした」と、シリータは言う。「特にそこで人と話すのが楽しかった。ホームレスの人もいたし、仕事はあるけれどちょっと食事が必要な人もいました。いちばんよかったのは、友達と参加できたこと。ボランティア活動は楽しいもので、退屈なんかじゃないと気がついたんです」

それがシリータの情熱に火を付けた最初の経験だった。ただし高校時代から現在にいたるまでの道のりは平坦ではなかった。

「高校のときは『2時半クラブ』のメンバーでした。2時半になると（クラブ活動などせずに）下校するということです。もう少しで落第するところだった。高校で唯一好きだったのはビジネス、ビジネス数学、それにコミュニケーションでした」

「2005年に卒業して、すぐにニューヨーク・シティ・カレッジ・オブ・テクノロジー（通称

Brenda Gates on Raising Syreeta
http://vimeo.com/34915815

シティーテック、ニューヨーク市立大学の2年制工科大学）に進学しました。でも1年後に中退しました。大学側も退学させたかったようです。数学の試験で不合格続きだったので」

ボランティアで見つけた目的意識

「親としては、シリータに人生の基本を教えて、その先は情熱を傾けられることを自分で見つけて追いかけさせたいと思っていました」と、母親のブレンダは言う。「シリータは、シティーテックは高校と全然違うと気がつきました。1年生が終わったとき、『私はまだ（大学に通う）準備ができていない』と言ってきたんです。そこで『いいわよ。でも何かしなさい』と言いました。それで彼女はボランティアを始めたのです」

「私の人生が本当に変わったのはボランティア活動を始めたときです」とシリータは言う。「最初はチーム・レボリューションという団体に参加しました。その次はパブリック・アライズに1年間。最初はプロジェクト・リーチ・ユースというエイズ意識向上プログラムの担当で、親とコミュニティの仲介役を務めましたが、その仕事は好きになれませんでした。そこで10代向けのプログラム担当に変わったら、とても気に入ったんです。10代の子たちと一緒に過ごすのが楽しかった。初めて担当したのは、女子中学生たちが高校にスムーズにとけ込むのを手伝うプロジェクトでした」

「2つめに担当したのは、エイズへの意識向上を図る壁画プロジェクト。コーディネーターのダニエル・シルバーベーカーがすばらしい人で、彼の指導のもと自由にやらせてもらいました」

Gates on Dream Managers
http://vimeo.com/34511251

学校の先生で特に助けになってくれた人の名前を挙げてほしいと頼むと、シリータはひとりもいなかったと答えた。ただし学校の外では多くの人がいろいろなことを教えてくれたし相談に乗ってくれたといい、そのとき名前を挙げたのがダニエル・シルバーベーカーだった。

都市貧困地区の現実

ダニエルはカリフォルニア大学サンタクルーズ校でアメリカ研究の学士号を取得。青少年の支援活動は8年生（日本の中学2年生）のときからやっているという。「しばらく学校に行くのをやめていました」と、ダイエルは言う。「そこで両親はぼくをYMCAのカウンセラー養成コースに入れたんです。すぐにこの仕事にほれ込みました」。現在27歳のダニエルは、ブルックリンのルーテルヘルスケア病院が後援する「プロジェクト・リーチユース」のディレクター（青少年保健教育担当）だ。より健康的で安全な若者文化を推進する仕事で、シリータとは3年前から一緒に活動している。「青少年を相手にするスタッフの保護にはとても気を使っていますが、シリータはすぐに子供たちの輪に入っていけるとわかりました。彼女がインターンを終えたとき、パブリック・アライズに残ってほしかったから、彼女のために新たにポジションを作りました。今もここの活動は続けてもらっています。プロジェクトSAFE（ワークショップなどを通じて14～19歳の若者を安全な情報の拡散役に育てるプログラム）[6]の修了式では基調演説をしてもらいました」

ダニエルは具体的にどんなふうにシリータをサポートしたのだろう。

「まず彼女が自分の夢を実現する場所探し。シリータはパブリック・アライズに来たとき、『エイズの意識向上につながる壁画制作を子供たちとやりたい』と言ってきました。当初は、それってただの落書きじゃないかと反対する声もありました。だから頭の固い連中の相手はぼくがしてやる、と言ってあげたんです。すると彼女は14〜17歳の子を集めて、グラフィティアーティストから4週間ほどテクニックを学ばせ、ある店の側壁にグラフィティを描く手はずを整えた。その後、その上に新たなグラフィティが描かれていないということは、価値ある壁画だとコミュニティに認められた証拠です！」

「ここ1年ほどは、大学に戻ったシリータの相談に乗っています。独立研究や授業選びを手伝っているんです。一緒にやったプロジェクトもたくさんあります。世界エイズデーのプロジェクトはそのひとつ。シリータは1日かぎりのイベントにするのではなく、長期的なキャンペーンにしようと提案しました。「フレッシュ・トゥー・デス（死ぬほどイケてる）」というスラング表現に引っ掛けて「フレッシュ・トゥー・ライフ（生きるほどイケてる）」というスローガンを作り、子供たちが自分を守り安全に生きていくために毎日できることを、フェイスブックやツイッターに書き込もうと呼びかけた。ものすごい反応がありましたよ」

「ブルックリンの子供と大人が手を組む会議も企画した。ぼくはコーチとして雇われました」

エリカ・フォードもシリータの重要なメンターのひとりだ。「3年前にチーム・レボリューションで活動を始めたとき、どんな変化を起こしたいのかとエリカに聞かれました」と、シリータは振り返る。

Mentoring Syreeta
http://vimeo.com/34799965

エリカは非営利団体「LIFE（愛は教育によって自由に火を付ける）」キャンプのディレクター。LIFEは「ギャングみたいな生き方ではなく、音楽やファッションの起業家になる道を教えることで、青少年の命を救い育てる」組織だと、エリカは言う。クイーンズのサウスジャマイカ地区で、ドラッグが最も蔓延していた1980年代に育ったエリカは、知り合いが次々と殺されたり刑務所に送られたりするのを見てきた。そして青少年が（麻薬や犯罪以外に）人生を捧げられる対象を見つける助けをしようと心に決めた。

エリカは、若者が自分の好きなことに打ち込むよう後押しするのも重要だが、現状を打破するために努力しなくてはいけないと教えることも重要だと実感している。

「（都市貧困地区に住む子供たちは）深く考えたり、限界に挑戦したりせず、平凡に甘んじるよう育てられる」と、エリカは言う。「才能も知性もあるのに怠け者で、周囲がそれを許している。シリータもわかったようなことを言っていたけれど、『もっと努力しなさい』と私は言ったんです。シリータだけでなく、みんなにそう言っています。ボール投げがうまいという子には、ボールを投げてやる。ラップ（歌）が得意だという子には、マイクを持たせる。洋服のデザインがうまい子には、ミシンを探してきてあげる。シリータにももっと上を目指すよう後押ししました。ブロンクスのセツルメントハウス（スタッフが子供たちと一緒に暮らすことで生活改善を図る施設）に派遣して、仕事のことや奨学金をもらう方法を話してもらったこともあります」

「貧困地区の子供たちが相手の活動では、彼らの考え方を変えなければなりません。人間は親がお金持ちか貧しいかによって決まるわけじゃない。人間のすばらしさはその人の内面に存在すること、正直に生きれば壁を乗り越えられることを教えてやる必要があるのです」

若者文化で世界を変える

シリータは今「SWTライフ・コンボ」というプロジェクトをやっている。彼女のウェブサイトによると「ニューヨーク市のティーン（14～17歳）30人に、自分の情熱と長所と目標を武器に学校や人生で『いま』成功を収める方法を教えるという。青年コーチや占星術師との一対一のセッションや、さまざまな業界のミレニアム世代のリーダーとのワークショップを通じて、自分の想像力とスキル、それに信念を駆使することを学ぶ30日間の試験的プログラム[7]」だ。

シリータはなぜ「情熱と長所と目標」が重要だと考えたのか。「高校では、苦手なことを一生懸命やれと言われるけれど」と彼女は言う。「私に言わせれば、自分が得意なことや情熱を感じられることを見つけるほうがずっと重要です。私は自分が情熱を感じることを見つけるまで、大学には戻る気になれなかった。情熱の対象は成長して年齢を重ねるうちに変わっていきます。でもそのとき自分が情熱を感じられることを知っていれば、目的意識を持って進むことができます。目的意識があれば、すべてが理にかなうのです」

母親のブレンダも、シリータが情熱を感じるものを見つける重要性を語っている。「シリータは自分がやっていることに情熱を傾けています。青少年にインパクトを与えるコツを知っているし、自信とスキルもある。何であろうと、娘には自分のやることに情熱をもって打ちこんでほしい」

なぜそんなに情熱が重要なのだろう。「何かに情熱を傾けているとき、そしてそれが本当に楽しいとき、シリータは110％の力を注いで、必ずやり遂げようとします。情熱を傾ければ、シリータは成功する。金銭的な成功ではなくて、幸せになれるという意味です。多くの人はお金があっても幸せじゃない。お金は人生に喜びを与えてはくれません」

シリータは若者たちに、いわゆる若者文化が自分の価値観や考え方や行動に大きな影響を与えていることを知ってほしいと考えている。エリカが言うように、都市貧困地区に住む若者たちは、負け犬であることに甘んじるよう育てられ、それがクールなことだと思うようになる。勉強したりまじめに学校に通うのはクールではなくて、学校をサボって外で仲間とつるんでいるのがクールだと思っている。自分たちが受けている不当な仕打ちを、あたかも自ら選んだ状況だと思い込もうとする。彼らの学校は荒れているから、学校に行かないことや、気にしないことがもっとクールに思えてしまう。

「シリータはぼくが知っている誰よりも『クール』のパワーを理解しています」と、ダニエルは言う。「『クールであること』は若者文化の大きな原動力だから、ぼくらの活動に若者を巻き込む方法を考えるときのカギになる。シリータは、文化が自分に与える影響と、自分が文化に与える影響を理解しています」。ダニエルはこのことをメールでより詳しく語ってくれた。

SWTライフは、「クール」が若者の生活や決定に重大な影響を与えているという理解に基づき、若者のエンパワメント活動をしています。具体的には、「クール」の意味を定義しなおし、地域のリーダーや団体を集めて、若者たちが自分の地域に変化を起こすプログラムや会議や壁画プロジェクトを動かし、まとめあげています。シリータのやり方はとても独創的であると同時に、とても現実的です。地域社会でいちばん急いで対応する必要がある具体的なニーズを把握して、当事者たちが考える最も美しくてクリエーティブな夢を解決策にする。シリータは社会の誰よりも無視され、発言を封じられ、大きな負担を負わされた人々の中に入って行き、変化を起こす最も有効な方法を彼らの中から引き出しています。

「たいていの人は、想像力のパワーには限界があると教えられます」と、ダニエルは後に語った。「シリータはそんな論理を受け入れない。自分が思い描く世界は実現できると心から信じているんです。彼女はもっと公正で、自由で、クールな世界を夢見る能力があります」

その能力と実績は大きなお墨付きを得た。シリータは2010年、グラマー誌の「25歳以下の最も驚嘆すべき女性20人」のひとりに選ばれたのだ。またスターティング・ブロック（地域リーダーを育てる非営利団体）のフェロー（18〜30歳のリーダー候補）にも選ばれて、4日間にわたる社会イノベーション会議に参加した。(8)

スターティング・ブロックに関わるようになったきっかけを、シリータは説明してくれた。「（ニューヨークの）ハーレム地区で開かれた事業計画支援ワークショップに参加したとき、マーガレット・ムーアという女性と話す機会がありました。ちょうどその頃、マルコム・グラッドウェルの『ティッピング・ポイント』（飛鳥新社）を読んでいたので、自分がやっていることを彼女に説明

▶ Gates on Pop Culture
http://vimeo.com/34511335

したんです。彼女はかつてスターティング・ブロックのフェローだったことがあり、そのときはゴールドマン・サックスで働いていました（このワークショップはスターティング・ブロックとゴールドマン・サックスが後援していた）。彼女が私にスターティング・ブロックのフェローに応募するよう後押ししてくれて、応募費用も払ってくれたんです。このプログラムに参加できたことを本当に感謝しています。非営利団体、企業、政府、社会事業といろんな分野から若手専門家が集まっていました」

とはいえ、シリータの成功が約束されたわけではない。一年半後には大学を卒業したいと思っているが、学費の工面に苦労しているのだという。出費を抑えるために、住んでいるのも実家だ。学業面でシリータを助けているダニエルは、いつかシリータが奨学金の申請といった事務的な作業に辟易してしまうのではないかと心配している。「『わざわざこんなことする価値ある？』と投げ出すのは簡単です。でも大学を卒業するのはとても重要だと思います」

命を救うイノベーター

ローラとシリータの歩んできた道のりには、驚くほど共通点が多い。2人とも親の応援に支えられて、世の中を変えたいという情熱を高めた。2人とも高校はつまらなかったと言い、大学はいいところと悪いところが混ざっていると感じた。2人とも、分野横断的な研究プログラムを通じて自分が関心のある授業を見つけるか、自分で作るかしたが、学外での活動のほうに積極的に参加した。

そして２人とも、人々をエンパワメントし、変化を起こすツールを与えるという目標を持った。どちらの人生でも、若手社会起業家を支援する非営利団体が重要な役割を果たした。また遊び、情熱、目的意識が２人のモチベーションに火をつけた。「自分が情熱を感じられることを知っていれば、目的意識を持って進むことができます」と、シリータは言った。

もちろん２人の人生には重大な違いもある。日々の生活も苦しい家庭に育ったシリータは、ローラにはわからない苦労をしてきた。またシリータは言わなかったが、ダニエルとエリカはシリータの知的メンターというだけでなく、手本とする存在のようだ。２人は、シリータが自分の将来の仕事として思い描く仕事をしており、シリータが規律や忍耐力を養うのを助けている。

シリータとローラの人生では、情熱と目的意識が果たす役割も違うようだ。脱工業化社会の中流家庭に育った多くの若者にとって、自分が情熱を傾けられることを見つけるのは意義深い人生を送るカギであり、目的意識は仕事に打ち込む原動力となり、重要なイノベーションにもつながる。それは都市貧困地区の若者も同じだが、彼らの人生で情熱と目的意識はもっと切実な役割を果たす。自分が情熱を傾けられるものが見つかれば、チンピラ生活とは違う人生の選択肢が見えてくる。それはまさに命にかかわる問題なのだ。自分が心からやりたいこと、心から「イエス」と言いたいことを発見して初めて、貧困地区に住む若者たちは、自分を破滅させる物事にきっぱり「ノー」と言うことができる。シリータの言葉を借りれば、クールであることには「死ぬほどイケてる」から「生きるほどイケてる」まで幅があるのだ。

情熱と目的意識がなければ、恵まれない若者の多くは学校の退屈さに耐えられない。情熱と目的意識は、彼らが希望と集中力、そして成功するのに必要なスキルや知識を得るための原動力になる。
しかしアメリカの教育制度で「恵まれない」のはマイノリティーの若者だけではない。「普通」とは学び方が違う子供も、別の意味で恵まれない。それはザンダーの物語が教えてくれる。

ザンダー・スローズ

21歳のザンダー・スローズは、絶滅の危機に瀕しているウミガメの保護活動で世界的に知られる。この問題についてアメリカだけでなく世界中の学校で講演し、インドと日本で開かれた国際会議にも招かれた。ザンダーが小学生向けの本『タートル・トーク』を書いたのは14歳のとき。イラストを描いてくれたのは、小学校教師のリンダ・ソダークイストだ。ぬり絵やクイズを散りばめた全20ページのアクティビティーブックで、後に高校生に手伝ってもらってスペイン語とフランス語にも翻訳された。その後さらに3つの言語に翻訳され、現在までに20カ国で25万部が無料配布されている。

ザンダーは現在、グアテマラの海洋沿岸生物を守るNGOアカズルで働いている。正確な「勤務先」は、グアテマラ最南端の太平洋岸ラ・バローナという小さな村にあるウミガメの研究・救援所だ。ここでは密漁者を説得して、捕獲したウミガメの卵の15%を種の保全のため研究所に寄付させている。厳しい自然環境で救援・研究活動をするかたわら、カメを保護することが人間と地域の経済と生態系にとってなぜいいことなのか、地域の子供たちに教えている。

ザンダーは最近ニューヨークで開かれたＴＥＤｘで、この活動を始めた意外なきっかけを語っている[9]。

ぼくが11歳だった２００１年のことだ。ある晩友達と海岸で花火を上げていた。すると年配の女性がすごい剣幕で近づいてきて、ウミガメは月明かりを手がかりにやってくるのに、花火のせいで感覚が狂ってしまい、海に戻れなくなってしまうと説教された。でもぼくは友達の手前もあって、「うるせえ、ばばあ」と言ってしまった。

翌朝目が覚めると、そのおばさんがぼくのうちに来ていて、母と話しこんでいた。まずいことになったぞと思った。彼女が帰るのを見計らって部屋から出て行くと、母が「あの人の家に行ってお話を聞いて来なさい。彼女は州政府からここのビーチでウミガメの保護活動をする許可をもらっている人なのよ」と言う。ぼくは「なんてこった。偉い人だったんだ。本当にまずいことになったぞ」と思った。

そこで彼女の家を訪ねて行った。50歳くらいのおばさんに、こってり絞られるんだろうなと思いながら。でも彼女はぼくを見ると、家に入れて、ウミガメのことを話しはじめた。怒鳴ったりしなかった。ただウミガメが絶滅の危機に瀕していること、ぼくの花火はこの地球に６５００万年いる動物にとっては嫌がらせであること、そしてウミガメはサンゴ礁の生態系にも不可欠の存在であることを説明してくれた。そのとき自分でもわからないけれど、何かがピンときた。それまでぼくは何かを特別気にかけたりしたことはなかった。なのに自分でも気がつかないうちに、

Meet Zander Srodes
http://vimeo.com/34511484

「ぼくもウミガメを守るために何かできますか」と聞いていた。すると彼女は、「ウミガメを守る活動をしている若者はあまりいない」と言う。それ以来、ぼくがウミガメのことを考えない日は1日としてない。

問題児から環境活動家へ

その先の話はザンダーから直接聞くことができた。「リンダとぼくは、いろいろな学校で（ウミガメの問題について）話をしようと考えました。子供向けの助成金制度があるとわかり、母とリンダに手伝ってもらって企画書を書いたら、ベニス財団（現在はガルフコーストコミュニティ財団）が1200ドルくれました。そこでノートパソコンを買って、パワーポイントでプレゼンテーションを作成し、父の会社からプロジェクターを借りた。ウミガメの生体を説明するために子供用のコスチュームを作り、生徒たちが（オモチャの）卵を埋められるようにウミガメの形の砂箱を作った。実物大のカメの模型も作った」

「リンダに手伝ってもらって、ぼくはフロリダ州の小学校に電話して、学校訪問を始めました。最初はぼくを歓迎してくれる学校なんてないんじゃないかと思っていました。ぼくは自分の学校で全然いい生徒じゃなかったし、ぼくのことを気に入ってくれている先生もいなかったから。でも先生たちはぼくのプレゼンテーションをとても気に入ってくれました。11歳の子供が話をするというアイデアがよかったみたいです。生徒たちにしてみても、自分と同じくらいの年齢の子が来て話をするんだから心に響いたと思います」

「3年ほどいろんな学校を回った後、ぼくは自分が行けない場所にいる生徒たちにどう働きかければいいか、リンダと相談し始めました。そこで『タートル・トークス』のアイデアが出てきて、2004年の夏に書き上げたのです。イラストはリンダが描き、ぼくは事実関係のチェックをして、新たな助成金を申請しました。第1版は5000部ほど印刷して、まずフロリダ州の学校に送り、次にウミガメの営巣地であるジョージア州とノースカロライナ州の学校に送りました」

「カリブ海沿岸諸国ではウミガメはもっと大きな絶滅の危機にさらされていたから、トリニダードトバゴとバハマにも本を送り始めました。それから高校のスペイン語クラブに手伝ってもらって、本をスペイン語に翻訳しました。その頃ぼくの旅費にも助成金が出るようになったから、トリニダードトバゴの学校にも話をしに行ったし、コスタリカ、バハマ、パナマの学校とアメリカの学校の提携プログラムを作りました。2010年にインドで開かれた国際ウミガメシンポジウムに招かれたのを機に、『タートル・トークス』はインドの2つの言語にも翻訳されました。もっと印刷してもっと多くの言語に翻訳するために、助成金の申請は続けています」

このプロジェクトのために今までに全部でどのくらい資金を調達したのだろう。

「25万ドルくらいかな」

ザンダーは細かく語らなかったけれど、彼は2005年にフロリダ野生生物連盟の青年保護活動家賞、アースアイランド研究所のブロワー青年賞、2007年に米大統領環境青年賞とプルデンシャル・コミュニティ・スピリット賞、そして2008年にボルボ・フォー・ライフ賞など多くの賞をもらっている。ボルボ・フォー・ライフ賞の賞金2万５０００ドルは、ザンダーが初めて学校でプレゼンテーションをするときにリサーチを手伝い、資料を提供してくれたフロリダ州のモート海洋研究所に寄付した。２００８年にはドゥ・サムシング賞の「賞品」のひとつとして、ドリトス２５００万袋にザンダーの経歴が写真入りで紹介されている。どれもザンダーが自慢して教えてくれたことではなく、私が彼について書かれた多くの記事を読んで知ったことだ。

　ザンダーの次なる目標は何だろう。

「『タートル・トークス』のほかにも2冊アクティビティーブックを書きました。ひとつはアナホリゴファーガメについて、もうひとつは淡水ガメに関する本です。このプロジェクトのおかげで、ウミガメ保護団体の多くの人と知り合うことができました。ぼくは世界で最も古いウミガメ保護団体であるウミガメ保護委員会の教育インターンだし、ＳＥＥタートルズというグループのインターンでもあります。このグループはアメリカの学生をコスタリカ、メキシコ、トリニダードトバゴのウミガメの営巣地に連れて行き、ボランティア活動をさせるエコツーリズムをやっています。ぼくも昨年はコスタリカ旅行のリーダーを務めました。今年は別の場所を担当する予定です」

　ザンダーがエコツーリズムのリーダーを務めた団体ＳＥＥタートルズの共同設立者ブラッド・ナヒルに、ザンダーの役割について聞いてみた。

「ザンダーに初めて会ったのは、２００７年にサウスカロライナ州マートルビーチで開かれたウミガメシンポジウムでのことでした。紹介してくれたのは、現在カメの保護活動の指導的存在で、私の仲間でもあるワラス・ニコルズ博士です。博士の推薦で、ザンダーは自分の本と活動について発表しました。当時16歳か17歳だったのに、この活動に長年携わってきた活動家の前で話をしたのです。でもザンダーはとても雄弁で、すばらしい本を作っていました。私はいろいろな資料を見てきましたが、ザンダーの本は最高レベルでしょう。通常こうした会議は非常に専門的で、子供がうろうろしていることなんてまずない。この子は本物のリーダーになれるぞと思いました」

「それから1年ほど連絡を取り合っていました。そしてSEEタートルで集中的な教育プログラムをやる案が出たとき、若者の視点を取り入れるべきだという話になり、ザンダーにインターンをしないかと提案したんです。教員向けのカリキュラムについて彼がくれたフィードバックは、間違いなく有益でした。大学と高校の環境クラブのデータベース作りも手伝ってくれました。活動に参加してくれる大学を増やす上で貴重なリソースになるでしょう」

「SEEタートルは、大学生向けのエコツーリズムを企画しました。行き先はコスタリカで、リーダーはザンダー。彼はこのツアーの宣伝と旅程づくりを手伝ってくれました。当初は、ザンダーにリーダー役を任せていいものか迷いました。確かにザンダーは私が知るかぎり最もモチベーションの高い大学生でしたが、学生であることに変わりはない。そこで私も同行して、彼と5人の学生とのやり取りを観察しました。参加者のほとんどはザンダーよりも年上でしたが、反応は最高でした。次もザンダーがリーダーを務めるツアーに参加したいという学生までいました」

ザンダーの何がそんなによかったのだろうか。

「人間的なカリスマと、無限の熱意でしょう。大学ではザンダーも忙しくて、ためらいや不安がある。でもビーチはザンダーの庭のようなもので、自信を持って振る舞える。自分は専門家ではないとザンダーは言いますが、この活動を十分長くやっていて豊富な知識があります。参加者をリラックスさせるのも上手。私も多くのツアーのリーダーを務めてきましたが、参加者にはいろいろな人がいる。とても熱心な人もいれば、怖がっている人もいる。ウミガメの知識があまりないため、変な質問をしてしまうのではと萎縮している人もいる。ザンダーはそんな参加者の緊張を解いてリラックスさせ、研究活動や保護活動に参加しようという気にさせるのです」

子供を型にはめたがる学校

リンダ・ソダークイストとザンダーの母ジーン・スローズの強力なサポートがなかったら、ザンダーの多くの才能は眠ったままで、こうした保護活動に関わることも一切なかったかもしれない。これまで紹介してきた若手イノベーターの多くは学校で高い評価を受けていたが、ザンダーははみ出し者だった。それがカメの保護活動で認められるようになった。母親のジーンはそのことをメールで説明してくれた。

ザンダーはいろいろなチャンスとサポートに恵まれて、自分の興味と情熱を追求してきたけれど、学校が協力的だったとは決して言えません。

あの子は大切なことはすべて幼稚園で学んだと、私は思っています。幼稚園の担任の先生は、小学校1年生のときの担任の先生でもあり、ザンダーのことをよくわかってくれました。男の子はみんな同じだなんて思わないと彼女は言っていました。ザンダーが授業中に立ち上がりたいならそうさせてくれたし、必要なら動き回るのも許してくれた。ザンダーが学びやすい環境を作ってくれたのです。でも2年生以降の教師たちは、自分のやり方を絶対に変えようとせず、ザンダーの学校生活は苦痛に満ちたものになりました。おとなしく座ってプリントや宿題をやらせる学校は、私たち一家にとってつらいものでした。ザンダーを落ち着かせるために投薬治療をするべきだったのかもしれません。検査を受ければ、彼が注意欠如多動性障害（ＡＤＨＤ）だと診断されて投薬治療の対象になることはわかっていました。でも私たちは彼の独創的なところを押さえつけてしまいたくなかったのです。

高校（フロリダ州イングルウッドの公立高校）時代、ザンダーのウミガメ保護活動を認めてくれる教員はあまりいませんでした。多くの賞をもらっていたのに。高校3年生のいろいろな賞の授与式のとき、学校はザンダーがプルデンシャル・コミュニティ・スピリット賞をもらったことを発表しませんでした。盾を引き取って（学校経由で）ザンダーに授与するよう案内が来ていたのに、対応しなかったのです。

リンダとザンダーが出会ったのは、ザンダーが11歳のときです。ザンダーは子供にすぎなかったけれど、リンダは、ザンダーが自分の夢を追いかけることに懐疑的な目を向けたことは一度もありません。常にザンダーのアイデアを真剣に受け止め、彼の関心をサポートしてくれました。ザンダーが書いた本にリンダのすばらしいイラストがなかったら、あのプロジェクトは実現していなかったでしょう。リンダが自分のイラストについて報酬を求めたことは一度もありません。

だからクリエーティブな生徒が能力を発揮する場として学校はどうあるべきかと聞かれても、私には答えられません。自宅学習を選ぶこともできましたが、ザンダーは学校に行きたがりました。友達がみんなが学校に行っているのに自分だけ家にいるなんて考えられなかったのです。でも私はむしろ、学校は彼の学習の妨げになると考えていました。

私は今、ウェストバージニア州の公立学校の代用教員をしています。そこでもザンダーが受けたのと同じような教え方がされています。薄っぺらで、退屈で、決まりごとだらけ。つい最近、ある中学校の特別学級を1カ月ほど担当しました。トラブルメーカーとレッテルを貼られた男子生徒5人でしたが、表面的なことだけでなくきちんと内面を見れば、みんな何らかの才能があります。彼らはそれぞれの診断に基づき個別教育計画（IEP）を与えられていますが、彼らが楽しいと思えることを自分で探させてあげたり、興味を示したことをサポートしてあげたらいい。そうすれば彼らが授業の邪魔をしないようついて回る私のようなスタッフは必要なくなる。みんな与えられた課題ができるのに、レッテルを貼られたとおりの行動を取らされているのです。今は小学校1年生の担当になりましたが、中学校のあの子たちのことが本当に心配です。

小学校の教員を42年間務めてきたリンダは、2010年6月にリタイアした。彼女もザンダーのような生徒が直面する問題を率直に語ってくれた。「ほとんどの学校は、注意欠陥障害（ADD）や行動上の問題を抱える生徒が英才教育を受けるのを認めていません。私は正反対の考えです。彼らは私たちが求める型にはまらない考え方ができる、教える相手として最もエキサイティングな子供たちである場合があります。多くの『才能ある』子供たちは、ただ『正解』を知りたがる。でも私の質問に正解はない。ザンダーのような生徒は立ち上がって教室内を歩き回り、いろいろなアイデアを思い浮かべるタイプです。いつもワクワクするようなアイデアを持っている。才能ある子供とはそういうものです。多くの教師が、そういう子も行儀よく振る舞うことを期待する。でも、手が焼ける子だからといって、その子におもしろいアイデアがないわけではないことを、教師は理解する必要があります。教師ならそれを引き出す方法を考えなくては」

「引退できてよかった。最後にいた学校は、今日が火曜日なら全員21ページを開きなさい、というようなところでした。かつては才能ある子供を教えるときは、もっと柔軟にやれました。もっと今日性があって統合的で分野横断的な授業ができた。毎回授業のはじめに、その日のテーマを説明したものです。企業は独創的な人材を探しており、正解は必ずしもない場合があることを教えました。でも今は、試験に関係がなければ教えることは許されない。突然、『今学期は理科はやらない。5年生までテストがないから』なんて言い出す校長もいる。本当に恐ろしいことです」

ザンダーは海洋生物学者になりたがっているが、入学した2つの州立大学とも続かなかった。今後必要な単位を取れるのかどうか私にはわからない。高校までは、ほとんど努力しなくてもやっていけた。「平凡な高校の平均的な生徒でいることの最大の利点は、(学外でウミガメの)プレゼンをするためにいつ授業を休んでも大丈夫で、誰も問題にしなかったことです」とザンダーは言う。「ぼくはいつも授業よりウミガメの保護活動を優先していました。上級の国際バカロレアのクラスに友達がいたけれど、彼らにはそういうことは絶対できなかった」。だが大学は訳が違う。「誰かから名

Solderquist on the Future of Education
http://vimeo.com/34917396

誉学位をもらわなくちゃ」と、ザンダーは冗談半分に言った。「ぼくの人生で学校は最大の障害です。ぼくがやりたいことすべての邪魔になる。ぼくは授業に出席するのは大嫌いです。自分が好きな授業と先生とならよくできる——でもそうでない授業は、ベッドから出るのもつらい」

母親のジーンは、ザンダーの将来についてどう考えているのだろうか。

「いつか大学は卒業するでしょう。心配はしていません。大学はいつでも戻れます。でも自分が情熱を傾けられることはいつでも見つけられるでしょうか。ザンダーは17歳のときパナマに1カ月行くために学校を辞めました。多くの人が、『そんなことを許すなんて信じられない』と言ったけれど、行かせないのはフェアじゃないと私は思っていました。親として心配するべきだったのかもしれませんが、息子が自分に正直に生きているのがわかっていたし、それでうまくいくものです」

ジーンの夫はどう思っているのだろう。

「彼はザンダーのことをとても誇りに思っています。でも夫は70歳で、仕事をするのは生活のためと割り切っているから、理解するのはむずかしいでしょう。ザンダーは無給のインターンも『仕事』だと思っています」

学位のジレンマ

ここでもまた、若きイノベーターの成長によく見られるパターンがある。子供の情熱探しを応援する親と、学校（この場合は小学校だ）で教師として、学外ではメンターとして子供にエンパワメントする型破りのメンターの存在だ。

ザンダーにとって、11歳でウミガメの講演をするのはある種の創造的な遊びだったが、それはすぐに情熱に変わっていったようだ。ザンダーの情熱は、より深い目的意識へと進歩していった。しかしザンダーが将来、その目的意識を追求するのに必要な資格を得られるかどうかはわからない。現代の社会は資格や学位が重要な物を言う。科学の世界は特にそうだ。ザンダーのメンターでSEタートルズの共同設立者ブラッド・ナヒルは、苦労して資格を得た自分の過去を、ザンダーの苦労と重ね合わせて言った。「私は生物学ではなく経済学の学位を取ったから、学者たちになかなか認めてもらえませんでした。学位がまったくなかったら、もっと苦労するでしょう。ザンダーなら大丈夫かもしれませんが、困難は増すでしょう」

多くの人（とりわけ経済的に恵まれない人に多い）は、ザンダーに似ている。異常に活発、ADD、ADHD、特別支援が必要、等々のレッテルは、その子供のある側面を言い当てているかもしれないが、その子がどんな人間か、どんなことができるか、そして成功するために何が必要かはまったく教えてくれない。なのにこうした「診断」は、その子の魂にある種の烙印を押してしまう。だが彼らは経験から学ぶのであって、「本から学ぶ人間」ではない。学習と成長の正しいチャンスを与えられれば、彼らは社会に巨大な影響を与える力がある。ザンダーのストーリーはそれを雄弁に物語っている。

MITでジョディ・ウーを教えたエイミー・スミスは、このことを自らの経験から理解している。「いま私が学生だったら、きっとADDと診断されていたでしょうね」と彼女は言う。「自分は人

Srodes on Overcoming his ADHD
http://vimeo.com/34581850

とは違う考え方の持ち主なんだ、ではなく、自分には障害があるんだと思っている人は大勢います。彼らは言うことを聞かせたり、彼ら向けの授業を作るのがむずかしいから薬漬けにされてしまいます。私はシャイだったからあまり大きなトラブルにはならなかったけれど、読書によって学ぶことができませんでした。読んだことが記憶に残らないのです。ページ上の言葉は、自分が視覚化するか現実にしないかぎり頭に入ってこない。でも教員になる人たちは物事を決まった形で学んでいて、教育というものの大前提が読書になっています。それとは違う独創的な思考は、学校では過小評価されます。だからそういう子たちが独創性を伸ばせる仕事に行き着くことはない」

ザンダーがこれからどうなるのかは、まだわからない。誰もが4年制の大学に行くべきだとは、私は思わない。エイミーが言うように、私たちはいろんな種類の創造性を大切にするべきだし、大学に4年間行かなくても独創的な人間になれる。世界一独創的な国のひとつであるフィンランドでは、全高校生の半分近くが実践的なプロジェクトで学ぶ仕事や、職業訓練的なプログラムを選び、卒業時には給料のいい独創的な仕事のオファーを得る。次章ではこうした教育イノベーションのいくつかについてもう少し学ぶ。

世界を変えるために

すべての社会イノベーターが、シリータやザンダーのように学校で苦労するわけではない。私が出会った多くの才能ある学生たちは、ローラ・ホワイトのように社会起業家を目指すと同時に優秀

Smith on Learning Styles
http://vimeo.com/34587582

な学生だ。家庭の経済状態や学校での成績に関係なく、若きイノベーター全員に共通するのは、彼らの人生における遊び、情熱、そして目的意識の重要性だ。こうした内的モチベーションが、彼らの活動や根気の原動力となり、彼らの人生に質と意味を与える。私が本書を書くために話を聞いた多くの若者のうち、金持ちになりたいとか有名になりたいといった「目標」を口にした人はひとりもいなかった。彼らは変化を起こしたい、あるいは起こす必要があると感じている。もちろんその活動について、ある程度認められたいと考えている（それが人間というものだ）。

だが情熱と目的意識は、貧困や偏見と戦う恵まれない環境出身の若者には一段と大きな意味を持つ。彼らにとって強烈な情熱と目的意識をもつことは、その環境を乗り超えて未来への希望と手がかりを得るのに必要な勇気、規律、そして根気を与えてくれる。また彼らの情熱や目的意識を育む上では、メンターも一段と大きな役割を果たす。シリータとジャミアンを助けた多くのメンターを考えてみるといい。親や教師でなくても、若者の人生に大きな変化を起こすことはできる。重要なのは情熱の火花に目をこらし、それを育てることだ。

本書で紹介してきたイノベーターの中には、学校の成績が良かった人もいれば、そうでなかった人もいる。しかし学校で最も優れた活躍を見せた人たちでさえ、恩人と呼べる教師は1人か2人しかいない。しかもその教師はみな、勤務する学校や大学の伝統に何らかの形で歯向かってきた人物だ。本書のイノベーターたちの成長にとって、非営利団体や非公式のネットワークは、高校や大学の教室での経験と同じくらい大きな重要性を持っていた。

さいわい、あらゆる場所にいる勇気ある教育者たちが、あらゆる学年（幼稚園から高校、大学まで）

で、独創的な学びの研究と開発を行っている。すでに本書では8人のイノベーターを通じて、こうした教師たちを紹介してきた。次章では、好奇心旺盛で独創的で、変化を起こしたい若者をもっとたくさん「つくる」ために最も必要な教育改革について、より深く掘り下げて考える。

5

Innovating
Learning

学びのイノベーション

21世紀に求められる教育

学校とりわけ高校と大学は基本的に非常に保守的だ。それには重要かつもっともな理由がある。教育システムは本質的に「保持する」役割、つまり知識資本を保存し、次の世代に伝える役割を担っている。こうした知識は教養ある大人の「文化リテラシー」(アメリカの教育学者E・D・ハーシュの造語)には必要不可欠であると同時に、個々人の人生に大きな満足感を与えてくれる。知識はイノベーションにも欠かせない。何に手を加えて改良しなければならないか、あるいはどんなものに改良の余地があるかを見極めるには基本的な知識が必要だ。

しかしこうした伝統的な教育には問題点もある。子供たちを無気力にしてしまうやり方で学問が教えられることが多いのだ。多くの場合、教育は丸暗記によって情報を伝達するプロセスに過ぎず、生徒が質問したり自分で何かを見つけたりする(イノベーションには不可欠な訓練だ)チャンスはほとんどない。その結果、生徒たちが本来もっている好奇心はそがれてしまう。イギリスの教育学者ケン・ロビンソンらの言葉を借りれば、子供たちは「教育によって好奇心を抜き取られてしまう」。最高レベルのエリート大学でさえ、4年間勉強してきたはずの科学や数学を概念的に理解しないまま卒業する学生があまりにも多いと、さまざまな研究が指摘している。学生たちは事実を学ぶが、その背景にある概念を理解していない(1)。

伝統的な教育法のもうひとつの深刻な問題は、情報の急激な増加だ。特定の学問分野だけで必要な情報をすべてカバーすることは不可能だ。すべての情報を詰め込もうとすると、授業は山のような資料の中を突き進むだけになってしまう。その結果、多くの学生が試験にパスする方法は知っていても、学習意欲は乏しく、本当に必要なスキルは身につけないまま高校や大学を卒業していく。

21世紀には、自分が何を知っているかよりも、自分が知っていることで何をやれるかのほうがずっと重要になる。いま生徒たちが身につけなければならない最も重要なスキルは、新しい問題を解決するために、新しい知識に関心を持ち、新しい知識を作り出す能力だ。成功を収めたイノベーターはみな、「その場その場で」学び、その知識を新しい方法に応用する能力を持っている。

本章では、21世紀の学習方法を見つけようと個人として、そして組織として奮闘する教育者を紹介する。まずは2人の高校教師を紹介しよう。ひとりは家庭環境が困難な子供たちを教える先生で、もうひとりはやる気満々の優秀な生徒を教える科学の先生だ。2人とも文字通り「型破り」な教え方で生徒のやる気を引き出し、イノベーターの能力を伸ばした。

スコット・ローゼンバーグ

映画製作者のスコット・ローゼンバーグが、非営利団体アートスタートを設立したのは1991年のこと。その目的は、「創造的な活動を通じて、ニューヨークの困難な家庭環境の子供たちに人生を変える手段と自分を表現するチャンスを与え、その発言力と心と精神を育むこと[2]」だ。合言葉は、「アートは命を救う」。後に紹介するクリス（愛称カジ）・ロールにとって、それはちっとも言い過ぎではない。

「私はバージニア州で育ちました」と、ローゼンバーグは言う。「初めてできた友達は、地面がむきだしの小屋に住む小作人でした。だからアートを仕事にするにしても、社会的な役割を考えるべきだと思っていました。映画製作を勉強するためにニューヨークに来て、やがてアートスタートを立ち上げました。ホームレスのシェルターに足を運ぶようになり、ホームレスの子供たちのために何かできないか考え始めたのがきっかけです。子供たちが自分のアイデアやストーリーやビジョンを表現できる場所をつくる、それが目的でした。ホームレスの子供たちが行っている学校やシェルターは最低限のものを提供する場所で、彼らをつなぎとめるものが何もありませんでした。子供たちは誰か（何か）とつながっている感覚や、アイデンティティーを求めていました。そこで彼らが自分にとって何が大切か、何を言いたいかという、自分の声探しをできる機会を作ったのです」

「まずアートとメディアリテラシーに関するカリキュラムを作りました。そして1994年、私に授業を持たせてくれる底辺校（中退生のためのオルタナティブスクール）を見つけたのです。授業では『ポケットいっぱいの涙』（ロサンゼルスの低所得地域の生活を生々しく描いた1993年の映画）を観たり、ノトーリアスB・I・Gの音楽を聴いたりしました。ノトーリアスB・I・Gは2枚目のアルバムが発売される1週間前に殺されたラップ界の伝説的存在です。映画『フィラデルフィア』（エイズを真正面から扱った初のハリウッド映画）のプロデューサーを務めたスコット・ルーディンを学校に招いて話をしてもらったこともある。もちろん上映会も開きました」

「子供たちには自分が見たものや聞いたことをよく考えさせました。それは何を描いたものなのか。自分たちが日常見て考えていることと同じか。厳しく問いただしたものです。今の子供たちはメディアを消費する点ではエキスパートですが、それをどう理解しているかはきちんと語れません。でも子供たちはやる気満々でした。学校が終わるといろんなことを話しに来ました」

「企業で会議をやると呼びかけた本人がきちんと準備をせずに出席者をみくびった態度を取ったら、いずれクビになるでしょう。私は子供たちに接するときも同じような態度で臨みました。相手のところに出向き、敬意を払い、相手の目を見つめながら話すのです。子供たちの意見を聞くのは楽しかった。コマーシャルの仕組みを研究させたらすばらしい理解を見せたので、公共サービス広告（PSA）を作る課題を出しました。子供たちをグループに分けて、どんなことをテーマにするか授業中に発表させたのです。広告代理店に行かせて、プレゼンとは何かも学ばせました。テーマについては、児童虐待にするべきだという子もいれば、性的虐待にするべきだという意見もありました」

「2年目のある日、子供たちが学校の玄関で即興のラップバトルをしているのに気がつきました。それも誇らしげな顔をして。だから『マイクとビートで何ができるか見せてくれよ』と挑発してみたのです。それ以来、彼らと昼休みに集まるようになりました。みんなすごく生き生きしていました。ドミニカ人やアフリカ系など、ラップのスタイルやアプローチはそれぞれ違います。まるで授業みたいに定着しましたが、エレン（校長）に『あなたのことは大好きだけれど、この活動は学校では認められない。これはアートではないし、子供たちは教師の悪態をついている。もう目をつぶることはできない』と言われました」

「学校には警備員を置く予算がなかったから、放課後に活動を続けることもできませんでした。でも子供たちは続けたかった。毎日1時間かけて学校に来ているのに、合唱部もアメフト部もないんです。そこでピザ屋やカフェや公園に集まり、夕方6時とか夜の8~9時まで活動するようになりました。それからしばらく私のアパートが拠点になり、やがてスタジオが見つかりました。子供たちが自分の置かれた状況を鋭くとらえ、微妙なニュアンスを交えた複雑でオリジナリティーあふれる言葉で表現できることに、私は心底驚いていました」

「これはアートスタートで使えるぞと思いました。ホームレスのシェルターでアートをやるだけでなく、音楽を聴き、映画を観て、いろんな映像を分析して、PSAを作るメディア・プロジェクトができました。それから3つめの活動としてヒップポップ・プロジェクトができた」

その生徒のひとりにクリス・ロールがいた。クリスはホームレスで、街をうろついて小銭を稼いでいたある日、アートのクラスに立ち寄った。そしてその型破りの教え方に魅了されて学校にとどまることにし、1996年にレパートリー・カンパニー高校を卒業した。コミュニティカレッジに進学してからしばらくして、クリスはアートスタートでメディア・プロジェクトとヒップホップ・プロジェクトのリーダーになった。「おかげで自分の創造性に自信がつき、アイデアを育てることを覚えました」とクリスは言う。「失敗しても立ち上がること、ビジョンを持つこと、集中することも学んだ。今度はそれを広めたい」。現在クリスは、さまざまなプロジェクトを通じて恵まれない子供たちとの活動を続けているほか、俳優やヒップホップアーティストとしても活躍している。

またアフリカ系アメリカ人の大人向けに、家族が一緒にいる重要性を訴える活動もしている。その生い立ちは映画にもなった。ローゼンバーグが企画し、ブルース・ウィリスやクイーン・ラティファが製作総指揮を務めたドキュメンタリー映画『ヒップホップ・プロジェクト』で、2007年に劇場公開されていくつもの賞を受賞した。

「この子たちは本当に偉い」と、ローゼンバーグは言う。「私だったら彼らの多くが経験してきたことに耐えられたかどうかわかりません。彼らは他人との結びつきや、まじめに受け止めてもらうことや、生きる目的を渇望しています。だから人と人を結ぶ糸を見つけて、種を蒔き、目的意識を育む手段や枠組みを与えてやるのが私たちの仕事です。目的意識がある人間は、多くのことに耐えられる。この部分が現在の教育システムにはすっぽり欠けています。目的もわからずにあんな暗記作業をやりたい人間なんてどこにいるでしょうか」

子供たちに敬意を払う

ローゼンバーグの問いは的を射ている。彼は生徒たちの情熱と目的意識を育てて、勉強する理由を持たせた。そして学校の玄関で子供たちが「遊ぶ」様子を観察して、自分たちの遊びをもっと本格的にやってみろと挑発した。子供たちが好奇心を持って学ぶ出発点として、音楽と若者文化を利用したのだ。ローゼンバーグの助けで子供たちの「遊び」は情熱になり、その情熱が時間をかけて強烈な目的意識に発展し、子供たちは成功に欠かせない自制心を養っていった。

シリータの高校にローゼンバーグのような先生がいたら、つまり若者文化を真剣に受け止め、その活力とマイナス面の両方を子供たちが理解できるよう助けてくれる人がいたら、シリータにとって大きな助けになっただろう。ローゼンバーグは子供たちに、自分の経験や考えをもとに、自分の文化を作るよう教えていたのだ。本書で紹介してきた創造力豊かな教師たちと同じように、ローゼンバーグは実践的で、分野横断的で、グループベースの学習環境を作った。それはローゼンバーグ自身が子供たちの内的な学習意欲を発見し、伸ばしてやれる環境でもある。そして彼もまた、学校では例外的な存在で、重要な活動の一部を学校の外に出さなければならなかった。

ローゼンバーグの成功は、子供たちに深い敬意を払いながら信頼関係を築く重要性を示している。彼は子供たちの「目を見つめた」だけではない。彼らの話に長い時間真剣に耳を傾け、子供たちが自分のアイデアや夢を声に出すのを手伝った。若者たちが言うことの中には、挑戦的だったり破壊的なこともあるだろう。だが私たちが本気で「ひとりも落ちこぼれを作らず（ブッシュ政権の教育政策の標語だった）」に、すべての若者をイノベーターにしたいなら、そうした意見が出てくるリスクも受け止める必要がある。

アマンダ・アロンゾ

ニューヨーク・タイムズ紙のコラムニスト、トーマス・フリードマンが「アメリカの本当のドリームチーム」と題したコラムで、高校生科学研究コンテスト「サイエンス・タレント・サーチ」の最終候補者40人と会った経験を記事にしたのは2010年3月20日のこと。このコンテストは、高校生以下の全米科学コンテストで最も歴史が長く権威があり、高校生1600人以上が独自の科学研究を報告して大学奨学金を競う。[3] 私はそのコラムを読んで、リンブルック高校（カリフォルニア州サンノゼ）にアマンダ・アロンゾ（当時30歳）という科学の教師がいることを知った。その年の最終候補者のうち2人がアロンゾの教え子だった。

アロンゾはカリフォルニア州の田舎町バカビルで育ち、地元の公立高校を卒業した。私が彼女に初めてインタビューした2010年6月、アロンゾは教師になって8年目を終えたところだった。「大学で科学を勉強する気は全然なかったんです」と、彼女は言う。「ダンスを専攻したかった。でも父がダンスを専攻するなら学費を出さないと言うので……。ところが大学で初めて受けた科学の授業がメグ・マサイスという女性生物学者の授業で、それがきっかけで科学を専攻することに決めました。もともと教師になりたいという気持ちはあり、メグを見て、女子にもっと科学に興味を持ってもらいたいと思い高校教師を目指すことにしました」

「大学院はスタンフォードに進みました。運良く、私のカリキュラム作りを指導してくれたスーザン・シュルツは高校の科学の先生で、博士号を取得するためにスタンフォードに来ていました（教育学部のほとんどの教授は実際には大学以外の教壇に立った経験がない）。大学院では、自分の疑問を中心に実践的な学習法をしなければいけませんが、その経験が後に自分が教える立場になったとき役に立ちました。リンブルック高校での1年目、私はインテルＩＳＥＦ（国際学生科学フェア）教育者アカデミーの科学フェア教員アドバイザー研修に派遣されました。ほかの先生たちはみんな断ったけれど、私は新米だったから断れなくて。私自身、科学フェアにはあまりいい思い出がなく、とても気が重かったです」

Alonzo on Science at Lynbrook High
http://vimeo.com/34791958

「でも研修に参加して圧倒されました。世界中から集まった約100人の教員が、生徒を科学フェアに積極的に参加させる方法を学んでいたのです。そこでリンブルックに戻ると、中学部と合同で科学フェアの準備活動に助成金を申請しました。その結果、インテルから2万ドルが支給されました。当初は9年生（日本の中学3年生）向けのプログラムを考えました。新年度が始まる前の夏休みに基礎を教え、夏の終わりに生徒がそれぞれ研究テーマ案を書き、秋にそれを実行するというものです。でも2年ほどやってみた結果、多くの生徒が自分の意志でこのプログラムに参加しているわけではないことに気がつきました。親が行かせていたのです。でも科学研究には多くの時間とエネルギーと情熱が必要で、誰かにやらされている生徒は最後までやり遂げられません。そこでプログラムを見直して、学期中の昼休みや放課後にセミナーを開くことにしました。秋の間は授業スタイルで科学的な手法を説明し、1月からは生徒と一対一で研究計画の指導をするのです」

「今年は40人ほどが参加したから大変な時間をとられましたが、これは（報酬のためでなく）好きでやる仕事。生徒たちはコンテストに勝ち進もうが、そうでなかろうが、たくさんのことを学び、人間として成長していきます。世界が問題をたくさん抱えた場所だとわかってくるし、上の世代から引き継いだ問題も見えてくる。でも最後には、こうした問題を解決するために自分にも何かできるという確信が得られるのです。たとえば今年の参加者のひとりは、藻から液体水素燃料を作る新しい方法を考案しました。彼らは普段の授業よりもこの活動でずっと多くのことを学んでいます」

通常の科学の授業とこのセミナーでは何が違うのだろうか。

「授業では、教えなくてはいけないことが州によって決められています。どれも科学の知識です。

▶ Alonzo on Innovation, Passion and Purpose
http://vimeo.com/34792089

たとえばミトコンドリアがエネルギーを生み出すことを知らなくてはいけない。でもセミナーでは、どうすればミトコンドリアがエネルギーを生み出しているとわかるのかを教えます。問題を解決する。質問する。新しい解決法を考える。残念ながら、普段の授業ではこうした作業をする時間はないでしょう。州の試験のために教えなければいけない内容が厳しく決まっているからです」

統一試験は、大学でSTEM科目を専攻できる科学的リテラシーを備えた生徒を増やすための取り組みのはずだ。だがアロンゾが言っていることが本当なら、その政策は意図に反した結果をもたらしていることになる。ではどうすればいいのか。

「いい科学の教師になるには、科学をおもしろくしなければいけません。つまり子供たちが科学を『モノにする』こと、授業の内容を体得できるようにする必要があります。そうすれば子供たちはやる気になるのです。もうひとつの問題は、州の定めた広範な知識を教えるには、子供たちに答えを見つけさせるのではなく、教師が答えを教えなくてはいけないと教師たちが思っていることです。でもいちばん重要なのは、生徒が自分で疑問を持ち、自分で答えを探す余裕を与えてやること。そうやって学んだほうが、実際にはずっとたくさんの知識を覚えていられます」

アドバンスト・プレースメント（AP、優秀な高校生が大学レベルの科目を履修できる仕組み）の科学の授業はどうなのだろう。アロンゾはAPの授業を受け持ったことがあるのだろうか。こういうクラスは何か違うのだろうか。

「いくつかの理由から、APの授業を担当するのは断っています。第一に、私はいろんなことに関心がある生徒を教えるのが好きだから。それに（APの授業を履修できない）9年生を教えるのがとても楽しいからです。彼らにはまだ好奇心があってたくさん質問するし、冒険しようという気概がある。ルールにとらわれない考え方ができるのです。APの授業は生徒の口に知識を流し込んでいるような気がする。テストのために大量の知識を暗記させるけれど、応用する機会は一度もないのです。子供たちへのプレッシャーも大きく、そのせいで科学への愛が失われてしまう。究極的には、APの授業は大学に向けたいい準備にもならない。APのテストで（いちばん高い成績の）5をいくつももらって大学で生物入門の授業を取る必要がない生徒が、その上のレベルの授業で苦労する例は多いのです。自分が学んだことを応用する能力を身につけていないからです」

ユニークな教え方をすることで、アロンゾが学校で苦労したことはないのだろうか。

「苦労しました。孤立している気がしていました。最初の4年間は年度末になるといつも辞めようと思っていました。リンブルックは伝統的にテストで上位に入っていたから、従来のやり方を変えることには大きな反対があったのです。私は孤立無援だったし、自分の創造性が評価されていないと感じていました。でも子供たちのおかげでやる気になれました。時間はたくさん取られるけれど」

よく聞いてみると、アロンゾがセミナーのために費やす時間は、秋学期こそ週6時間だが、生徒たちがそれぞれプロジェクトにとりかかる1月以降は毎日4時間にもなる！　もちろんそのほかに通常の授業もある。課外活動のためにアロンゾがもらっている報酬は年間1800ドルだ。

2011年のサイエンス・タレント・サーチでは、最終候補に残ったアロンゾの生徒はひとりもいなかったが、準決勝進出者250人のうち4人が彼女の生徒だった。このうち2人は女子で、こ

Alonzo on the Value of Failure
http://vimeo.com/34792206

のコンテストでここまで残った初の女子生徒だったという。アロンゾはこの結果をとりわけ喜んでいた。

またアロンゾは最近、「インバーテッド・ティーチング」という教え方（知識を得る作業は宿題にし、教室では実践的な指導をする指導法）を試しているという。これはボストンの元ヘッジファンド社員のサルマン・カーンが唱えた指導法だ。カーンは２００４年、いとこに数学を教えるビデオを作ってＹｏｕＴｕｂｅに投稿し始めた。それが大きな話題となり、いまやカーンが設立した「カーン・アカデミー」は、数学、科学、金融、歴史など思い付くかぎりの分野の教育ビデオ（10～20分）を２７００本以上制作して公開している。カーンによると視聴者数は毎月のべ１００万人を超え、毎日のべ10万～20万本のビデオが視聴されているという。それも全部無料だ[4]！　アロンゾはビデオ講義の視聴を宿題として課し、学校の授業は、ビデオで学んだことを応用したり、理解を深めたりするプロジェクトや個別指導にあてている。

テストではわからない実力

アマンダ・アロンゾは、間違いなく私がこれまで会った中で最もクリエーティブで、実際に優れた結果を出している科学の教師だ。彼女が教師として優れていることを示すのは、生徒たちの州統一テストの点数ではなく、優れた応用力だ。彼女の生徒たちは、疑問の持ち方とそれをもっと鋭い切り口にする方法、実験の設計方法と実行方法、そして実験の結果を分析する方法を知っている。

つまり科学者になる方法を知っている。その最大の証拠は、彼らの研究に表れている。アロンゾは本書の読者にはもはやなじみの方法で、生徒たちのやる気を引き出している。つまり科学を楽しいものにし、生徒たちに自分がいちばん興味のあるプロジェクトをやる手段や方法を教えている。アロンゾは自分の教え方の中心に遊びと情熱と目的意識をすえることで大きな成功を収めた。その一方で、APは科学を学ぶ「愛を奪って」しまうから、APの授業を受け持つのを断っている。

オバマ政権の教育政策「レース・トゥ・ザ・トップ（トップへの競争）」は、生徒のテストの点数によって教師の能力を評価する。しかし統一テストでは、生徒たちが身につけた知識で何をできるかはまったくわからない。優れた教え方がなされているか評価するには、生徒たちがその知識を使って生み出すものを見る必要がある。それは科学にかぎったことではない。学年の最初の英語や歴史の授業で生徒が書いたものと、年度末に書いたものを比べれば、各科目の理解度とコミュニケーション能力がどのくらい伸びたかわかるはずだ。

レース・トゥ・ザ・トップは平凡な人間になるための競争だ。そうではなく、アロンゾが科学クラブでやっているような教え方を奨励し、コンピュータテストの点数ではなく人間的な目で生徒の能力と教員の能力を判断する説明責任システムを導入する必要がある。またそれぞれの子供に、小学校1年生から高校3年生までの作文や課題を保存したデジタル・ポートフォリオを持たせたり、定期的な知識の活用を義務付けたりするべきだと私は思う。上の学校に進む（たとえば中学から高校）ときは、口頭および記述式で習熟度を見るべきだ。ボーイスカウトの「メリットバッジ」システム（水泳、救命など各人の興味のある分野について学び、認定を受ける制度）」の学校版と考えるといいだろう。本当に重要なスキルを身につけたかどうかはマークシート式のテストではわからない。この種のテストで就職や昇進など重要な決定を下す企業がいくつあるだろう。企業が人間の判断力を重視するように、教育も人間の判断力を重視しなければならない。

アロンゾは、従来の授業やカリキュラムの枠外に作った環境で最善の教え方をしている。それはスコット・ローゼンバーグがヒップホップ・プロジェクトでやったことと似ている。ローゼンバーグもアロンゾも型にはまらない教え方をしている。アロンゾがそうした教え方をする自由を与えられているのは、生徒がインテル・コンテストで並外れた成功を収めていることと、彼女がわずかな報酬で長時間働いていることによる。だがテストをもとにした説明責任システムによって教員へのプレッシャーが高まれば、アマンダやスコットのようにイノベーター的で献身的な教員の多くは教師という仕事から離れてしまうのではないか。教育者としての自分の価値が、生徒が暗記内容を2時間のマークシート式テストでうまく吐き出せたかどうかで判断され、カリキュラムの大部分が退屈なテストの準備に当てられるようなシステムで、誰が教えたいと思うだろう。

レース・トゥ・ザ・トップ政策は、もうひとつ予期せぬ深刻な結果を生み出した可能性がある。2011年2月4日付のニューヨーク・タイムズ紙によると、科学フェアに参加する高校が減っているのだ。その原因は「オバマ政権の教育政策だと、多くの科学教師は言う。学校は数学と読み書きで生徒がまともな点数を取るようにしなければならないため、科学フェアのプロジェクトに必要なクリエーティブで独立した探求心を伸ばす余裕がない⑤」

100年前のやり方を続ける大学

第2、第3のアマンダ・アロンゾの登場を妨げているのは、オバマ政権の改革だけではない。高校のカリキュラムの起源と、現代の高校に支配的な教え方もまた、変化を妨げている。アメリカの高校生の大多数は、大学の慣例と要求（と考えられているもの）に応じて授業を選んでいる。州統一テストの内容も、大学に入るために必要と考えられていることに応じて作成されている。高校で教えられている科目もその教え方も、高校を卒業するときにはみんな「大学に行く準備ができている」（つまり大学入学に必要な科目はすべて選択し習得している）はずだという、なかば強引な認識に基づき形成されている。私は前著で、高校のあり方を大きく変えた3つの学校を紹介した。とりわけハイテク高校とニューテック高校は、中等教育であらゆる生徒にイノベーション能力を持たせるには何をどう教えるべきかを示す傑出した例だ。しかしこうした学校は依然として圧倒的に少数派だ。

アメリカの高校のカリキュラムの起源は、カーネギー単位システムにさかのぼる。19世紀末にハーバード大学の学長だったチャールズ・W・エリオットらが考案したもので、教育量を授業時間数で図ることによって中等教育のカリキュラムを標準化しようという試みだった。それから100年以上たった今も、アメリカのほぼ全高校が、このシステムに基づきカリキュラムを組んでいる。多くの教員の教え方も、エリオット時代にハーバードで始まった講義形式だ。そして親と教員は、ハーバードのような大学に入るには、高校生はできるだけ多くのAPを選択しなければならないと信じ込んでいる。しかしAPの授業はイノベーターに必要なスキルを教えることはないし、えり抜きの大学で成功するのに必要なスキルを教えてくれるわけでもない。

だからアメリカの高校を改革して、イノベーション主導経済の要となる若者を育てるには、まず大学のカリキュラムと教え方、そして入学資格を見直さなくてはならない。

とはいえ、本書で大学の長い歴史をたどるつもりはない。重要なのは、大学の究極の目標は知識を生み出し、それを伝えることだと理解しておくことだ。知識を生み出す最高の方法は研究であり、授業はその知識を広めるとともに、大学院に進んでさらに新しい知識を生み出す学者を生み出すためにある。

しかし現代の大学は、こうしたビジョンから大きく外れてきた。コロンビア大学のマーク・C・テイラー宗教学部長は、ニューヨーク・タイムズ紙への寄稿「私たちが知る大学の終わり」で、次のように指摘している。「大学院教育は、高等教育のデトロイトだ。アメリカの大学のほとんどの大学院課程は、もはや市場が存在しなくなった製品（教育職の候補者）を生産しており、需要が乏しいスキル（サブ分野のさらにサブ分野の研究や、少数の同輩以外誰も読まない学術誌に論文を発表する能力）を育てている。それも急上昇するコストをかけて（学費ローンは10万ドルを大幅に上回ることもある）」[6]

もっとひどいのは、多くの学生が大学を卒業するために莫大な借金を抱え込んでいるのに、学部ではたいしたことを学んでいないことが最近の研究で明らかになったことだ。アメリカの平均的な大卒者は3万ドル近い借金を抱えており、学費ローン残高はクレジットカード債務の残高を上回っている。[7] 2010年に刊行された『さまよう大学』（*Academically Adrift*／未邦訳）によると、大学2年修了時に複雑な論理的思考、批判的思考、あるいは文章能力のレベルが入学時と変わらない学生は半数近くに上る[8]。トリニティー大学（コネチカット州）のリチャード・ハーシュ元学長とリチャード・キーリングによる『知的人間の喪失』（*We're Losing Our Minds*／未邦訳）も、アメリカの大学を強烈に批判している。大学は単に「（人を）分類し認証を与えるメカニズム」になってしまったと、ハーシュは嘆く。「大学で何か得られたとすれば、それは基本的に偶然のたまものだ。たまたま優れたプログラムや教授に出会ったか、自分でイニシアチブを取ったかのいずれかだ。パワフルな学びや優れた教え方がどういうものかわかっているのに、あまりにも多くのことが偶然に任されているのは倫理的に許されない。現在行われているのは極めて非効率的な教育法だ。しかもそれに莫大なカネがかかっている」

ウィキ（複数人がブラウザから発行・編集できるシステム）をはじめとするクラウドソーシングが急速に発達した結果、現代人は知識を作り幅広く共有する新しい手段を手に入れた。たとえば米陸軍の戦闘マニュアルは100年以上にわたりベテランの兵士兼学者が執筆してきた。しかし現在こうしたマニュアルはウィキシステムを使って書かれている。兵卒から将軍まであらゆる階級の軍人が、現場で学んだことを「ジャストインタイム」方式で追加し、見直している。ニューヨーク・タイムズ紙によると、大学の学者の中にも、「学術誌への論文発表は学者としてのキャリアを築く上でも、終身在職権を得る上でも重要とされているが、実際に発表できるかどうかはその分野の権威ある人物の査読によって決まる現在のシステムに異議を唱える声が高まっている。デジタルメディアの時代には、仕事の質をもっとうまく評価する方法があるというのだ。論文の評価を一握りの専門家に任せるのではなく、インターネットでもっと幅広い関係者から意見を募るべきだと、彼らは主張している」[9]。ジョージ・メイソン大学歴史・ニューメディアセンターのダン・コーエン所長は、「数十年、場合によっては数世紀前から続いてきた学術機関が時代遅れになったのではないかと、学者たちは疑問を投げかけている」と言う[10]。

大学のあり方を見直すべき圧力が高まっているもうひとつの理由は、インターネットによって知識の伝播方法が急速に変わってきたことが挙げられる。高校と大学で教えられている知識の大部分は、いまや無料で手に入れることができる。アマンダ・アロンゾの紹介で触れたように、カーン・アカデミーは高校で教えられている上級科目の多くを、2700本の授業ビデオという形で無料提供している。あるエリート私立学校の科学の教師は、「自分の都合のいい時間に私よりもずっと上手な授業をネットで見られるのに、わざわざ私の授業を静かに聞けとは言えない」と言っていた。MITは授業をすべてネットで無料提供するなど、この分野で他の大学をリードしている。

デービッド・センゲのメンターだったハーバード大学テクノロジー起業センターのポール・ボッティノ所長は、大学の新たな課題を簡潔に述べた。「単なる情報の価値は急速にゼロに近づいている。現在、実質的な価値があるのは、その知識で何ができるかです。本当の学習は世界を探るとき、疑問を追究するときに起きます」

ボッティノ所長は、現在の経済的、環境的、社会的な問題のほとんどは非常に複雑で、これまでとは違う教育を必要としているとも指摘する。「学生たちが学んでいることは非常に専門性が高いものの、その知識を実際に応用するには幅広い思考と視野が必要です」。グーグルのジュディ・ギルバート人材開発部長も、独創的な企業で働ける人材を育てるには大学は何をしなければいけないのか、という質問に対して同じような答えをしていた。「科目と科目を分ける明確な線引きをなくす必要があります。分野横断的な学び方のほうが、将来直面する問題への準備ができますから。学生はコラボレーション的な問題解決をもっと経験する必要がありますね」

では、こうした新しい課題に取り組んでいて、あらゆる若者がイノベーターになるためのカリキュラムを備えた大学とはどんな大学なのか。漫然と講義を聴くだけでなく、実践的な学習を通じてコラボレーションのスキルを育み、学際的な問題の理解ができるようになる大学、知的冒険と内的モチベーションを高めるプログラムのある大学はどこにあるのか。本書のためのリサーチで、私はまさにそのような大学を見つけた。フランクリン・オーリン工科大学という新しい大学だ。

オーリン工科大学

オーリン工科大学はマサチューセッツ州ニーダムにある小さな大学だ。学生数は350人で、このうち45%が女子だ。リチャード・ミラー学長に歴史を聞いた。「1980年代後半から、エンジニアの教育が不十分ではないかという声が高まっていました。オーリン財団はかねてからこの問題に取り組んでおり、それまでの50年間、50の大学の80の新校舎建築に資金援助していましたが、目に見える効果は得られませんでした。そこで既存の大学に工学部を新設することが検討されましたが、それをやると既存の文化（評価基準や期待レベル）を受け入れなくてはいけない。唯一の代案は、新しい大学をゼロから作ることでした。そこでまず大学の設置場所が決められました。現在の場所

Bottino on the Value of Doing
http://vimeo.com/34792303

が選ばれたのは、起業プログラムが非常に高い評価を受けているバブソン大学に隣接していたためです。起業家的な思考ができるエンジニアを育てようというのが新大学の目標でした」

オーリン財団は、アメリカの高等教育の歴史では最大規模となる4億6000万ドルを投じて1997年に新大学を設立した。まだキャンパスが建設中だった2001~2002年に採用された教授陣は、「30人の学生『パートナー』と協力して、厳しいエンジニア教育に、ビジネスと起業、アート、教養、社会科学を取り込んだ画期的なカリキュラムを作って試し始めました。また従来よりも現実のエンジニアリングを反映した、実践的で多分野にまたがる工学教育を構築しました」[11]。学生の本格的な受け入れが始まったのは2002年のこと。以来、約350人の卒業生を輩出してきた。現在オーリンが目指しているのは、「エンジニアという仕事を、(1)人間と社会のニーズに配慮し、(2)工学的システムをクリエーティブに設計し、(3)起業的な努力と社会奉仕を通じて価値を創出するイノベーションを生み出す仕事として再定義すること」[12]だ。

ミラー学長は、オーリンのユニークなアプローチを教えてくれた。「エンジニアリングの仕事で重要なのは、新しいものを創り出すこと、そのためにあらゆる手を尽くすことです。だからオーリンでは卒業の条件として、チームでビジネスを立ち上げて運営しなくてはいけません。創造性も重視されており、学生は全員デザイン思考と呼ばれる実習の授業を受けなくてはいけません。学生はグループに分かれて市場調査を行い、新しいプロダクトやサービスを作りあげます」

「学生たちには、自分がイニシアチブを取ることを教えています。単に知識を教えるのではなく、物事に対する姿勢やモチベーションや態度を教えるのです」とミラー学長は続ける。「いまの時代に重要なのは何を知っているかではなく、いかに的確な問いかけができるかです。学習は3つの段階を経て進化してきました。第1段階は暗記ベースの学習で、その成果は択一式（のテスト）で測られる。これは今も広く行われているアプローチです。第2段階はプロジェクトベースの学習ですが、問題はあらかじめ教師によって設定されています。第3の段階はデザインベースの学習で、問題の定義も自分で行います。オーリンではこの学習方法がすべての授業で採用されています。私たちは学生に回答を出すだけでなく、問題を把握する方法を教えているのです」

オーリンの教員には終身在職権はあるのだろうか。

「教員は3年契約で雇われ、その3年間の評価がよければ、さらに6年契約が延長される場合があります（その後知ったことだが、オーリンに応募してきた教員はトライアルの授業を行い、学生の面接を受けなければならない）。終身在職制度はないのですが、教員が専門分野の『知的バイタリティー』に貢献する場合は例外を設けています。ベンジャミン・リンダー（准教授）がいい例です。地球の持続可能性を高める活動に情熱を注ぎ、エイミー・スミス（MITのジョディ・ウーのメンターだ）と国際開発デザインサミットを立ち上げました。MITは彼の活動を研究と認めないかもしれませんが、オーリンは違う。それは人間の暮らしにインパクトを与えるからです」

ミラー学長は、現実の世界と学生が重視することと、伝統的に学界が重視してきたこととの間にギャップがあるという。

「米国工学アカデミーに入会を認められるのは、優れた工学者に与えられる最高の栄誉と考えられていますが、その認定基準は学術誌に掲載された論文の数でも、自分が指導した博士課程の学生の

Miller on the Origin of Olin
http://vimeo.com/34792382

功績でもありません。工学という分野をどう変えたかです」

「従来の枠組みでは、教員が絶対的に重視するのは学外の研究コミュニティ（学会）でした。しかし教えるという作業は本質的にローカルなものであり、学内に目を向けなくてはいけません。教えることが研究よりも軽視される理由のひとつは、（活動内容に）伝達性がないためです」

「研究して論文を書くことの魅力のひとつは、その後何十年もその分野で影響を与えられる可能性があることです。しかし今は、それだけが人に影響を与え、歴史の流れを変える方法ではありません。アイデアと人間関係によっても変化を起こせる。一握りの学者しか読まない学術誌に論文を発表するのと比べて、今のソーシャルメディアの力を借りれば、この種の変化の影響力を高めることができます」

ミラー学長の話を聞いた後、私はいくつかの授業を見学した。

まずは物理学者のスティーブン・ゴールドが教える「企業と起業の基礎」。ゴールドによると、かつてこの授業は経営に重点を置いていたが、今は起業家的な行動とスキル、とりわけ（1）戦略的思考、（2）豊富なリソース、（3）効果的なコミュニケーションを学ぶことに重点を置いている。30人の履修者のうち約半分は女子だ。学生たちはチームに分かれてビジネスを立ち上げなくてはいけない（スタートアップ資金は大学から支給される）。その朝、学生たちは型破りなアイデアを売り込む短いプレゼンテーションをしていた。それは本物のビジネスで必要になる営業の練習でもあった。

最初のグループが売り込んだのは、「エクストリーム・アイロンがけ」という新しいスポーツだ。「危険な『アイロンボードのり』のスリルと、パリッとしたシャツの満足感」が宣伝文句で、

Miller Olin's Approach and Motivation
http://vimeo.com/34792534

パワーポイントのスライドでは、崖や飛行機の翼といったスリル満点の場所で友達やプロがアイロン掛けをする加工写真が次々と映し出された。次のグループは「リンゴのすごさを堪能する」というタイトルで、シリアルのアップルジャックスにリンゴジュースをかけて食べるアイデアを売り込んだ。彼らは実際にその食べ方をやって見せ、「みんなどうしてシリアルに牛乳しかかけないわけ?」と問いかけてプレゼンを締めくくった。

次に覗いた授業は、ロバート・マーテロ准教授の「テクノロジーの歴史」だ。まずあらかじめ配られていた資料に基づき、「スリーマイル島原子力発電所事故から得られるメッセージとは?」をテーマにディスカッションが始まった。ディスカッションは、たったひとつの正しい答えは存在しないことを明らかにした。次は、スペースシャトル・チャレンジャーの事故と、1930年にイギリスの硬式飛行船R101が初飛行で起こした爆発事故のケーススタディーだ。それから学生たちが選んだビデオ2本をクラス全員で見て、それぞれの事故は誰に責任を問うべきか、倫理的な問題も存在したのか、という問いがなされた。

次の授業「ヒューマンインターフェースとデザイン」は、リン・アンドレア・シュタイン教授とシャノン・ベーター非常勤助教が2人で担当していた。学生たちはグループに分かれて、いろんなタイプの人が抱える問題を研究していた。忙しい家庭は複雑なスケジュールをどう調整しているのか、メモの取り方は人や目的によってどう違うか、交通機関のキオスク情報端末をもっと便利にする方法は……。どのテーマを研究するか決めたら、自分たちが開発するサービスやプロダクトの典型的なユーザーの年齢や性別や職業を考える。シュタイン教授とベーター助教は各グループのテーブルを回って、ユーザー像を細かく定義するようアドバイスする。

シュタイン教授は授業後、「オーリン方式」で教えるむずかしさについて話してくれた。彼女はかつてMITで教えていて高い評価も得ていたが、オーリンでは「大勢の教員のひとり」と考えている。

「ここでは教員が自分の役割について普通とは違う考え方をすることが要求されます」と、シュタイン教授は言う。「ここでは学生の内的モチベーションをかきたて、学生たちが学習内容を『ものにできる』よう努力しています。それには教員が『教壇上の賢人』のような態度でいてはいけません。起業家の特徴のひとつは、『私の運命を決めるのは私だ。私には世界を変える決断が下せる』という信念があることですが、これまでの教育環境はそういう信念を育ててきませんでした。しかし教員が学生に『寄り添うガイド役』になるように環境を変えるのは簡単ではありません。昔のやり方に慣れた多くの教員にとって、授業の指揮権を手放すのは大きな抵抗感があります」

私が見学した最後の授業は、大学設立者のひとりであるジョン・ストーク准教授が担当する「失敗の分析と防止」だ。学生たちは4人組になり、課題になっていた論文の担当部分についてプレゼンテーションをする。ストーク准教授は各グループに、担当部分から「知恵の塊」を見つけ出し、その中でも最も際立っていると思うポイントを要約して発表するよう指示を出した。全部のグループがプレゼンを終えると、トボガンぞり（雪ぞり）の死亡事故に関するケーススタディーが始まった。学生たちはグループごとに事故の原因を分析し、解決策を考え、代表者がそれを発表した（解決策にはトボガンぞり競走の見直しから、ブレーキの改良、定員の変更などいろいろあった）。最後にストーク准教授が新しいプロジェクトの簡単な説明をして、授業は終わりだ。宿題はそれぞれ何らかの失敗例を選び、自分で分析し、クラスで発表することだ。

授業の後、ストーク准教授の話を聞いた。彼はテキサス大学オースチン校で材料科学と工学の博士号を取得し、さまざまな企業で働いた後、バックネル大学で教え始めた。オーリンに移った理由を尋ねると、「バックネルはすばらしい大学でしたが、少し退屈でした」と答えた。「工学のカリキュラムはリサーチワンの大学で教えられていることとだいたい同じでした。つまり講義とラボの連続です。何度も何度も同じ授業をしました。学生たちは授業が好きだったし、私の授業は学生たちからの評判もよかった。おそらく企業で働いていた時代のいろんな経験を話したからでしょう。でも授業内容を決め、学生たちに質問するのはすべて私でした。ラボも同じです。私には問題も答えもわかっていたし、学生たちが聞いてくる質問も予想がつきました」

「オーリンに来た当初は、少し圧倒されました。教育について幅広い知識があって、コラボレーションをしたがる教員たちと仕事をするのは初めてでしたからね。そして私に与えられた任務は、独創的で大胆で新しいもの、工学教育にインパクトを与えるカリキュラムを作ることでした。そんな壮大な任務が、私たち16人に与えられたのです。私は当時その領域であまり知識がなかったから、間違って雇われたんじゃないかと思いましたよ」

その感覚をストーク准教授はどうやって乗り越えたのだろう。

「学生に考えさせる授業をやろうとしました。私は以前、材料科学の研究をしていましたが、今は教育が研究対象です。関心があるのは内的モチベーション、自主的な方向付け、そして生涯学習。

伝統的な教室では、教員が何もかもコントロールしていました。何をどう学ぶべきか学生に言い聞かせて評価する。でも多くの役割や選択肢は学習者の側に渡されるべきだし、そうすることができるとわかってきました。『失敗と分析』の授業では、学生たちは自分で方向性を決めます。トピックを決め、質問を考えて、答えを探し、仮説を立てるのです。私はA、B、Cといった成績はつけません。適性分野ごとにコメント式の評価を与えています（『失敗の分析と防止』の授業には、コミュニケーション、質的分析、量的分析、診断という項目がある）[13]。学生には反省と自己評価も義務付けており、各グループでメンバーどうしの評価もさせています」

「初めて工学教育会議でプレゼンテーションをしたとき、『内的モチベーションが重要であり、学生たちに自分で質問を作らせるのも重要だ』と言ったら攻撃されました。教員たちは長年、教師としての自分の評価は、学習をいかに円滑化するかではなく、自分の知識の量によって決まると考えてきました。今は違います。学生たちの学習経験をどう設計し、どうやって学生たちと一緒に授業を作っていくかコツがつかめるようになるまで長い年月がかかりました」

最近はストーク准教授らが会議でプレゼンをしても、攻撃されることは減った。むしろオーリンの卒業生の質が高いため、その学習方法への関心が高まっている。

現役オーリン生のアリッサ・レビッツが、キャンパスを案内した後カフェテリアでの昼食に誘ってくれた。その道々、アリッサに話を聞いてみた。まず、どうしてオーリンを選んだのだろう。

「最初は工学大学には行きたくないと思っていました。社会学や人文科学への関心をあきらめたくなかったから。でもオーリンで考えが変わりました。ある週末に女子学生向けのオープンハウスに参加したら夢中になったんです。ウレタンフォームのパネルをくっつけて、水面を動く物を作るプロジェクトはとても楽しかった。そこで会った教員も学生も卒業生もみんな頭がよくておもしろくて、自分がやっていることに情熱を持っていました。オーリンのコミュニティがどんな感じなのか、みんながどんな風に助け合っているかもわかった。このコミュニティが決め手になりました。（工学大学だが）社会科学と人文科学を勉強できることも魅力でした」

アリッサは音楽をやっていて、オーリンに指揮者のいないオーケストラがあることにもワクワクした。全学生が28単位以上を取得することと、人文科学とアートの分野で「卒業プロジェクト」を義務付けていることにも、アリッサは感心したという。オーリンの学生はバブソン大学の経営学、ウェルズリー大学の人文科学、またはブランダイス大学の授業を取ることもできる（ただしブランダイスは遠いので履修している学生はほとんどいない）。

アリッサがいちばん好きなのは、必修の「デザインスタジオ」の授業だという。自然からデザインのインスピレーションを得ようという授業で、「前半は飛び跳ねるもののデザイン、後半は水中の動物をヒントにした泳ぐおもちゃのデザイン、という課題が出されました。作品を評価するのは小学4年生の子たちでした」

アリッサは自分の専攻である環境工学の課程を自分で設計した。オーリンの学生は専攻課程を自分でデザインすることを奨励されており、少なくとも3分の1の学生がそうしているという。オーリンは生物工学など新しい分野横断的な研究もたくさん生み出しており、学生の人気を集めている。

オーリンでは4年生になると、工学関連の卒業プロジェクト（SCOPE）が義務付けられている。これは提携企業が持ち込んだ実際のプロジェクトに一年がかりで取り組むものだ[14]。アリッサは何をやっているのだろう。

「6人グループで、（プリンターメーカーの）レックスマーク・インターナショナルのプロジェクトをやっています。印刷システムの再構築を手伝うものです。たいていの企業がプリンターを買うとき、会社全体のニーズを踏まえて買うのではなく、各部門ごとに必要に応じて買っています。私たちはプリンターの理想的な配置に対して、現在どこにどれがおいてあるかをチェックする自動システムを作っています。無駄を減らすのが目的です」

アートと人文科学の卒業プロジェクトはどうなっているのだろう。「私はウェルズリー大学で環境政策と歴史と経済に関する授業をたくさん履修していて、国際都市の持続可能性に関する卒業論文を書いています。オーリンの学生がウェルズリーで卒業論文を書くのは私が初めて。だからオーリンの先生たちはいろいろ応援してくれます」

アリッサは近々インドに行って、水質と水に関する政策を調査する計画だと言った。現地のNGOと協力して、水質が悪いことで起きる疾病の発生状況と貧困地域の環境汚染源を、最先端のソフトウエアで追跡するという。「異なる文化と価値観、問題を自分の目で見るのと、国や人によって問題がどう異なるかを理解するチャンスです。外国の多くの問題は、アメリカの解決策を持ち込むだけでは解決できません。これを機に新しい世界が見えるようになればと思っています」

大学卒業後はどうするつもりなのだろう。

「いずれ環境法や政策を勉強するために（大学に）戻るでしょうが、まずは環境コンサルティング会社で仕事をしたいです。環境への取り組み方と、それが健康や気候変動に与える影響に変化をもたらしたい」

では、そのために準備が十分できている部分と、準備不足な部分はどこだろう。

「オーリンの授業は、物事をどう考えるべきかを教えてくれました。また一定の深みのある幅広い知識を与えてくれました。今の私は、問題をいろいろな角度からとらえる方法がわかります。新しい物事を自分で学ぶ方法も学びました」

アリッサは、社会に出て行く準備という意味で、オーリンの教育の足りないところは特に思いつかないと言う。ただ、企業の採用担当者の目に自分の経歴がどう映るかは心配していた。「学際的な研究をしたことで、私は汚染問題についてさまざまな視点を持つことができました。でも採用担当者は履歴書にキーワードを探すものです。私は環境工学者ではないし、行政学を専攻したわけでもない。現実世界のカテゴリーにぴったり収まらないのです。でも自分の選択には満足しています。就職活動が大変になるからといって、この経験をしなければよかったとは思いません」。アリッサはまた、工学の専門職では女性が極めて少ない（わずか10％。オーリンは学生の45％が女子だ）ことも心配だという。

私は4人の学生と昼食をはさみながら話を聞いた。まずオーリンを選んだ理由を聞いてみた。ニールはSCOPEと、提携企業とのプロジェクトに引かれたという。スコットはほぼすべての授業がプロジェクトベースで、実習を重視していることがとても気に入ったという。ジェニーはコラボレーションを重視しているところが気に入った。「MITのようにギスギスしていない」と、彼女は付け加えた。「教員に注目してもらうために学生どうしが競い合う必要はないし、学部での研究活動に重点が置かれています」

「退屈な授業をたくさん取らないとおもしろい授業は履修できない、というのではないところが気に入った」と言うのはアンディーだ。彼はオーリンでキャリアに対する考え方が大きく変わったという。「与えられた仕事を8時間やって家に帰るだけではなく、新しいことをやらせてくれる仕事に就きたいんです。ここではみんなが実行家。そしてみんな、いくつもの役割を担いながら人と関り合う活動が好きです」

そこでみんなに、オーリンのいちばん楽しいところを聞いてみた。

「みんなでおもしろいことをやるとき！　誰もがワクワクしていました」

「他の人と作業をするチャンス。高校のときチームワークに対して抱いてたイメージはガラッと変わりました」

「教員のフィードバック。ほとんどが（研究したいからではなく）教えたいからここにいる人です」

ではいちばん嫌なところは？

「時々、やるべきことがあまりに多くて身動きが取れないような気分になります。みんな週末は遊ぶために空けてあるけど、金曜日の夜はミーティングをやってもいいと思っている。そうやって週末が侵食されるんです」

「大学の規模が小さいことも問題かも。人間関係がうまくいかないと、本当に嫌になる！」

ひとつ変えたいことがあるとすれば、何だろう。

「もっとアートや人文科学の授業を増やすこと」

「街へのアクセスを改善してほしい」

オーリンでは、斬新なアプローチの有効性をどうやって評価しているのだろう。

「オーリンはまだ5回、350人の卒業生しか出していない」とミラー学長は言う。「だからまだたくさんのデータはありません。ただ、全米大学学生調査（NSSE）に1年生と4年生のデータを提供しており、オーリンの点数は抜群にいい。10項目すべてで90％以上の点数を得ています（NSSEは4年制大学の質について学生による評価を調べている）[15]」

「オーリンの卒業生が直面する可能性がいちばん高い問題は、伝統的な大学の工学博士課程に進むときでしょう。だが卒業生の3分の1が大学院に進学し、そのうち20％以上がハーバードかスタンフォードかMITで、17％は全米科学財団（NSF）の研究奨励金を得ています」

「オーリンでは、卒業生を採用した企業のアンケート調査もしていますが、オーリンの卒業生はすでにその会社に3～5年いるかのような活躍をしており、企業がまさに必要とするスキルを持っているとの回答を得ています」

「第1期卒業生は（大学が無名だったから）就職活動で苦労したでしょう」と、シュタイン教授は言う。「でも第2期卒業生はそんなに大変な思いはしなかった。マイクロソフトは第1期卒業生から3人、翌年は7人、その翌年は10人オーリンから採用しています」

2011年5月、私はイノベーション教育に関するセミナーに出席するため、再びオーリンを訪れた。まずミラー学長が大学理事や学生、教員、諮問委員などの聴衆に向かって、このセミナーの目的はイノベーターの卵を見つけて育てる方法を理解することだと宣言。次に、オーリンの学生イノベーターを支援するために2010年に設立された「イノベーション基金」の活動報告書が配られた。この基金はいくつもの学際的授業をサポートしてきた[16]。続いてストーク准教授とマーテロ准教授が、材料科学とテクノロジーの歴史の接点を扱う「歴史的なモノ」という授業の進化を発表した。

「この授業は歴史学者と材料科学者が教えています」と、ストーク准教授は切り出した。「テクノロジーの歴史と材料の性質を教えるだけでなく、学生たちが一緒に学び続けるモチベーションを育むこと、そしてコラボレーションとコミュニケーションのスキルを伸ばすことを目指しています。すべての作業はグループ単位で行われ、学生たちは3つの異なる時代に使われた材料について、3つのプロジェクトをやらなければなりません」

「イノベーション基金のサポートを受け、授業の最後に文献購読と最終プロジェクトが加わりました。これはデザインを切り口に倫理を考えるプロジェクトで、学生たちは現在入手可能な材料を使って新しいプロダクトを作りながら、材料や技術の倫理的・環境的インパクトを考えます」

この新しい授業のインパクトを受けるのは履修する学生にとどまらないと、ストーク准教授とマーテロ准教授は言う。彼らが映し出したスライドは、全米そして全世界から多くの人がオーリンの画期的な教育方法を学びに来ていることを示していた。

次は「進行中のイノベーション」というタイトルで、現役の学生と最近の卒業生が自分たちの作品を発表した。卒業間近のマイア・ビトナーら5人のグループは、SCOPEのために終えたばかりのプロジェクトを説明した。5人はオートデスク社（3D設計・工学・娯楽ソフトウエアの世界的なリーダーで、第3章で紹介したシャナ・テラーマンが務めている会社だ）で、学生とプロの両方向けにソフトウエアを使った学習経験を改良する仕事に取り組んだ。2006年卒業生のトム・セシルは、法律事務所のアソシエートとして働いている。トムはオーリンで学んだイノベーションのスキルを、知的財産権法の実務に活用していると話した。やはり2006年生のスーザン・フレドルム・マーフィーは、PEアメリカズという会社のシニアコンサルタントになっていた。PEアメリカズは持続可能性の分野でソフトウエアによるソリューションとコンサルティングサービスを提供する企業だ。持続可能性に興味があったスーザンは、オーリンで「持続可能な設計」の授業を取り、ライフサイクル・アセスメントについて学んだ。MIT工学部と修士課程を経て就職したスーザンは、さまざまな製品のライフサイクル（生産から回収再利用までの過程）が環境に与えるインパクトの評価に取り組み、そのためのソフトウエアを開発。数多くの賞を受賞した。

午前のプログラムの最後は、学生や卒業生が聴衆からの質問に答える質疑応答の時間だった。「オーリンでの経験で、今やっていることに大きく役立ったことは何ですか」と、いう質問が出た。弁護士のトム・セシルは、「専攻課程を自分でデザインできたことは非常に大きかった」と答えた。「さまざまな課程の、さまざまな授業を組み合わせることができました。また物事を複数の視点から考えることを学びました」

An Alum's View of Olin
http://vimeo.com/34792630

「オーリンのカルチャーが大きく役立った」と、スーザンは答えた。「私が履修した授業のほとんどでは、自分の興味があることをプロジェクトのテーマにできたから、ある授業でスタートしたアイデアを、別の授業で別の角度から見つめることもできました。多くの学際的なプロジェクトや授業もあり、自分が興味のあることを、多様な形で検討できました。常に自分はいちばん何に興味があるか考え、いろいろな要素を組み合わせてみるよう奨励される。リーダーシップを取ったり、クリエーティブな考え方をしたり、新しいことを試すチャンスもたくさんある。オーリンでは、新しいことを試すのを恐れないことを学んだと思います」

次の質問者が聞いた。「学生の内的モチベーションを伸ばすという話がありましたが、実際にはどんなことがモチベーションになりましたか」

オートデスクで働いたチームのひとりが答えた。「ぼくらがやったプロジェクトはとても楽しかった。同時にぼくは、パラダイムシフトの波、何か大きな変化の波に乗っている気がした。今までとは違う最高の学び方を経験している気がした」

「チームのメンバーがそれぞれ異なるスキルを持っていて、それぞれが独自の貢献をする意欲があることが大切だと思う」と、別のメンバーが語った。

スーザンは、「持続可能性ソフトの取り組みはとてもエキサイティングでした。プロジェクトはとても楽しかっただけでなく、情熱を捧げられるものだった」と語った。

セミナーを終えて、私はオーリンのリーダーシップチームと教員、そして学生の価値観が一致していることに感銘を受けた。誰もがイノベーションのプロセスと、その威力を高く評価していた。

教員のプレゼンも、現役生と卒業生のプレゼンも、プライドと目的意識と興奮に満ちていた。明らかにオーリンでは一般の大学とは大きく異なる教え方と学び方がなされている。

先に述べたように、オーリンは若者をイノベーターに育てるために作られた。ハーバード大学経営大学院のテレサ・アマビール教授の図に当てはめてみると、学生たちはクリエーティブに考えるスキルを得ながら、授業を通じて知識領域で専門性を獲得する。しかしより詳しく見つめるべきなのは、アマビール教授の図の3つめの領域、すなわちモチベーションと学校のアカデミックな文化ではないか。オーリンのカルチャーは、5つの基本的な部分で、ほとんどの高校や大学のカルチャーと大きく異なる。

個人の習熟度vsコラボレーション

アメリカの学校教育のカルチャーでは、個人の実績は賞賛され見返りの対象となるが、純粋かつ意義深いコラボレーションをするチャンスはほとんどない。生徒はテストの点数や成績で順位付けされ、学力にしたがって分類される。一部の高校ではグループワークが行われているが、1人か2人の生徒がほとんどの作業をして、あとの生徒は黙ってそれを見ているだけのことが多い。本格的かつ持続的なコラボレーションは、学生にも教員にも期待されていない。

だがオーリンでは違う。オーリンでは、コラボレーションと、それによって異なる視点をまとめあげることがイノベーションには必要不可欠だと理解されている。コラボレーション重視は、入学審査の段階から始まっている。オーリンの志願者は、面接の一環としてグループプロジェクトをやらなくてはいけないのだ。またすべての授業でグループワークやコラボレーションが要求される。学生たちが言っていたように、このようにコラボレーションのやり方を学ぶこと（とコラボレーションによるコミュニティ意識の高まり）は、オーリンが最も重視することのひとつだ。私が昼食をともにした学生たちに、大学でいちばん貴重だと思う経験を聞いたところ、全員がコラボレーションを挙げた。新しい授業を作るために教員同士がコラボレーションをする機会も他の大学より多い。

専門知識 vs 分野横断的な学習

もちろんいつの時代も、専門家や専門的な研究には大きな価値があるし、今後もそうあり続けるだろう。私は何度か手術を受けたことがあるが、手術をしてくれたのが街の一般開業医ではなく、極めて高い訓練を受けた整形外科医だったことに感謝している。飛行機に乗るときはパイロットが操縦桿を握っていてほしいと思うし、水道管の漏れを直してもらうには、ちゃんと専門の技術を持つ配管工にやってほしい。イノベーターも、どの領域でならイノベーションを起こせるか見極める程度の専門知識は必要だ。つまりイノベーションにも一定量の専門知識と専門化は必要だ。ただしそれだけではイノベーションは起きない。

本書に登場する大学の教員たちは、学生たちがあまりにも早い段階で（往々にして自分が本当に関心のあることを見つける前に）専門を決めなければならない現状に懸念を示してきた。またポール・ボッティノ（ハーバード大学テクノロジー起業センター所長）やジュディー・ギルバート（グーグル人材開発部長）をはじめ、私が話を聞いた多くの人たちはみな、問題を多角的に理解するスキルの重要性を語っていた。現代世界の問題は、ひとつの学問領域の知的ツールだけでは解決できないくらい複雑だ。それなのに大学で問題を多角的に分析した経験のある学生はわずかしかいない。

ほとんどの大学の学生たちは、早い段階で専門を決めることを期待されており、学際的な授業は例外的な存在だ。知識を編み出すシステムをはじめ、昇進、終身在職権、研究助成、学界での知名度向上といった仕組みはみな専門化を煽り、推奨し、見返りを与える。オーリンには終身在職権制度がなく、イノベーションを生み出すエンジニアの育成を使命にし、一般の大学とは大きく異なる報酬システムを作り上げてきた。オーリンの授業が何より目指しているのは、よりよい問題解決者を育てることであり、これは卒業生が最も高く評価しているスキルのひとつだ。弁護士のトム・セシルが言ったように、彼らは「物事を複数の視点から考えることを学んだ」。アリッサも同じようなことを言っていた。「学際的な学び方に力を注いだおかげで、汚染問題をさまざまな視点から考えられるようになりました」

リスク回避 vs 試行錯誤

教育の仕事は一生続けられること、古臭い伝統が残っていること、そして官僚的機構があることなどから、リスクを嫌う人を引き寄せる傾向がある。また若い学者の研修では、入念かつ慎重に仕事を進める重要性が強調される。一方、従来の授業では学生たちもリスク回避に気を取られてきた。すなわち教員が何を求めているか（「正しい」解答やレポートは何か）を見極め、その要求に応えるレポートを提出することでAを取ろうとしてきた。教育には知識や文化を保全する役割があるから、一時の流行に左右されるべきではないのは確かかもしれない。しかしその一方で、既存の教育機関が、イノベーターの特質である試行錯誤と知的冒険を推進するにはどうすればいいのか。

オーリンはイノベーターの育成を学校の使命として掲げているほか、大学という「業界」では歴史の浅いスタートアップだから、教員にも冒険と試行錯誤を奨励する文化があるのだろう。ストーク准教授やマーテロ准教授の話からわかるように、オーリンの教員の多くは絶えず授業を改善して、カリキュラムに手を加えている。

最も創造的な会社は失敗を歓迎する。デザイン・コンサルティング会社IDEOのモットーは、「早い段階でしょっちゅう失敗しろ」であり、失敗から学ぶ方法のひとつとして「ラピッド・プロトタイピング（すぐ試作する）」を奨励している。プロダクトの模型やシミュレーションをデザインの早い段階で作り、コンセプトの実現可能性を調べるのだ。しかし学生に知的冒険をするよう純粋に奨励し、失敗から学ぶことを奨励する授業は珍しい。オーリンの学生は、試行錯誤（または失敗）は問題解決に欠かせないプロセスだと教えられる。ある学生は言った。「ここでは『失敗』という考え方はしない。ここでは違う言葉が使われる。『イテレーション』だ」

消費 vs 創造

従来型の教育現場では、学ぶことは圧倒的に受け身の作業だ。高校や大学のほとんどの授業で、学生は講義を聴いているだけだ。学生たちが飲み込む知識は、自分たちにはつながりのない、その場だけの情報と受け止められることがほとんどだ。そしてテストやレポートの段階になると、飲み込んだ知識を思い出さなくてはいけない。獲得した知識を使わなければならない場面はないし、そもそも知識を現実世界にあてはめて理解するような経験も乏しいから、テストが終わると多くの学生が記憶した内容を忘れてしまう。次の段階の教育や仕事に進む準備ができていないように見えるのは驚きではない。

オーリンの授業は、知識の獲得を最大の目標にしていない。問題を解決し、プロダクトをつくり、新しい理解を生み出すことで、一連のスキル（ストーク准教授の言葉を借りれば「能力」）を育むことが目的だ。知識は重要だが、「必要に応じて」獲得することができる。それは目的のための手段に過ぎない。伝統的な学者は、こうしたアプローチは実利的過ぎで、学習そのものの価値を見落としていると批判することが多い。しかしオーリンの学生は、大学院に進む準備がきちんとできていて、就職先でも仕事に取り掛かる準備できているという証拠がある。就職先の上司たちは、オーリンの新卒生がまるですでに3～5年働いた経験があるかのようだと証言していた。また研究の結果、応用的に学んだり使ったりした知識のほうが、よく理解できて長く記憶していられることもわかっている。

オーリンの学生は大学院や就職の準備ができているだけでなく、自分たちをクリエーターだと考えながら学習している。彼らは多くの意味でエンパワメントされている。第1に、オーリンでは学生が自分の専攻をデザインするよう奨励されている。ハーバードなど一部の大学でも同じことができるが、手続き的なハードルが多いためほとんど利用されていない。第2に、オーリンの授業はほとんどが実習で、学生が最終的なプロダクトをつくり、ひとつの授業での作業が別の授業でやった作業とどう関係しているかを積極的に考えさせるようになっている。第3に、オーリンの教員は授業の主導権を手放し、できるだけ学生主導で進められるよう工夫を重ねている。成績も、教員が付けるよりも自己評価とチーム評価に重点を置いている（ただし2年生以降はすべての授業について可・不可の従来型の成績が付くようになっている）。そして4年生になると全学生が2つの卒業プロジェクトをやらなくてはならない。ひとつは工学分野のグループ作業で、提携企業が実際に抱える問題を解決する。もうひとつは人文科学分野のプロジェクトで、新しいものを作るチャンスが与えられる。

外的インセンティブvs内的モチベーション

従来型の授業では、外的なインセンティブによって学習を動機付けようとする。勉強するのはテストでいい点を取って、いい成績評価平均点（GPA）を取るためだ。教授たちは学ぶことそのものの価値を説くけれど、学生たちを授業に来させて、文献を学ばせるために使うのは伝統的なアメとムチだ。成績には関係ないといわれたら、何人の生徒が授業に出て来るだろう。

オーリンの設立者や教員たちは、イノベーションを生み出したいという欲求は、外的なインセンティブで生まれるものではないことを知っている。そして学生が一生学び続けたい、自分の学びを自分で設計したい、自分のやりたいことを実現したいという内的モチベーションを高めることを明確なゴールに定めている。だからオーリンの授業は、学生が自分から学びたいと思えるようなインセンティブをたくさん用意している。

私が見学した授業では、多くの側面に遊びの要素がちりばめられていた。最初に見学した「企業と起業の基礎」の授業では、学生たちが型破りなアイデア（エクストリーム・アイロンがけや、アップルジャックにアップルジュースをかける食べ方など）を仲間に売り込もうとしていたが、これはエド・キャリアーがスタンフォード大学で学生たちに与えていた課題の「奇抜さ」を思い起こさせる。「ヒューマンインターフェースとデザイン」の授業も、たくさんの遊びと笑いがあり、学生たちは自分たちがデザインするプロダクトのユーザー像を考えていた。また、キャンパスを案内してくれたアリッサによれば、デザインスタジオの卒業プロジェクトは小学4年生が審査員だったというではないか！ その一方で、どの授業にもより本格的な、大人の遊びが潜んでいる証拠もたっぷりあった。それはプロジェクトにどっぷり浸かって時間を忘れることから得られる遊びの感覚であり、どんな創作活動にも欠かせない遊びの感覚だ。

学生たちが授業や卒業プロジェクトに情熱を抱いていることは明らかだった。オートデスクのチームで働いた4年生と、持続可能性チェックソフトを作ったスーザンはどちらも、プロジェクトが「とても楽しかった」と表現していた。何より私に説得力を持って聞こえたのは、スーザンの授業全般に関する話だった。「私が履修した授業のほとんどでは、自分の興味があることをプロジェクトのテーマにできたから、ある授業でスタートしたアイデアを、別の授業で別の角度から見つめることができました。多くの学際的なプロジェクトや授業もあり、自分が興味のあることを、多様な形で検討できました」。学生たちが自分の興味を追求し、情熱を発見し、より深い目的意識を追求できることが、オーリンのほとんどの授業の原動力になっているのだ。

この深い目的意識（使命感と言ってもいいかもしれない）は、アリッサとの会話、そしてセミナーで発表をした全員の活動に強く表れていた。アリッサとスーザンの話からは、地球の持続可能性を高めたいという目的意識がはっきり見て取れた。オートデスクで卒業プロジェクトをしたチームは、新しい学習パラダイムの開発に貢献したいと考えていた。そして法律事務所に勤めるトムは、起業家やイノベーターの知的所有権の保護に貢献したいという明白な目的意識を抱いていた。

STEM vs リベラル・アーツ

ビル・ゲイツは、学生がもっとSTEM系の授業を履修すれば、卒業後にまともな仕事に就ける可能性も高くなると唱えてきた。2011年2月28日には全国州知事会で、州政府が大学に補助金を出すときは、雇用につながる学部だけにするべきだという旨のスピーチをした[17]。そのわずか3日後、iPad2を発表したスティーブ・ジョブズは言った。「テクノロジーだけでは足りないと考えるのがアップルのDNAだ――私たちの心をうきうきさせるようなプロダクトをもたらすのは、一般教養や人文科学とテクノロジーの結婚だ。ポストパソコンのデバイスはそれが最も顕著に表れる領域だ[18]」。イノベーターを育てるとき、どちらの言うことが正しいのか。もっとSTEM系の学生を増やすことなのか。それとももっとアートや人文科学の勉強を奨励するべきなのか。

スティーブ・ジョブズの伝記の著者ウォルター・アイザックソンは、2011年10月29日付のニューヨーク・タイムズ紙への寄稿で、ジョブズとゲイツを次のように比較している。「ビル・ゲイツはとてつもなく頭がいいが、スティーブ・ジョブズはとてつもなく独創的だ。いちばんの違いは、問題（の解決）にクリエイティビティーと美的感覚を持ち込む能力だと思う。それは発明やイノベーションの世界で、人文科学の造詣と科学の理解を組み合わせることを意味する。芸術性をテクノロジーに、詩の技法をプロセッサに結びつけることだ。ジョブズはそれが得意だった。『私は子供のときいつも自分は文系の人間だと思っていた。でも電子機器も好きだった』と、彼は言っていた。『そんなとき私が尊敬するポラロイドの創業者エドウィン・ランドが、重要なのは芸術と科学の交差点に立てる人間だと言っていたことを読んだ。だから私もそうなろうと心に決めた[19]』

テクノロジー系起業家からデューク大学の研究者に転じたビベク・ワドワは、ハーバード大学と共同で起業家の学歴調査を実施した。具体的にはテクノロジー企業502社のCEOとプロダクトエンジニアリング部門責任者（ただしアメリカ生まれ）計652人を調査したところ、「92％が学士号保有者で、47％がそれ以上の学位を持っていることがわかった。ところが工学またはコンピュータテクノロジーの学位を持つ者は37％に過ぎず、数学の学位を持つのは2％しかいなかった。それ以外は経営学や会計学、金融、医療、アート、あるいは人文科学の学位保有者だった[20]」

ワドワは次のように結論付けている。「工学は最も重要な専門職のひとつだという私の考えは変わらないが、一般教養も同じくらい重要だということがわかった。iPadのようにエレガントなプロダクトを作るには、アーティスト、音楽家、心理学者がエンジニアと協力する必要があるのだ。またどんな分野の教育を受けた人でも、シリコンバレーで成功することは可能だ……。学生、そして私の子供たちへのアドバイスは、自分がいちばん興味があることを勉強すること、自分が最も情熱と能力を持つ分野で秀でること、そして自分のやり方と自分の言葉で世界を変えることだ[21]」

ジョディ・ウーのメンターで彼女の会社の会長を務めるセミヨン・デュカクは、MITでコンピュータサイエンスの修士号を取得し、ハイテク起業家として成功した経歴の持ち主だ。自らは理系の教育を受けたが、若きイノベーターには一般教養を学ぶことが重要だと熱心に説いている。

「複数の人間でアイデアを生み出し、議論する人文科学系の授業は、工学における独創性とイノベーションを促進する働きがあります。イノベーションを起こすには、現状に疑問を抱かなくてはいけない。ある意味で反逆者です。人文科学は、身の回りのあらゆることに疑問を持つことを教え、議論をしたり論理を構築する作業への信頼を育むのです。たとえばある文学について新しい解釈をしてみる経験は、他のことでも疑問を持ち、クリエーティブに考える力を与えてくれます」

最後にもうひとつオーリンから学んだ重要な教訓は、学生が工学とともに、一般教養とアートを学ぶことを大学が積極的に奨励していたことだ。どちらかを選ぶ必要がない。オーリンでは卒業の条件として、選択授業の5分の1以上はアートと人文科学の科目にすること、そして4年生の卒業プロジェクトは人文科学系と工学系の2つをやることを義務づけている。多くの学生が、人文科学を勉強したおかげで工学の問題を深く理解できるようになったと言っていた。

だからといって、オーリンが文句なしのパラダイスというわけではない。まだまだ多くのことが未完成だ。教員のフォーカスグループからは、契約更新基準があいまいで、従来型の大学の終身在職権の審査基準に似てきたと懸念する声も聞かれた。ストーク准教授と在校生のアリッサは、オーリンが画期的な特色を失うのではないかと心配していた。一部の学生はもっとアートと人文科学の授業を増やしてほしいと言っていた。

どんな領域でも先駆的立場に立つのはむずかしい。教育ではなおのことそうだ。規範に従う（従来のやり方に戻る）ようにという相当な圧力がある。それでもオーリンは、さまざまな分野でイノベーションを起こせる若者を世に送り出す大学として、よく考えられた（そしておおむねうまくいく）モデルを提示していると、私は思う。最高レベルのチャータースクールのように、オーリンはこれまで（そしてこれからも）、教育の研究開発が行われる実験室であり、そのひたむきな努力は、大学における学習と教育を徹底的に見直すとはどういうことか手本を示している。

イノベーターを育てる大学

イノベーターや起業家を育てる努力をしている大学はオーリンだけではない。本書で紹介したイノベーターたちの大学院の選び方は、大学卒業後の学び方について魅力的なヒントになりそうだ。シャナ・テラーマンは、カーネギーメロン大学のエンターテインメント・テクノロジー・センター（ETC）でエンターテインメント・テクノロジーの修士号を取得した。ETCは芸術学部とコンピュータサイエンス学部が共同で立ち上げたプログラムで、イノベーションと起業の推進を明確なゴールに掲げている。(22) その意味で、ETCにとってシャナはモデル的な存在だ。シャナはETCでの4学期のうち3学期をひとつのプロジェクトに費やし、それが彼女のスタートアップになった。ハーバードを卒業したデービッド・センゲは、MITのメディアラボに進んだ。「行きたい大学院はあそこしかなかった」と彼は言っていた。なぜなら「成績はつかないし、授業の取り方も自由だし、必修科目はなく、ただ世の中で必要とされるものを創造すればいい」からだ。

MITメディアラボ

メディアラボは1985年、MITのニコラス・ネグロポンテ教授とジェローム・ワイズナー元MIT学長のアイデアで設立された。その目標は、「画期的なデジタル技術をクリエーティブに応用して、よりよい未来を発明することに力を入れる[23]」まったく新しい、学際的なリサーチラボを作ることだった（その一方でちゃんと学位も付与される）。ETCのプロジェクト領域は、新たなテクノロジーや課題が見つかるに従って拡大してきた。現在は「人間の適応能力」で、アルツハイマー病やうつ病の治療研究から、子供や老人の健康状態をモニタリングできる交流ロボット、人間の手足の機能を模した（あるいは超える）スマートな義肢の開発まで幅広いプロジェクトが行われている[24]。

メディアラボは研究テーマを中心に組織されており、それぞれ教員一名が指導している。2011年の時点では合成神経生物学から市民メディア、さらには個人用ロボットまで20以上の研究テーマがある[25]。メディアラボに入所するのに標準テストを受ける必要はなく、志願者は出願書類で自分の関心のある領域を3つ挙げることになっている。入所が認められると授業料は全額支給され、給料まで支払われる（企業が研究のスポンサーになっているためだ）。学生が選択する授業は研究領域によって異なり、必修科目はない。

だがメディアラボが画期的な教育機関である理由は、ここでの学び方にある。メディアラボのアカデミックプログラムを取り仕切るミッチェル・レズニック教授（学習研究）は言う。

「これからの時代に成功するカギは、知識の量ではなく、クリエーティブに考え行動できるかどうかです。メディアラボは、幼稚園にインスピレーションを得ています。幼稚園では複数の園児が一緒になってモノをデザインしたり作ったりする。創造性を養ういちばんいい方法は、他人と協力してモノをデザインしたり作ったりすることです。そして人は自分が強く関心があることに取り組むとき、つまりそれに情熱を注げるとき、最高の働きを見せるのです。メディアラボでは、学問領域の枠を超えて考えるよう指導しています。幼稚園ではフィンガーペインティングが、色の混ぜ方という科学の授業であり、物語を創作するプロセスでもあります」

「むずかしいのは、学生たちが自分の関心を追求できるシステムを作ることです。一般に物事を教えるには、教壇から学生に指示を出すか、学生の後ろに立って学生自身に考えさせるかのどちらかだと考えられがちです。これは間違った二分法だと私は思います。問題はストラクチャー対非ストラクチャーではなく、新しいストラクチャーを作ることなのです。学生は新しいアイデアに触れる必要があるし、自分の関心を追求する方法を学ぶ必要もあります。サポートも必要です」

デービッド・センゲの研究テーマはバイオメカトロニクスで、テクノロジーを使って人間の身体的能力を拡張することを目指している。この研究グループのウェブサイトには、次のように書かれている。「身体障害者は現在も、永久補助器具とは構造的にも神経学的にも動的にも、人間の体と

The MIT Media Lab
http://vimeo.com/34792898

はまったく別の機械であり、自分の体の延長部分だとは考えていない。バイオメカトロニクスグループは、体の筋骨格に似たデバイス構造、筋肉のように動くアクチュエーター技術、生物学的な動きの原理を活用した制御方法論など、体と機械の一体化を加速する技術を前進させたい(26)」

2011年1月、私はメディアラボで一学期を終えたデービッドの話を聞いた。

「メディアラボは、同時にいろいろなプロジェクトをやらせてくれます。ハーバード時代に取り組んだ微生物を食べるエネルギー電池の最適化や、シエラレオネで配った蚊帳の使用率の調査、アフリカで小規模事業を始めたい人のためのマイクロファイナンスプログラムも取り入れてきました。今は途上国用の2つの医療機器についても研究しています。ひとつは分娩後異常出血を止めるタンポン状の装置です」

「メインは、義肢のプロジェクトです。メディアラボでは迅速なプロトタイピングで、たとえば多発性硬化症でひどい痛みがある人にとって、より使い心地のいい義肢を作るにはどんな材料を使うべきかを検討できます。また博士課程を終えた人と協力して携帯端末用のアプリを開発中です。手足と義肢のソケット部分の3D画像に、痛みがする場所をマークし、その画像を医者や人工装具の調整担当者に送れるようにするものです」

デービッドはハーバードの授業に批判的だったが、メディアラボはどうだろう。

「今のところすごくうまくいっています。『(ほぼ)何でも作る方法』という授業ではとても重要なことを学びました。迅速なプロトタイピングの方法など誰もが知っているべきことです。『開発ベンチャー』の授業では、アフリカン・イニシアチブを立ち上げるチャンスをもらいました。メディアラボのテクノロジーをアフリカともっと直接的に結びつけるとともに、アフリカの優秀な人材をメディアラボに招くプロジェクトです。『エンパワメントのためのデザイン』という授業では、テクノロジーに興味がない人でも物を作ったり修理したりできるようにする工具の製作や、エンドユーザーを念頭に置きながら物を作る方法を学びました」

「なにより気に入っているのは、やりたいと思ったことは何でもできる自由です」とデービッドは言う。「メディアラボのフランク・モス所長（当時）はいつも言っています。『限界を超えろ。クリエーティブなことをやれる自由を活用しろ』と。学生が必要なツールはなんでも手に入るし、必要なサポートも得られる。ぼくの友達には電子チェロを作ったり、3Dプリンターでフルートを作った人もいます。関係のない人にはばかにされるような物です。ぼくはMITでも大学院生のサッカーチームに入っているし、少し前までハーバードで男子サッカーチームのコーチをしたり、クレオール語の授業も教えていました。ほかにこんな自由が許される場所はないでしょう」

デービッドが高く評価する「自由」は、レズニックが言っていたように、ストラクチャーがないということではなく、新しい学習ストラクチャーだ。その新しいストラクチャーとメディアラボのカルチャーはオーリンのそれと驚くほど似ており、従来型の大学院のそれとは根本から異なる。ここでも個人の実績よりもコラボレーション、専門化よりも分野横断的な学習、知識を消極的に飲み込むよりものづくりを重視して学生をエンパワメントし、リスク回避ではなく知的冒険と試行錯誤を奨励し、外的ではなく内的モチベーションを著しく重視している。また成績表はなく、教員は学生が自分の情熱を追いかけるのを応援している。

dスクール

オーリンとメディアラボの話を聞くと、学び方にイノベーションを起こすのはそんなにむずかしくない印象を受けるかもしれない。だが実際にはさまざまな理由から容易ではない。オーリン、カーネギー大学エンターテインメント・テクノロジー・センター、そしてMITのメディアラボは、教育の分野で洞察力があり、新しい学校をつくろうと立ち上がった人たちによる「スタートアップ」だ。教員にとっても学生にとっても、スタートアップで従来とまったく違う学習環境を作るのは、既存の大学でやるよりも簡単だ。しかしまったく新しい大学や大学院を設立するチャンスは、資金的にも環境的にもなかなかない。だから既存の大学の中で新しい学習環境を作るむずかしさをよく理解しておく必要がある。スタンフォード大学デザイン研究所がたどってきた道のりと、その設立者デービッド・ケリーの苦労話を聞くと、伝統的な大学でイノベーションを生み出すむずかしさが見えてくる。

ケリーはスタンフォード大学の機械工学部教授だ。1978年から同大で教えてきて、1991年に終身教授の地位を得た。その一方で1978年にデザイン会社を共同設立し、それが複数の会社と合併して1991年にIDEOになった。IDEOは世界で最も独創的な10社のひとつに選ばれている。そして2005年、ケリーはスタンフォード内にハッソ・プラットナー・デザイン研究所を設立した。通称「dスクール」だ。

ｄスクールは従来的な意味でのスクール（学校）とは全然違う。専属の学生も教員もいないし、学位も付与しない。ｄスクールは、さまざまな学部から集まってきた学生と教員に魅力的な授業を提供する場所だ。イノベーションを生み出すスキルを教えつつ、持続可能な開発と途上国の開発や教育等に関わる困難な問題に取り組むことを目指している。最近の授業には、「サービスイノベーションのためのデザイン」「持続可能な豊かさのためのデザイン」「変革のためのデザイン――アメリカの貧困」「ｄメディア――重要なメディアをデザインする」「ｄメディカル――健康のためのデザイン思考」などがある。ある授業は「遊びからイノベーションへ」という名前で、「テーマはイノベーションのプロセスを遊び心をもって拡充すること。遊びを分析して、その主な特性とクリエーティブ思考にとっての重要性を理解する。遊び行動と、その成長と生物学的基礎を探る。そのうえでこの原理をデザイン思考を使って応用し、企業におけるイノベーションを促進する。学生は（企業等の）パートナーと協力して、幅広い応用が可能なデザインプロジェクトに取り組む[27]」とされている。

ｄスクールの学習プロセスは、オーリンのそれと驚くほど似ている。オーリンでも、教員と学生が協力して具体的な問題を理解し、解決策を探る。また、どう学びどう教えるかはＩＤＥＯが生み出した「デザイン思考」という概念とイノベーション方法に大きな影響を受けている。こうした概念は、トム・ケリー（デービッド・ケリーの弟でＩＤＥＯの経営者）が著書で書いているし、ＩＤＥＯのティム・ブラウンＣＥＯも本書の第１章で紹介した記事で説明している。ここではｄスクール自身による説明を紹介しよう。

Kelley on Stanford's d.school
http://vimeo.com/34792983

dスクールでは、実践しながら学ぶ。課題を出すだけではなく、何が課題なのかを学生に定義させる。スタート地点は現場だ。そこで学生は自分たちのデザインを使うことになる人々への共感を育み、リアルなニーズを見つける。その上で幅広い解決案を練り、おおまかなプロトタイプをつくって現場に持って行き、実際に試してもらうことを繰り返す。dスクールではアクションを優先し、その後やり方について個々人が発見したことにリアクションする。経験量はイテレーションで決まる。どんなプロジェクトでも可能な限り何度もこのサイクルを繰り返す。サイクルを重ねるほど、強力なインサイトと意外なソリューションが得られる[28]」

ファスト・カンパニー誌2009年2月号は、デービッド・ケリーの特集を組んだ。その中でケリーは、dスクールを立ち上げた目的を語っている。「人々がクリエーティブな自信を持つのを助けることが、私のこの世における使命だと思っています。私自身は持続可能性に熱心な人間でも、途上国の問題に熱心な人間でもありません。ただできるだけ多くの人に右脳と左脳の両方を使うよう教えて、彼らの人生のあらゆる問題、あらゆる決断において、分析的なだけでなくクリエーティブに解決できるようにしたいのです[29]」

この記事は、dスクールの設立について弟のトム・ケリーの言葉も紹介している。「デービッドはdスクールを立ち上げることを、(スタンフォード大学総長のジョン・)ヘネシーに提案しに行った。『この大学は深く掘り下げることに優れています。難解なテーマを深く追究したノーベル賞受賞者もいる。でも掘り下げるのではなく、幅広くやらないと解決できない問題があったらどうしますか？　幅広さも確保しておくべきです』とね」。やがてこのアイデアを支持する人が現れた。デービッドは2005年までに、ソフトウエア大手SAPの創業者であるハッソ・プラットナーを説得して、dスクールのために3500万ドルの出資を取り付けた。2011年秋には、dスクールの新しい建物がスタンフォードのど真ん中にオープンする。[30]

この記事だけを読むと、dスクールを設立するための周囲の説得や資金調達は比較的スムーズに進んだような印象を受ける。だがデービッド・ケリーの話を聞くと、伝統的な大学にまったく異なるタイプの学習モデルを立ち上げ、維持することがいかに大変だったかがわかる。

「多くの問題は大学のカルチャーが関係しています」と、デービッド・ケリーは言う。「ごく些細な問題もある。教授たちにとって、自分の研究グループに入ってくれる人材、つまり博士課程に進んで自分の下で働いてくれる学生を探すことは既得権益になっています。『単なる』修士課程の学生で博士課程に進まない者は、教授の関心の対象外であり、学生たちも自分は博士課程に進まないからクールじゃないと思うようになる。卒業後グーグルのような画期的な事業を始めるような学生を評価する教授はめったにいません」

「dスクールを立ち上げるときに直面した大きな問題は、ビジネスの経験がある教員、つまり学生たちの関心に近い仕事をしてきた教員は、終身在職権を目指す教員より地位が低いという事実と関係していました。一方、常勤の教員たちは、深さよりも幅広さを重視するアプローチにまったく関心がなかった。大学当局は、専属の教員がいない研究所という案に戸惑っていました。私は常勤

Kelley on d.School Struggles
http://vimeo.com/34793095

教員の条件をすべて満たしていましたが、実際には常勤教員ではなかったから、dスクールのアプローチが重要だと理解できたのです。dスクールを実現できたのはハッソ・プラットナーの寄付のおかげです。今も資金は大学で物事を動かす最も重要なツールなのです」

dスクールの活動を維持する上でいちばんむずかしいと思ったことは何だろうか。

「問題は、すでに終身在職権を持つ教員か非常勤の教員しか使えないことです。若くてエキサイティングな教員でも、終身在職権の取得過程にいる教員は使えない。それはdスクールが真面目な取り組みと見なされていないからです。dスクールに関わるのは研究活動の寄り道と見なされ、おそらく終身在職権を得る上でマイナスになる。dスクールの教員のほとんどは非常勤で、最先端のことをやっている場合も多い。担当する授業はひとつしかないから、授業の準備をする時間もたっぷりある。彼らはすばらしい仕事をしてくれています。だが終身在職権のある常勤教員も必要です。なぜなら何かを大学で動かすには、学究派のサポートが必要だから。このことにずっと前に気づいてくれた仲間がいますが、彼らがリタイアしたとき後継者がいなかったら、私は何もできなくなってしまうでしょう」

「dスクールを始めたときは、学内での影響力や研究所の地位を確保するために、終身教員がいることがどんなに重要か気づきませんでした。終身在職権のある教員の多くが、デザイン思考ができない人間であることは気がかりです。彼らは純粋な学究活動で世界的な名声を得たいと考えており、dスクールで活動するためにそれを断念したくはないでしょう」

「さいわいそのハードルを越えてしまえば、物事は自律的に進むようになります。dスクールの活動は非常に楽しいからです。人間はいろんな分野の人が集まったグループに加わると、もっとおもしろくて、斬新で、よりよいイノベーションや解決策を思いつくものです。それに気づいたら二度と昔の孤立した場所には戻りたくなくなります」

スタンフォードの文化と、それがイノベーション学習にもたらす問題は珍しいものではない。テュレーン大学のコーエン学長も、ボランティア活動と学際的な社会起業プログラムを授業に取り入れようとしたとき教員たちの抵抗にあった。あるアイビーリーグの大学で社会起業の授業を担当する教授は、(匿名を条件に) こんなことを言っていた。彼の授業は常に超満員の人気だが、教員たちからは軽蔑されており、彼は終身在職権を得られそうにないという。「彼らは伝統的な学術研究からはみ出たものに一切敬意を払いません。もっとひどいことに、授業を持ったり、学生たちに会うことは、自分の研究活動を妨げる厄介な仕事だと思っています」

大学でイノベーターを教育するときのもうひとつの障害は、学際的な探求や実践的な知識や応用学習には、まったく敬意が払われていないことだ。確かに学科ベースの深い知識は重要だし、基礎研究はイノベーションにも大きく貢献する。この種の学究をサポートすることは私たちの未来にとって欠かせない。しかしそれだけが大学と社会が重視する知識であってはならない。

ディーン・ケーメンはアメリカで最も高い評価を得ている発明家であり、ハイテク起業家のひとりだ。彼はSTEM教育の熱心な擁護者で、USファースト・ロボティクスというエンジニアや科学者の卵を対象とするクラブ活動を運営している。

「まず、教育そのものに価値があるべきです。好奇心に基づく研究も重要です」とケーメンは言う。

▶ The Good News...
http://vimeo.com/34793246

「しかし私たちの問題解決能力を高めるとなると、話は全然違ってきます。大学は（学術研究と問題解決能力育成の）両方をやっていると思っている人がいますが、それは違う」。ケーメンも多くのイノベーターと同じように大学を中退している。

アメリカではチャータースクールが伝統的な公立教育に代わる教育の場を提供し、従来型の学校にイノベーションを起こす触媒の役割を果たしていたことがある。中等教育以降もイノベーションを推進するには、大学でも「チャータースクール的な」プログラムを構築するべきだ。既存の大学にｄスクールとメディアラボのような場所、つまり教授と学生が自分の取り組む現実世界の問題を選べて、新しいプロダクトとサービス、そして新しい知識を作りだすことができる実験室型の学校を増やす必要がある。それは工学系の学校である必要はない。イノベーターは一般教養と社会科学の分野でも必要だ。そしてこれらプログラムを担当する教員は、従来型の研究をする教授たちと同じ給料と地位を与えられるべきだ。

大学のもうひとつの深刻な問題は、あまりにも多くの授業の質が低いことだ。「研究成果を発表せよ、さもなくば滅びよ（パブリッシュ・オア・ペリッシュ）」という表現は、どの大学にもほぼ共通する戒めの言葉になっている。終身在職権を得たいなら、研究論文や本をどんどん発表しろ、ということだ。ほとんどの大学では、教員の昇進や終身在職権の付与を検討するときに、教える能力が重視されることはめったになく、教え方を改善したい大学教員がサポートを得られる場所はほとんどない。だがイノベーターを育成するには、応用性の高い実践的な研究開発をサポートするだけでなく、優れた教え方も重視する必要がある。

ビジネススクールとイノベーション

未来の経営者にイノベーターの訓練をする努力を紹介しよう。アップルのジョエル・ポドルニー副社長（人事担当）と、シスコシステムズのアンマリー・ニール副社長とシスコ・コラボラティブ・リーダーシップセンターのロバート・コバック所長は、アメリカ最高のビジネススクールでは「現状維持」的な学習が続いていると声をそろえる。学生たちは真に独創的な考え方をリスクとみなし、教員たちは型破りすぎると考える傾向がある。

ポドルニー副社長はアップル大学の学長でもある。自らはハーバード大学で社会学の博士号を取得し、ハーバードとスタンフォードの経営大学院で教鞭をとり、エール大学経営大学院の学院長を経て２００８年にアップルに加わった。「ビジネススクールで学長と教授をやった経験から言うと、伝統的なビジネススクールには、創造性やイノベーションをつぶしてしまう要素がたくさんあるのは確かです」と、ポドルニーは言う。「まずビジネススクールの入学プロセスから考えてみましょう。名門リベラルアーツ大学の学生が、上位５位以内のビジネススクールに合格する確率を最大限に高めるには、大手銀行やコンサルティング会社に就職して、そこで書いてもらう推薦状を中心に強力な履歴書を作る必要があるといわれます。実際トップクラスのビジネススクールの合格者は、こうした経歴の持ち主が多い。だが、こうした大手企業が新卒者を採用するとき、イノベーションや創造力を重視する例はほぼゼロと言っていい」

ということは、アメリカで「最高の」ビジネススクールに行くには、独創性のない人間になれ、ということなのか。

「そのとおり。それが真実だと知って驚愕した大勢の学生と話をしました。さいわい私は、非常に独創的なMBA保持者と大勢知り合う機会に恵まれましたが、ビジネススクールに入るためにやらなければならなかったことを振り返って、それが自分の創造性や独創性を押しつぶしてしまったと感じている学生も大勢見てきました。自分がやり方を学んだゲームは、ルール上イノベーションが許されないものだったと、彼らは感じていた。

次にポドルニー副社長は、ビジネススクールで教えていることについて話してくれた。

「戦略を教わると、価値を生み出すことと、他人が作る価値をとらえることが非常にうまくなります」と、説明する。「ここで『とらえる』とは、オレンジからもっとジュースを搾り取るということで、すばらしいオレンジを育てることではありません。ビジネススクールでは、オレンジを絞る方法（規模の経済を活用してより高い効率で経営する方法）を教えるのであって、新しい、よりよいオレンジを育てる方法は教えないのです。よりよいオレンジを育てるには、考え方を変えなくては。イノベーションについて2～3の選択授業を用意している所もありますが、偉大で独創的なプロダクトを作る方法よりも、もっとカネを儲ける方法を考えることが中心の授業です。その思考方法は、イノベーションを生み出すための組織ぐるみの努力を殺してしまう」

シスコシステムズの最高人材責任者でコラボラティブリーダーシップセンター（6章で詳述）担当副社長は、シスコが新しい幹部教育プログラムを立ち上げたとき、この分野に精通した有名ビジネススクールはひとつもなかったと語る。「世界中をくまなく探し、あらゆるビジネススクールの話を聞き、教授陣を調べました。でも私たちが求める仕事をやれるところはなかった。未来の課題を理解することよりも、過去を学ぶことに力を入れすぎています」

にもかかわらず、誤った認識がまかり通っていると、シスコのコラボラティブ・リーダーシップセンターのコバック所長は言う。「アメリカでは大学の教授は真の専門家だと考えられています。私はあるとき、アメリカで最もよく使われている経営学の教科書を書いた教授に、最先端のイノベーション企業の経営者と会談してほしいと頼んだことがあります。彼の返事は、『連中に何がわかるんだ』だった。その言葉が問題の全容を象徴しています。学者は、経営のことをいちばんよくわかっているのは自分たちだと思っている。だからそれを経営者に教えに行き、経営者は言われた通りにする。そういうやり方しか知らないんです」

アップルのポドルニー副社長は、エール大学経営大学院が従来のビジネススクールの考え方を「破壊」し、学生たちが画期的な方法で問題にアプローチできるよう工夫した試みのひとつを教えてくれた。「イノベーションを生み出す組織を経営するには、一般的なビジネススキル以上のものが必要です。まず事業内容をよく理解しなくてはいけない。だからエール大学経営大学院では、医学、法学、劇場経営、林業などの専門大学院と共同で学位を取得できるプログラムを40ほど立ち上げました。共同学位課程を選択した学生は、卒業時にはビジネススキルの中核（本書で言うところの専門性）を身につけていることになります。たとえば林業では木材をどう調達するかが重要な問題になる。専門知識があれば正しい問題設定ができます」

Neal on U.S. Business Schools
http://vimeo.com/34793498

フィンランドに学べ

フィンランドの新しい経営大学「チームアカデミー」は、将来のビジネスリーダーを育てるために斬新な学習方法を導入してきた。チームアカデミーは、ユバスキュラ応用科学大学の一部門として1993年に起業教育の専門家ヨハネス・パルタネンによって設立され、大学として認証を受けており、経営学の学士号を取得できる。しかしそこには授業も教室も教員もない。学生（一学年約200人）はグループ単位で入学を認められ、各グループは3〜5年間の在学中に実際のプロジェクトを進める独立共同事業体として活動する。各グループは独自に新しい会社を立ち上げたり、既存の会社から与えられたプロジェクトに取り組むことを通じて、本物の起業家やイノベーターのコーチを受ける。

この極めて独創的なプログラムの結果は数字に表れている。

- 学生グループが生み出した売り上げは計150万ユーロを超える。
- 卒業生の91%が卒業後半年以内に雇用される。
- 卒業生の37%が卒業後半年以内に独自の事業を立ち上げる。
- 卒業生の47%が卒業から2年後も起業家である。
- さまざまな企業のために実施されたプロジェクトは150件にのぼる。(31)

フィンランドには、イノベーターや起業家は大学で養成されるものだという考え方もない。私は2010年にフィンランドの全国教育委員会のコンサルティングをしたとき、カメラマンのボブ・コンプトンとフィンランドの教育制度を学び、そこで見たことをドキュメンタリー映画にした[32]。ある高校には、イマージョン（没入体験）を通じて起業スキルを教えるクラブがあった。生徒はグループに別れて、学校で連続30時間一緒に過ごし（大人のメンターが付き添う）、新しいビジネスを立ち上げる。生徒にとっては楽しいクラブ活動だが、彼らがビジネスの立ち上げに懸命に取り組んでいることがよくわかった。企画者である生徒のひとりに、このように密度の濃い30時間に参加者が何を学ぶことを期待しているのか聞いてみた。彼の答えはこうだ。「協力することとチームをつくること、そしてひとりではイノベーションを起こせないと理解することです」

フィンランドは40年前、比較的貧しい農業国で、教育レベルも世界の平均以下だった。国の指導者たちは、フィンランドが経済的に生き残るには、教育制度を全面的かつ劇的に変革する必要があり、若者がイノベーターや起業家になる能力を伸ばす必要があると考えた。現在、フィンランドの子供の就学年齢はほとんどの先進国よりも1年遅く、宿題は少なく、授業時間も授業日数も少ない。また学校や教師の説明責任を測る試験もない。それなのにフィンランドは、2000年に始まった経済協力開発機構（OECD）の学習到達度調査で、毎回トップまたはトップ近くにランクしている（これに対してアメリカは2009年の調査で読解力が20位、科学は24位、数学では32位だった[33]）。フィンランドは世界で最も独創的な5カ国のひとつで、アメリカよりも上にランキングされている[34]。

Teaching Entrepreneurship in Finland
http://vimeo.com/34793618

フィンランドの教育制度改革を詳細に論じるのは、本書の目指すところではない。しかしいくつかの注目すべきポイントは挙げておくべきだろう。(1)フィンランドは教員養成プログラムの全面的な改革により、教える仕事を変えた。(2)フィンランドは、深く理解されている2〜3のコンセプトにカリキュラムを絞り込んだ。これは大量の知識とテストを伴うカリキュラムが高校や大学の重荷となっているアメリカとは対照的だ。(3)フィンランドは、高校と大学で職業教育と技術教育を重視している(高校生の45%が大学進学ではなく技術職に就くことを選ぶ)。(4)フィンランドは生徒が自分で学び、自分の研究課題を自分で選ぶことを重視している。(5)フィンランド人はあらゆるレベルで教えることと学ぶことにおけるイノベーションを歓迎している。

急がれる教育改革

こうしたことはすべてアメリカの高校や大学でも実践できるし、実践しなければならない。私は前著で述べた「7つのサバイバル術」を、現代の若者全員が身につけるべきだと考えている。その一方で、私は本書を執筆しながら、若者のイノベーションを生み出す能力を伸ばすには、フィンランドの改革も7つのサバイバル術も不十分だと思うようになった。学校や教室のカルチャーも変える必要があるのだ。

本章では、新旧の学習文化を比較してきた。本章で紹介した大学や大学院の学習文化は、どれも以下のような価値観を中心に形成されている。

●コラボレーション
●分野横断的な学習
●思慮深い冒険と試行錯誤
●創造
●内的モチベーション：遊び、情熱、目的

日常的な部分を見ると、従来型の学校教育のカルチャーと、画期的な大学のカルチャーの違いはそんなに目立たない。もしかすると、大切なのは従来型か最新型の「どちらか」ではなく「どちらも」取り入れることなのかもしれない。教室では個人の実績とチームの実績の両方が重視されるべきであり、専門化と学際的学習の両方が重視されるべきなのかもしれない。情報は生み出す前に「消費され」なくてはならず、リスク回避と冒険は場合によってはどちらも思慮深い慎重な行動なのかもしれない。多くの人は、内的モチベーションと外的モチベーションの両方によって行動している。何より重要なのは、イノベーションのための教育は意識的に設計しなければならず、コラボレーションをなし、学際的な疑問を持ち、試行錯誤を繰り返し、新しいアイデアやプロダクトやサービスを創造する能力を伸ばす必要があることだ。遊び、情熱、目的という内的モチベーションを組み込むことも必要だ。

本章で紹介した事例はみな、大学における学びと教え方にイノベーションを起こすことは可能だと教えてくれる。そのために骨身を削ってきた教育者たちに、私は心からの敬意を覚える。彼らはみな21世紀の大学の学習と教育について重要な研究開発をしているからだ。しかし同時に、彼らの仕事には多くの大きな問題が立ちはだかっていることもよくわかった。終身在職権制度や、エリート主義的あるいは現状維持的な考え方など、教育改革を妨げる要素がイノベーションの妨げにもなっている。

高等教育とりわけ最も権威ある大学には、改革を急がなくてはという焦りはまだない。公立教育の欠陥は幅広く認識されているが（理解は乏しいが）、高等教育制度は依然としてアメリカのすばらしい強みのひとつと見なされている。もっとイノベーションが大きな役割を果たす経済を作ろうという話になると、たいていすべての子供に教育を与えるべきだという議論になる。しかしこれまでと同じような教育を与えるだけでは、イノベーションを起こす生徒は生み出せないことが、私にはわかってきた。21世紀のイノベーターを育てるには、教育する相手を増やすのではなく、これまでとは違う教育を与える必要がある。

6

The Future of Innovation

イノベーションの未来

若者がイノベーターになる能力を伸ばすには、教室でのエクスペリエンスを全面的に変える必要がある。だが子供が学校に上がる前の経験と、社会人になってからの経験も、イノベーションを起こす能力に深遠な影響を与える。親が何をするか（子供に何をどうやって教えるか、何に重点を置くか）は、若きイノベーターの成長に大きな影響を与える。本書で紹介した若者たちについては、その親の子育ても簡単に紹介してきた。本章では、未来のイノベーターにとって最も重要な子育てとプレスクールでのエクスペリエンスに注目する。次に、若いイノベーターを雇い、働かせ、育成する上で雇用主が直面する重要な問題を見つめる。世界のイノベーションの未来には、教師と親、メンター、そして雇用主のすべてが重要な役割を果たす。

子供をイノベーターに育てる

世の中にはすでに膨大な数の子育て本があり、私はそこに新たな一冊を加えるつもりはない。私が本書で取り上げたいのは、「いい親になる方法」のような大きなテーマではなく、もっと具体的なことだ。私はまず、いくつかの問いを設定した。イノベーターの原動力となる内的モチベーション（独創的な活動を生み出す遊びの精神と情熱と目的意識）を伸ばすために、親はどんなことができるか。冒険して失敗してもいいのだということを、若きイノベーターはどうやって学ぶのか。エイミー・チュアのような「タイガー・マザー」は遊びの価値を認めず、子供に失敗することを許さない（チュアはエール大学教授で、自身のスパルタ教育日記『タイガー・マザー』が大ベストセラーとなった）。

一方、「ヘリコプター・ペアレンツ」は子供を甘やかし、なんとしてでも子供に挫折感を味合わせないようにする。どちらの子育てもイノベーターや起業家を生み出す可能性は低い。では、若者がイノベーターや起業家に成長するのを助ける子育てはどんなものなのか。

こうした問いの答えを見つけるために、私は多くの親の話を聞き、フォーカスグループ（グループインタビュー）を実施した。インタビュー相手を選ぶ基準はシンプルだ。一方のグループは若きイノベーター（本書で紹介した若者たちと、スペースの都合上紹介できなかったイノベーターたち）の親。もう一方のグループは、親であると同時に、自分自身も高いレベルのイノベーションや起業家精神を要する仕事に就いている人たちだ。年齢は30代後半から60歳以上までと幅があり、住んでいる場所もまちまちだ。

また私はスタンフォード大学のキャンパス内にある全米有数の独創的なプレスクール、ビング・ナーサリー・スクールを訪問した。全米科学財団（NSF）の助成金と、ピーター・S・ビング博士と母アナ・ビング・アーノルドの寄付で1966年に開設された保育園で、スタンフォードの学生と教員が、2〜5歳児の成長を観察・研究できる場所となっている[1]。私がこのプリスクールに関心を持ったのは、教員全員がdスクールで一日研修を受け、子供をイノベーターに育てるにはまず何から始めるべきかをよく考えていたからだ。このプリスクールの教育哲学と学習経験は、多くのイノベーターを生み出してきたモンテッソーリメソッドと重なる部分が多い。

遊び

子供は誰しも遊ぶ。またほとんどの親は子供に遊ぶよう促す。しかし私が話を聞いた人たちはみな、遊びを仕向ける方法と、何で遊ばせるかが重要だと語った。またこれらの親や教育者が奨励する遊びには、はっきりしたパターンがあった。

実験する機会と時間

シスコ・コラボラティブ・リーダーシップセンターのアンマリー・ニール副社長は、児童心理学の博士号を持つ母親でもあり、子供が小さいときからイノベーターとしての能力を伸ばすことが重要だと熱心に訴えてきた。ニール副社長がシスコで行っている幹部研修（詳細は後述）は、学校が教えた悪い癖を捨てさせるのが狙いだ。

ニール副社長が現在6歳の息子タッカーのために決めているルールは、安全と個性の2つだけだ。（比較的）注意深く、思いやりがある（つまりいい人間である）かぎり、タッカーは実験でも探検でも好きなだけやっていい。「タッカーが小さいとき、クリスマスツリーを倒したら誰かがケガをするかもしれないと言い聞かせました」と、ニール副社長は言う。「でもオーナメントを全部外して、床に並べて、自分の好きなように飾り直したいと言ったときは、その通りにさせてあげました。自分なりのクリスマスツリーを作ろうとしていたのだから。同じことがおやつにも言えます。決まっているのは一日一回ということだけで、朝食と一緒に食べたいならそれでもいい。大人になったと

Neal on Parenting her Young Innovator
http://vimeo.com/34918282

きイノベーターになる能力を伸ばしたいなら、物事がどうあるべきかという価値判断を押し付けるのはやめなくてはいけません」

生物学者のマルコム・キャンベルはダビッドソン大学の教授で、同大学ゲノミクス課程のディレクターだ。10代の子供が2人いるキャンベルも同じことを語った。「子供が自分の関心にふけるに任せておくのがいかに重要か私は学んできました。水玉模様の服と縞模様の服を一度に着たいなら、それでいい。食べ物で絵を描きたいならそれでもいい。その後の掃除もきちんとやるならね」

シリアル起業家でエンジェル投資家のセミヨン・デュカク（ジョディ・ウーのグローバル・サイクル・ソリューションズの会長でもある）には、3歳から17歳まで5人の子供がいる。デュカクは基本的なルールを守らせることと、「反逆児」になるのを許すことの境界線について語った。「親としていちばん重要なのは、子供の意見を尊重して耳を傾けること。でも自由にさせすぎないことも重要で、限界、境界線、秩序は必要です。ただしそれが多すぎると、つまり従順にさせようとすると、クリエーティブな衝動を殺しかねない。むずかしいのは、権威への敬意と、建設的な関与や建設的な反抗のバランスを取ることです。強くなることを教えつつ、越えてはいけない壁を与えること。イノベーションは不服従と切り離せませんが、イノベーターになって銀行強盗をしていたら始まらない」

私が話を聞いた親の多くは、子供のスケジュールをいっぱいにせずに、自由な遊びと発見の時間をたっぷり与える重要性に言及していた。彼らはみな子供たちと時間を過ごしたり遊んだりするのを楽しみつつ、「ヘリコプター・ペアレンツ」にならないことが重要だと理解していた。

Kids Still Need Limits
http://vimeo.com/34918548

フォーカスグループに参加したスーザン・リンチは、ベイン・キャピタルの関連会社サンカティ・アドバイザーズのパートナーだ。投資マネジャーとして活躍するリンチには、11歳から15歳の3人の子供がいる。「サンカティは最高の大学を出た若者を採用しています」と彼女は言う。「仕事ができない人を見ると、秩序的過ぎる人生を送ってきたんじゃないかと思います。いつもAを取ることや次のレベルに引き上げてもらうことを追い求めてきたから、自分が興味のあることを突き詰めたり、物事をクリエーティブにやる時間がなかったんじゃないかな、と」

バンダービルト大学のクリスティーヌ・ソーンダース特任准教授（薬学）も、リンチと同じ意見だ。「バンダービルトからブラウン大学などの大学院に進む学生は、そのためにものすごく努力しています。でも自分が何をやりたいかはわかっていない。探求することはではなく、いい成績を取るよう追い立てられてきたからです。自分が何に興味があるかわからない若者があまりに多いことには衝撃を受けます。私は自分の娘に、息をついて、考えて、自分のイマジネーションを使う時間をもっと持ってほしい。でも、よその親が子供のスケジュールを細かく組んでいるのを見ると、自分が少数派で流れに逆らっているとよく感じます」

カーク・フェルプスの母親リア・フェルプスが、子供たちの放課後を習い事やクラブ活動でいっぱいにせずに、外で自由に遊ぶ時間を確保しようとしたのをご記憶だろう。「おもしろいと思うことを自分で見つけられない子は、いつまでも退屈しているしかない」と、リアは言っていた。

ハイテクスタートアップのCEOを相次いで務めてきたブラッド・ハーカビーと、スタートアップ支援会社アクセラレーテッド・メディカル・ベンチャーズのゼン・チューには、ともに10代前半の子供がいる。２人はともに、親が子供の回りをうろつかないことが重要だと言っていた。「最近はあまりにも多くの親が、子供の生活に首を突っ込みすぎだ。これではイノベーター、つまり自分の頭で考えることができる人間は生まれません」と、ハーカビーは言う。一方、チューは、「子供には生まれつき好奇心があります。正しい環境を与えれば、そしてヘリコプター・ペアレンツがいなければ、子供は自分で実験したり探ったりするものです」

おもちゃは少ないほどいい

彼らの意見はある一点で完全に一致している。おもちゃを減らすこと。与えるとすれば、想像力と発明を促すおもちゃにすること。カート・フェルプスとジョディ・ウーは、ＬＥＧＯで何かを作り上げるのが重要な経験だったと言っていた。この種のおもちゃは子供たちが思い描く物を何でも作ることができるし、毎回違う構造にすることもできるから、創造力と想像力を養う助けになる。だがもっとシンプルな物が最高のおもちゃになることもある。

投資マネジャーのリンチの場合、子供たちのいちばんお気に入りの「おもちゃ」はスカーフだったと言う。「イヌにスカーフを巻いたり、スーパーマンのマントみたいに自分に巻いたり。さらに読み聞かせしていた『ギルガメシュ叙事詩』から思い付いた遊びの衣装にもなりました」

マック・コーウェルは、実験室や高価な装置がなくても、高度な生物学の実験をできるＤＩＹキットを開発している若きイノベーターだ。[2] その母レスリー・リーは、マックが小さい頃いちばん楽しんだ「おもちゃ」を教えてくれた。「もちろんＬＥＧＯ。でもマックのいちばんのお気に入りは、5歳の誕生日に私があげたプレゼントでした。大きな段ボール箱1個と棒が2本（約180センチと約120センチのもの）、それに2本のロープです。たったそれだけだったけれど、マックは何年も同じもので遊んだ。別の誕生日には工具店に連れて行き、25ドルを与えて自分で自分のプレゼントを選ばせたこともある。マックはお菓子屋さんに行った子供みたいにはしゃいでいました。たしか長いチェーンを1本と滑車をいくつか、それからビニールチューブとバルブを買いました」

多くの親にとって、よその親からのプレッシャーで、子供に何を買い与えるか（あるいは与えないか）の判断はむずかしくなる。バンダービルト大学のソーンダース特任准教授は、「現代っ子たちの消費の問題が心配です」と言う。「よその親が私とは違う考えだというのはわかります。娘の年齢の女の子たちは、たいてい『アメリカンガール』という人形のコレクションを全部持っている（全長45センチほどの人形で、1986年の発売以来50種類が発売されており、洋服などアクセサリー類も売られている）。でもうちの子たちはひとつしか持っていない。うちでは、私が子供のとき使ったおもちゃを与えています。すでに持っているもので、イマジネーションを使って遊ばせています」

スクリーンタイム

「少ないほどいい」という哲学は、テクノロジーやスクリーンタイム（テレビを見たりコンピュータを使う時間）にも反映されていた。フォーカスグループで話を聞いた親たちはみな、子供に電子的なおもちゃを買ってやるのには反対で、スクリーンタイムを制限していた。こうした家庭の子供たちのほとんどは、年齢が上がるまで自室にコンピュータを置いていなかった。

ハイテク起業家のハーカビーと妻のアンマリー・メーダー（医療関連のイノベーターを支援するネオキュア・グループの最高執行責任者）には、7歳から13歳までの子供が3人いる。ある朝彼らの家のキッチンでイノベーションと子育てについて聞いてみた（キッチンにはコンピュータが置いてあった）。まず子供とテクノロジーについて聞いた。

「うちの子たちはしょっちゅう質問をしてきます。だからすぐに答えを与えるよりも、『自分で調べてみたら』と言うんです。コンピュータでしじゅう何かを調べていますね」と、メーダーは言う。「コンピュータは子供たちの好奇心を高めています」

ただし夫妻は、子供たちがコンピュータでやっていいことを選んでいる。フェイスブックはプライバシー問題が懸念されるため、誰もアカウントを作っていなかった。いちばん上の子には最近、携帯電話を持たせたが、それは興味深い結果をもたらしたという。母親のメーダーによると、「娘は面と向かっているときより、メールでのほうが多弁になります。『ママ、愛してるわ』とかね」

ハーカビーはスクリーンタイムを慎重に制限していることについて話してくれた。「コンピュータは家族が過ごす場所に置いているから、子供たちがコンピュータをどれだけ使っているか管理できます。またうちはユダヤ系なので、シャバット（安息日）を大事にしています。だから金曜日の夕暮れ以降は電話もメールもしません。ただ映画は一緒に観ます。またラジオで野球を聞くのはいいけれど、テレビの時間は制限しています」

スクリーンタイムを制限していたフェルプス家も、週末には家族で映画やテレビ番組を見ていた。スクリーンタイムを家族でシェアすれば、それがどんな番組であれ、視聴を孤独な経験から社会的なイベントに変える。

ビング・ナーサリー・スクールも、おもちゃとテクノロジーについて「少ないほうがいい」という方針で、遊びの社会的側面を豊かにするよう心がけている。ここにはフェンスで囲まれた大きな園庭があり、木登りなどシンプルな遊びができるようになっている。子供の想像力によって消防車にも要塞にもなる木造の構造物があるが、一般的な児童公園にあるような複雑な遊具は一切ない。明るくて風通しのいい教室はすべて園庭に面しており、教室の中と外を簡単に行き来できるようになっている。子供たちはたいてい2人組か3人組で（場合によっては教員も加わって）遊ぶ。教室にはカラフルでさまざまな質感の物が飾られているが、その多くは子供たちの図工作品だ。

ベス・ワイズ副園長は、子供たちの想像力と創造力を伸ばす上で最も重要な「おもちゃ」と考えるものを教えてくれた。「砂、水、粘土、絵の具、ブロックでしょう。こうした素材を使えるようになると、何でも作れます」

スクールにはコンピュータとデジタルカメラもあって、子供たちが使えるようになっている。子供たちはこうしたツールの使い方を学ぶと同時に、友達と一緒に使うことで社会性を養う。

「dスクールでの1日研修から取り入れたことのひとつは、社会的な領域でのラピッドプロトタイピング（どんどん試作品を作ること）です」と言うのは、ビバリー・ハートマン園長だ。「友達との対立がどんな場面で起きるか子供たちに観察させて、解決策を考えさせ、最善の方法が見つかるまで新しいアイデアを試させるのです」

A Visit to the Bing Nursery School
http://vimeo.com/34918208

さりげなく背中を押す

ビング・ナーサリー・スクールでの遊びは、自発的で思いつき任せに見えるかもしれないが、実は極めて意図的に仕向けられている。「私たちがここでやっているのは、子供たちのアイデアを実現する手助けです」と、ワイズ副園長は言う。「私たちがやりたいのは、子供たちの探検の手引きであり、後押しなのです。図工の材料は、問題解決方法を教えるために使っています。問題を社会的に解決する方法も教えます。子供は大人が近くにいて助けてくれることを知っていると、自然といいものを作りたい、もっとクリエーティブにやりたいと考えるものです。教員にとってむずかしいのは、手を貸すタイミングを見極めることです」

ハートマン園長は、さらに説明してくれた。「私たちは子供の決定や選択に基づき指導する。子供たちが何をしようとしているのかを見極め、助けます。そのためには、子供たちが何に関心を示しているか見逃さないようにしなくてはいけません。教員の観察力が要求されます」

ハートマン園長やワイズ副園長は、ビングの生徒たちに遊びから何をいちばん学んでほしいと思っているのだろうか。

ワイズ副園長はすぐに答えてくれた。「観察すること、問題を解決すること、自分の立場を決めること、他人に共感すること、複数の方法を使って問題解決を試みること、学ぶのを愛すること、そしてデザイン思考の能力」。そこに読み書き計算は入っていなかった。

親はどうなのか。プリスクールは親に何を求めているのだろう。

ハートマン園長は、「子供たちの得意なことを出発点にすることと、成長の芽を尊重して育むこと」

と言う。「自分の子供を観察して、子供に何ができそうかではなく、子供の本質を見抜くことです。また自分の子供を擁護し、子供にとって何が適切か、家族として何を望んでいるかを判断してほしい」。つまり親も教員と同じように、意識的に子供の遊びを観察して、その関心を伸ばしてあげてほしいというのだ。

遊びとしての読書

ビングでは、読み書き計算に重点を置いていないが、本はたくさんあって、子供たちが気に入った本を読みふけることができるようになっている。教員が読み聞かせをすることも多い。するとよく子供たちはその物語を劇にする。こうなると本は、子供たちにとって遊ぶ道具のひとつだ。

リテラシーに対するこうしたアプローチ、そしてリテラシーを重視する姿勢は、多くの親にも共通する。私が話を聞いた親はほぼ全員、子供に頻繁に読み聞かせをしていた。想像力をかきたてる本や、小さな子供たちが世界を理解するのを助ける本は、どちらも重要と考えられていた。スニーカーのデザイナーになったジャミアンの母親アーネル・シルズはこう言っていた。「私はあの子がとても小さい頃から、たぶん週に4~5回は読み聞かせをしていました。『ドクター・スース』シリーズも『アメリア・ベデリア』シリーズも一緒に読みました。とても大切な時間でした」。多くの親は、リチャード・スキャリーの『ビジータウン』シリーズを高く評価していた。このシリーズでは、機械の仕組みや、大人（ほぼみんな擬人化された動物だ）がいろいろな仕事をしている様子が描かれている。

子供が成長したら、自分で読む習慣をつけさせることも重要だ。カーク・フェルプスの母親リアは毎日、学校の宿題とは関係のない本を読む時間を必ず設けていた。彼女の子供たちは、自分もいつか親になったら子供にこの習慣を付けさせたいと言っているという。フェルプス夫妻がこの習慣にこだわった理由を、夫のコードは次のように話した。「読書の時間を設けた理由のひとつは、学校であれを覚えて来い、この問題を解けと言われるプレッシャーを忘れる環境を作りたかったからです。自分が好きな本を選んで、自分の好きなペースで読めるのは大きな違いです」。私が多くの子供たちを観察したところでは、読書の習慣は集中力という筋肉と、自発的な学習の習慣を育むようだ。

情熱

私が話を聞いた親たちはみな、自分の最も重要な仕事のひとつは、子供が自分で情熱を傾けられることを見つけ、追いかけるのを応援することだと確信していた。特に情熱を見つける重要性は、ほぼ全員が口にしていた。カークの父親のコード・フェルプスは、子供たちが自分にとって本当に興味があることを見つけられるように、子供たちの前にできるだけバラエティーに飛んだ「ビュッフェ」を置いた。とはいえ、多くの親は、子供の「好きなこと探し」を手伝うために何をすべきで何をすべきではないか苦悩していた。スポーツや音楽の習い事をさせているとき、どの程度子供に厳しくやらせ、どの程度子供に任せるべきかは、何度も話題にあがった。

ケイティー・レイはマイクロソフト・スタートアップラボの元プロダクトディレクターで、スタートアップ支援会社を経営するゼン・チューの妻。自身も現在は、スタートアップ支援会社のプロジェクト11を経営している。チューとの間に7歳と12歳の子供がいるレイは、「子供たちが上手になるよう厳しく練習させるのと、本当に好きなことを見つけさせることの間で苦悩しました」と言う。「重要なのはバランスでしょう。私たちは間違いも犯してきました。うちの子たちはピアノがとても上手だけれど、やめたいと言ったときが少なくとも2~3回ありました。それに対して私たちはダメと言いました。たぶんピアノを続けさせたことは正解だったと思うけれど、息子には何年か前にサッカーを辞めさせて、ほかに好きなスポーツを探すよう勧めるべきでした。あの子が好きなのはサッカーじゃなくてハイキング。ハイキングに行くときはこれ以上ないほどやる気満々なんです。だから今は、主にハイキングをするキャンプに入れています。子供たちが本当に好きなことに耳を傾けるようにしています」

投資マネジャーのスーザン・リンチも、子供たちのスポーツについては判断がむずかしかったと言う。「ミーガンはサッカーがとても上手だったけれど、毎週末試合に行くのは嫌がりました。よその親やコーチは、うまくなりたいならアウェーの試合やキャンプにも全部参加させろと言う。うまくならなければ何事も楽しくならないという意見には私も賛成だし、ブライアン（下の息子）には練習が大切だと言い聞かせてきました。でも本当に多くの親が、子供を自分の勲章のように思っているようです。重要なのは自分の子が本当にサッカーを好きかどうかではありません。『タイガー・マザー』のメンタリティーは、私には不快です。あまりにも多くの子供たちが、成功するためのプログラムに組み込まれていて、物事を探る余裕がない」

「子供たちの選択をサポートする努力をしてきました」と、リンチは言う。「ミーガンはピアノとクラリネットをやっていたけれど、どちらの楽器にもそんなに興味はなかったんです。ところが子供たちを吹奏楽のコンサートに連れて行ったらチューバに恋に落ちた——ありとあらゆる楽器のなかで！　いまはチューバの演奏に夢中です」

フランソワ・バローはBTグローバルサービスの元CEO。彼女はユニークな方法で子供に楽器を選ばせた。「子供たちが9歳と11歳のとき、楽器店に連れて行っていろいろな楽器を試させました。それぞれの楽器を試したときの反応を観察して、どれが子供にあっているか考えたんです。どんな子も自分をクリエーティブに表現できるツールを見つける必要があると思います」

エリック・J・アンダーセンは、ポリテック・フィルトレーション・システムズという会社の創業者であり社長だ。妻のレスリー・アンダーセンは、ジェネラル・ダイナミクス（重機械メーカー）の関連会社の最高技術責任者（CTO）で、サイバーセキュリティーに関しては世界的な権威だ。アンダーセン夫妻はフェルプス夫妻のように、子供たちをボーイスカウト、スポーツ、楽器などさまざまな活動に触れさせた。エリックによれば、2人の子供は長年ピアノを習い、上の子はかなり上達したが、結局2人とも辞めた。「子供たちがいろいろな楽器やスポーツを『かじる』のを許しているとして、私を批判する友達もいます」と、レスリーは言う。でも、何かをやめるからといって「自制心がないとはかぎらない」と、エリックは言う。「親は期待を押し付けてしまう場合もあります。『楽器をやりたいなら、毎日決まった時間練習するんだぞ』とね」

アップルのジョエル・ポドルニー副社長は、子供に嘘の賛辞を与えるべきではないと主張する。「子供がやりたいことをサポートするのは重要ですが、子供が上手かどうか正直なことを言うのも重要です。子供に（たとえば）チェロを無理にやらせるなんてことには私は反対ですが、もし習わせている場合、上手ではないのに上手だなんてほめるべきではない。物事を上手にやるのは大変なことなんです。誰もがトロフィーをもらえるわけではないし、もらえるようにするべきでもない。何かを本当に上手にやれたことに満足する経験を、人生のどこかですればいいのです」

ハーバード大学テクノロジー起業センターのポール・ボッティノ所長は、娘が自分の演奏を「自己評価」する手伝いをした楽しい経験を話してくれた。「あるとき娘は屋根裏部屋でフルートを見つけてきて、街頭で吹いて小銭を稼ぐと言う。ところが一日中フルートを吹いて、持ち帰ったのは20セントだけ。『どうしてそれしか稼げなかったんだと思う?』と聞くと、人々がお金を払うのは優れた演奏に対してなのだと気がついていました」

ピュリッツァー賞を受賞した作家でジャーナリストのトーマス・フリードマンは言う。「子供たちが何を思いつこうと私は応援します。娘のひとりがファッションウェブサイトを作りたいと思っているから、私は資金面でサポートするつもりです」

でも、もし成功する可能性が2%しかなかったらどうするだろう。

「別にいい。娘がその経験から学ぶことはわかっているから。人生には思いがけないことがあるということも、私はわかっています」

だが、子供の選択が間違っているように見えるとき、その選択を応援するのはむずかしい。フ

▶ Friedman on Parenting
http://vimeo.com/34918443

リードマンは自分の経験を話してくれた。「娘はエール大学を卒業したとき、ケンブリッジ大学の奨学金のオファーと、ティーチ・フォー・アメリカの採用通知の両方をもらいました。どちらにするべきか相談に来ましたが、私は何も言わなかった。父親のアドバイスを頭の片隅に置いて生きてほしくなかったからです（フリードマン自身は奨学金を得てオックスフォード大学で学んでおり、非常に貴重な経験だったと考えている）。結局娘はティーチ・フォー・アメリカを選び、２年間教えましたが、それは彼女にとって非常にきつい経験になりました。私は（アドバイスをしなかった）自分の判断が間違っていたのではないかと思ったこともありますが、そうではありませんでした。娘は厳しい環境で成功を収め、修士号を取得し、現在はワシントンの公立小学校で４年生を教えています。ティーチ・フォー・アメリカの経験が彼女を強くしたんです」

「ＩＱ（知能指数）よりもＣＱ（好奇心指数）とＰＱ（情熱指数）が大切です」と、フリードマンは言う。

目的意識

本書で紹介した若きイノベーターたちはみな目的意識と情熱を持っていて、世の中を変えたいと思っている。３人の社会イノベーター（ローラ、シリータ、ザンダー）は、チェンジメーカー（変化を起こす人間）になることを明確な人生目標にしている。５人のＳＴＥＭ系イノベーターの目的意識はもう少し幅が広い。学習することと複雑な技術プロジェクトが好きなカークは、太陽エネルギーを手頃な価格で供給するシステムを作ることに胸躍らせている。ジャミアンは靴のデザインに情熱を注いでいるが、同時に環境に優しい製法を採用し、アメリカに雇用を創出したいと考えている。シャナはオートデスクでの仕事についてこう語っている。「私は持続可能で、効率的で、無駄が少なく、大幅な経費節減になる建物や工場の設計を可能にするという意味で、バーチャルな世界だけでなく、現実の世界にもインパクトを与えています」。デービッドとジョディは、アフリカの貧困と苦難を緩和する使命感に燃えている。

彼らが壮大な目的意識を持つのは、地球の未来を脅かすもの、とりわけ気候変動や貧困について多くの情報に触れる機会があったからではないか。だが情報をたくさん得たからといって、何かをしなくてはという意欲が沸くとはかぎらない。情報がありすぎて感覚が麻痺してしまうこともある。

価値観は教えられると同時に、「受け止められ」なくてはいけない。本書で紹介した8人の若きイノベーターの親はみな、恩返しの重要性を教えてきた。フォーカスグループ参加者の子供たちは彼らよりも年少だが、親たちは自分の子に何を求めているのか。何が最も重要だと考えているのか。

リンチは、「一緒にいてハッピーだと思える人を見つけてほしい。仕事を楽しみ、変化を起こしてほしい」と言う。

レスリー・アンダーセンも同じ意見だ。「何であれ、自分がやることを大切にしてほしい。イノベーターは、自分が気にかけている領域でイノベーションを起こす。だからこそリスクを犯し、人より多くの時間を注ぎ、仲間を大切にできる。また変化を起こしているんだという実感を持ってほしい。私は慈善活動で手本になろうと努力してきました。どんなに小さなことでもいいんです」

DIYキットを開発したマック・コーウェルの母レスリー・リーは、息子が田舎町の学校に通うことで大きな事を学んだと言う。「息子が小さな町の高校に通うことで学んだ最も重要なことは、価値観です。服装の良し悪しなど外見で相手への態度を変えないこと。つまらない仕事をしている人が、いちばん賢い人だということもある」

フォーカスグループには参加していない企業幹部も価値観の重要性を語っていた。

エレン・クマタは、フォーチュン誌100社を顧客に持つカンブリア・コンサルティングのマネジングディレクターだ。「ビジネスリーダーはよく情熱の話をしますが、実は情熱だけではダメです。人間は成長してくると、『なぜ自分はこんなことにたくさん時間を費やしているんだろう』と思うものです。何かを好きだという以上に、何か大きなものが必要になります」

ベスト・バイのブラッド・アンダーソン前CEOには28歳と30歳の子供がいる。「クリエーティブな問題解決能力が必要ない人間なんていません。そしてクリエーティブな問題解決能力は、自分がやっていることに夢中になることから生まれます。私が子供たちにいちばん求めているのは、自分にとって大事なことを気にかけ、夢中になること、自分に正直な人生を送ることです。その状態に近づけば近づくほど、人間はハッピーになります。でもそれは、子供たちが自分で見つけなくてはいけない。親は子供のコーチにはなれるが、押し付けないようにしなくてはいけないし、子供が自分らしくいられる余地をたくさん残しておく必要があります」

ダヴ・シードマンは、倫理的な企業文化の醸成を支援する会社LRNのCEOで、『人として正しいことを』（海と月社）という本を書いている。彼は自分の息子の名前の意味と、その重要性を話してくれた。「私たちは息子にいい名前を付けたと思っています。レブ・トブという名前。『ライオンのような心（勇猛）』と『善人の心（思いやり）』があるという意味です。だがいい名前を持つだけではダメ。息子は一生かけてその名前に見合った人間にならなければならない。そして私の仕事は、息子がそういう人間になるのを助けることです。重要なのは価値観であり、品性の問題です。思いも寄らないことが起きた（20年おきではなく、20日おきに起きるものだ）とき、力強く立ち直り、落ち着いて現実を見据えられること。他人に共感する能力も大切です。だが何より私は、息子に希望を持ってほしい。最も根源的な価値観は希望です。希望がないと人は、自分の中に引きこもったり、他人と距離を置いたり、関係を絶とうとする。希望があれば世界は意義にあふれてみえる。未来は果てしない可能性にあふれ、人と協力してよりよい未来を実現できるように思える」

悩む親たち

読者のみなさんは、私が話を聞いた親たちは子育てを比較的簡単に考えているという印象を受けるかもしれない。しかし彼らもそれぞれ苦労をしている。学校との関係や、子供たちの失敗を許す余地、「変わっている」親と言われることへの苦悩は、何度も話題に上がった。

学校の問題

本書で紹介する家庭では、読書は学校でいい成績をとるための手段ではなく、発見と遊びの一形態であり、それ自体に価値があることとして高く評価されている。フェルプス家の子供たちには、学校で指定された以外の本を1日1時間読むというルールがあった。だがなかには、読書を無理強いする教師に異論を唱えたり、学校にわが子の「違い（特性）」をしょっちゅう説明しなければならない親もいた。起業家マック・コーウェルの母親レスリー・リーの話を聞くと、特に胸が痛む。

「子供たちが小さいとき、毎晩それぞれが絵本を選び、ベッドに入り、私が読んであげるのがわが家の習慣でした。みんな本や物語が好きだった。ところがマックは小学1年生になったとき、紙に書かれた記号の意味が理解できませんでした（マックはシカゴ郊外の名門小学校に通っていた）。他の子供たちのように読書をしなかったから、学校はマックに注意欠陥障害（ＡＤＤ）のテストを受けさせたがった。でも私は、マックが小さいときから（物語について）質問していたのを知っているから、この子はＡＤＤではないと思っていました。マックはただ、学校が与えた本を読みたくないだけなのだと。だから私は『いいのよ。本は後で読めるから』と言い聞かせました」

「私はマックの担任の先生に会いに行き、マックが本を大好きで、いつかすばらしい読書家になるとわかっているけれど、いま読書を強制したら本を嫌いになってしまうと説明しました。すると彼女は突然泣き始めて言いました。『そう言ってくれて、どんなに私がうれしいかわかりますか。ほとんどの親は、先生がうちの子に読書を教えてくれないからでしょう、と怒鳴るのです』」

「翌年、マックはミシガン州の田舎町の小学校2年生になりました。私はここでも先生に説明しました。マックはいつか本を読むようになるので心配することはありませんと。その春休みにハワイに行ったとき、マックは飛行機の座席ポケットに入っていたポピュラー・サイエンス誌を取り出しました。表紙には船にも飛行機にもなる水上機のイラストが載っていました。マックはページをめくってその記事を探し出し、『ママ、ぼくこれなら読めるよ！』と言ったんです。以来、マックは本の虫で、２年生が終わる頃までに、誰よりもたくさんの本を読んでいました」

学校が子供たちに権威への服従を教えることに違和感を持った親もいる。シスコシステムズのアンマリー・ニール副社長は、息子タッカーがデンバー郊外の有名チャータースクールの入学試験を受けたときのことをメールで教えてくれた。

タッカーは5歳で、プリスクールと幼稚園のほとんどはモンテッソーリ式の学校に通ったけれど、小学校は近所のチャータースクールに行かせてみようと思った。ここは無料で、アカデミックレベルは非常に高い。私はタッカーを入学試験に連れていった。先生は彼にテスト用紙を渡し、算数と作文をやらせた。私がタッカーに問題を読んであげているのを、彼女はじっと見ていた。

タッカーは20分でテストを終えて、先生のところに出しに行った。モンテッソーリではテストがないから、タッカーにとっては何もかもが初めてだった。すると彼女は「終わってはダメ。あと40分あるから席に戻って見直しなさい」と言う。タッカーが、「見直しました。みんな合っていると思います」と答えると、彼女は解答用紙に目を通して、「そうね、全部合ってるわ」と言った。そこでタッカーが、モンテッソーリでは2年生のクラスに混じって掛け算と割り算をやっていたことを話すと、彼女は「声を小さくして」と言う。だからタッカーは話をやめた。

その先生はさらに、「では読みもできるかどうか見ましょう」と言って、物語を読ませた。タッカーは読めたけれど、いくつか間違いをした。次に彼女は、「いくつか問題に答えられるか見せてちょうだい」と言って、空気について質問を始めた。空気とは何か知っているか、なぜそこにあるとわかるのか、どうすれば空気の変化はわかるのか。そこでタッカーは地球と他の惑星の違いを話し始めた。地球と気体のこと、生物のこと、風のこと――。それからモンテッソーリでヨーグルトのフタが風に飛ばされてしまったとき、散らかしてはいけないからフタを追いかけるべきか、ルール通りテーブルにとどまるか悩んだ話をした。その先生は、「それでルールを破ったの?」と聞いた。するとタッカーは、「はい。でも先生に言いましたし、散らかしたくなかったんです」と答えた。その先生はまた小さい声で話しなさいと言った。タッカーはたいていの5歳の子のように、自分の話に興奮していた。でも大声ではなかった。

これは公立学校のやり方だ。それがトップクラスのチャータースクールでも同じだった。質問に答えなさい、ルールを守りなさい、小さい声で話しなさい。その日の午後、モンテッソーリのクラスに戻り、先生たちに「テストはどうだった?」と聞かれると、タッカーは、「テストはよくできたけど、その後はあまりいい気分じゃなかった」と答えていた。私は胸が痛かった。

ニール副社長は、メールの最後に次のような考察を示していた。

(タッカーの経験を)あなたの本のコンセプトと一緒に紹介してほしい。イノベーションで重要なのは、アイデア(いいものも悪いものも)が育つ文化を作ることであり、アイデアを実験することに伴うリスクの扱い方を学ぶことだ。何かを身につけたぞという感覚や自尊心を育みつつ、子供にコラボレーションや破壊、イノベーション、そして世界に適応することを教えるにはどうすればいいのか。子供たちに豊かな経験をさせて、何かを探り、疑問を持ち、試し、実験し、限界を広げる自信をどう育てればいいのか。仕事を始めたら重要なのは、知識がどれだけあるかじゃない。どれだけうまく人と協力して、会社に戦略的妥当性をもたらせるかだ。

タッカーは試験に合格したが、結局ニール副社長と夫は私立の学校に入れることにした。テストや成績のための学習か、子供の内的関心を育てるための学習か、という点でも親と学校の間で軋轢が生じることが多い。それは子供が成長するにつれて特に顕著になる。

サイバーセキュリティーの世界的権威であるレスリー・アンダーセンは言う。

「学習者として私が子供に目指してほしいゴールと、公立学校が設定するゴールの間にギャップがある。MCAS（マサチューセッツ州学力テスト。学校は生徒の成績について責任を問われる）の点数なんてどうでもいい。私は子供たちに、自分が本当に関心のある科目を探すことに時間を使ってほしいから、これ以上テストのために時間を使いなさいとは言わない。でもそこには葛藤があります」

「私の不安が子供たちに伝わらないようにするのも大変です。私も子供の頃、ミニテストで80点以上取れるか心配でした。あの気持ちを子供たちには味合わせたくない。成績のためでなく、学ぶことが好きだからこそ、いい成績を取りたいと思ってほしい」

投資マネジャーのスーザン・リンチの夫リッチ・リンチは、低所得世帯に医療保険を提供するスタートアップ会社セルティケア・ヘルスプランの社長兼CEOだ。リッチは言う。「子供たちがまともな成績を取ってくるか心配だし、自分らしさを大切にしつつ他人とうまくやっていけるかも心配です。大切なのはバランスですが、EQ（心の知能指数）はIQよりも重要だと思います[3]」

妻のスーザンは、3人の子供たちが自分の時代とは違う学び方をしていること、そして学習スタイルは子供によって違うことを理解するのが重要だと言う。「私にとって学校は簡単で成績も抜群でした」と、スーザンは言う。「でも私には簡単だったことが、子供たちにはそうではないことに気づきました。子供たち3人はみな性格が全然違うから、1人にとってうまくいくことが、他の子供にもうまくいくとは限らない。それを親が理解するのはとても重要です。現代の職場や社会は、いい成績を上げるようとてつもないプレッシャーにさらされています。子供たちには子供時代を楽しんでほしい。だから私は周囲の大騒ぎに抵抗しています」

ロビン・チェースは、世界最大規模のカーシェア会社ジップカーと、カーシェアとソーシャルネットワークを組み合わせたGoLocoの設立者であり元CEOだ。彼女と夫のロイ・ラッセル（ジップカーの最高技術責任者）は、大学時代に2人の子供をもうけた。2人もやはり、子供が「正しい」大学に入学できるよう生活を管理する最近の子育てを断固拒否する「反逆者」だ。「子供たちを大学に向けて準備するようなことはしなかったし、履歴書を埋めるための活動をさせたこともない」と、チェースは言う。「子供たちが学習者になることを教え、自分が学ぶにはどこへ行けばいいか知る方法を教えることのほうが重要だと感じていました。それにどの大学に行くかよりも、どの大学院に行くかのようがずっと重要です」

IDEOのマネジングディレクターであるトム・ケリーは、高校生の子供たちに願っていることを話してくれた。「子供たちには普通の学校の範疇で育って、卒業後に関心のあることや重要なことを見つけてほしい」。ケリーの考えでは、最も重要な学習は高校を卒業した後に起きる。

起業家マックの母親レスリー・リーは、マックが高校生のときやや極端な方法で息子をサポートした。

「中学生時代、マックはほとんどの時間をコンピュータの前で費やしました。かなりオタクっぽい子供でしたね。でも高校に入ったある週末、女の子の存在に目覚めて『もっと人付き合いをよくすることに決めた』と宣言したんです。フットボールやスキーなど、マックにとって高校は人間関係をつくり、楽しみ、パーティーに明け暮れるとても楽しい時代でした」

「マックは小さな町の高校に通いました。何人かのとてもいい先生と、たくさんの質が悪い先生と、たくさんの平凡な先生がいました。マックはひどい怠け者で、授業態度もあまりよくなかった。でも私は、彼が何かに熱中していて好奇心を持っているなら、たとえそれが授業に対してでなくても、心配はしなかった」

「マックの最大の問題は、授業中退屈してしまうことでした。私は言いました。『授業に退屈しても、不遜な態度や無礼な態度は取らないこと。自分が読みたい本は教科書で隠して読み、(何かに)興味を持ち続けなさい。学ぶことがあなたの仕事なんだから』と」

ジェフ・ハンターは私がインタビューした当時、ドルビーラボラトリーズの副社長(人材ソリューション担当)を辞めて、東海岸の会社に転職するところだった。ハンターはかつてエレクトロニックアーツで働いていたことがあり、ユーフォリオンという会社を立ち上げてCEOを務めたこともある（2003年に売却）。どの会社でも、独創的な会社が必要とするのはどういう人材なのか定義し、雇い、育てることがハンターの仕事だった。13歳から17歳まで3人の子供がいるハンターは、子供たちが学校でいい成績を収めるために必要なことと、未来のイノベーターとして必要なスキルの間に矛盾があることにはっきり気づいていた。2007年、彼はそのことを最も強烈に感じたエピソードを、自分のブログに書いている。タイトルは「息子が断固として宿題をしない」だ。

私と息子は地獄を経験しようとしている。息子は12歳で、私が何をしても、妻と長女が何をしても、宿題をやらない。外出禁止にしたり、ゲームやおもちゃをすべてを取り上げたり、誕生日パーティーや息子が好きなイベントに行くのを禁止したりした。体罰（それだけは私は絶対にやらない）以外は、あらゆることを試した。でも効果はゼロ……息子は気にも留めなかった。私たちも、息子が違うと思っていることを強制するわけにはいかない。何より最悪なのは……息子のほうが正しいことだ。

息子はラジオで聞いた曲を、すぐにサックスで演奏することができる。もしサックスが手元になかったら、何であれ身の回りにある楽器を手に取って演奏する。

でも宿題はやらない。

絵の本を買い与えると、夜起き出して読みふけり、家中のものをスケッチする。どれもすばらしい出来だ。息子が描くマンガはおもしろく、洞察力にあふれ、人を引きつける。誰もが彼に絵を描いてと頼んでくる。

でも息子は宿題をしない。

不機嫌になることはめったになく、誰でも自然と仲良しになる。冗談を言うのがうまく、一度見たポップアートは隅々まで覚えている。私と息子は『シンプソンズ』のセリフを何度も再現しては、何度も吹き出す。息子は3年前に見た映画のシーンをひとつひとつ、セリフをひとつひとつ言うことができる。

でも宿題をやらない。

息子には知的好奇心がある。新しいことを学ぶのが好きで、いつも『どうしてこうなるの』とか『あれだったらどうなるの』と聞いてくる。

でも宿題はやらない。

息子はビデオゲームが好きだ。私はビデオゲームの会社（当時ジェフはエレクトロニック・アーツにいた）で働いているから、平均的な次世代ビデオゲームの全ミッションをこなすには普通どのくらい時間がかかるか知っている。息子はその半分の時間で全ミッションをクリアする。友達と競争して一番になると、自分で見つけたゲームの攻略法を教えてやる。

なのに息子は宿題をしない。

先日私は、宿題をひとつやるよう断固言い付けた。息子の隣に座って、自分が高校や大学のときには習わなかった数学（息子は12歳だ）を自分流に解いた。真夜中まで怒鳴り散らして、ようやく問題が解けた。二次関数のグラフを描き、それを二次不等式の解法に活用するというものだった。本来のプロジェクトは、所与の二次方程式にもとづき、川の断面図を描くというものだった。

翌朝、息子は早起きして、その出来事を1枚の絵にしていた。アニメのキャラクターが川の深さを測り、サメ（先生の名前を付けていた）が小さなハッピーなアヒル（「ぼくの成績」と描いていた）を食べようとしていた。また釣具一式を持った漁師がいて、他の魚や生き物もいた。これは単なるいたずら書きではない。息子がなかなか見つけられなった情報を明らかにする絵だった。息子は絵を描くことで、そのプロジェクトが教えようとしていることを理解しようとしていたのだ。

私の家族はみな、息子がやったことに熱狂した。それは芸術的でクリエーティブで人を魅了するだけでなく、このプロジェクトの本質を明らかにしていた。当然私たちは非常に誇らしく思い、息子の教師がどんな反応を見せるか興味津々で待った。

その日息子は意気消沈して、足を引きずって帰ってきた。どうしたのかと聞くと「先生はぼくのプロジェクトを気に入らなかった。ぼくの使った紙のサイズが違っていたから」

私は薄毛だが、その薄毛を根っこから引き抜きたいくらい怒り狂った。息子は宿題がばかげているから宿題をやらないのだ。私はこれまでに教育者や校長や学者や祖父母や、おそらく何百人もの人と話をしてきたが、「なぜあなたはうちの息子が学者や投資銀行家になると確信しているのですか」という問いにまともな答えをしてくれた人はいない。なぜなら私が知るかぎり、学校の教育が養っているのはこの2つの仕事に就く能力だけだからだ。

親として、私は2つの世界の板ばさみになっている。学校が息子の前途に大きなダメージを与えているのは間違いない。だが世の中はいい成績を取る子供に有利にできている……。

私は子供の成功に役立つことや、彼らが将来自分の客や社会や自分自身に最大の価値をもたらすのに役立つことだけをさせたい。なのに子供の尻をたたいて違うことをやらせなくてはいけない。たとえそれが彼らと社会を、そして将来同じような教育を受けた子供たちを雇う企業にダメージを与えることになっても。これはまさに破綻したシステムだ。安全運転の名のもと、私たちみんなを崖から突き落とそうとしている。(4)

冒険の許し方

子供に冒険を許すかどうかも、親たちとの会話で何度も出てきたテーマのひとつだった。彼らの哲学は、「ヘリコプター・ペアレンツ」や「タイガー・マザー」の哲学とは対照的だ。私が話を聞いた親の多くは、子供に失敗する余地を与えることが重要だと語った。

レスリー・リーは息子マックの誕生日祝いに箱とロープと棒を与えた。「最近の親は、リスク回避志向がとても強くて、子供たちは棒もロープも持てません。でも私は、マックやマックの友達が縛られているのを見たことなんてないし、誰もケガしたことはないんです。罠はいっぱい仕掛けてあったけれど!」

カーシェア会社を営むロビン・チェースとロイ・ラッセル夫妻は、一定の冒険を許したという。「子供たちには少しずつ自由を増やしました」と、ロビンは言う。「8歳になったら、道路を渡って1ブロック先の公園に子供だけで行っていい。9歳になったら、2ブロック先の図書館までOK。11歳になったら、食料品店まで行っていい。13歳になったら、地下鉄で街に行っていい、という具合です」

「でも近所の親にこの話をすると信じられないという反応をされます。あるとき新聞に、自宅の4軒隣に学校があるのに、9歳の子供を歩いて行かせない母親の記事が載っていました。その記事には、学校に歩いて行かせる母親を非難する親たちの声もありました。誘拐が心配なのはわかるけど、確率と統計も理解するべきです。この国で赤の他人に誘拐される子が毎年何人いるでしょう」

医療ベンチャーCEOのゼン・チューも似たようなことを言っていた。「うちの子たちは自転車に乗るか、地下鉄に乗って行くか自分たちで決める。これは大きな自信になります。どれだけの自由をどのタイミングで与えるかはむずかしい問題ですが、そこで悩むのは当然のことです」

「子供は忍耐し、失敗から立ち直る練習が必要です」と、リッチ・リンチは言う。「親は子供たちに、冒険をして失敗するチャンスを与える必要があります。26歳になって初めて大きな失敗をして吐き気がするような思いはしてほしくない」

「子供たちが『失敗』もプロセスの一部だと考えるのを助ける必要がある」と言うのは、カーシェア会社を経営するロイ・ラッセルだ。「望んだ仕事に就けなかったらどうする？　どんな新しいチャンスを模索できるだろう、と」

いつどれだけリスクを負わせるか判断するときは、親が子供の個性をよく理解する必要がある。ほかの子よりも自立心が強く、責任能力が高い子供もいる。「これは子供によって違う」と、ラッセルは言う。「なかには自分の身の回りで何が起きているか全然わかっていない子もいる」

妻のロビン・チェースは、自立心が強い娘キャメロンの話をしてくれた。彼女は10歳のとき、メキシコでホームステイをしてスペイン語を習いたいと言い出した。「私たちはその希望を真剣に受け止めた」と、チェースは言う。「そのときは適当なプログラムが見つからなかったけれど、娘は15歳の誕生日の一週間後、ひとりで飛行機に乗ってグアテマラに行き、バスに乗ってスペイン語の集中教室に行きました。周りの生徒はみんな20代か30代でした。さらに娘は定期的にバスで1時間ほど離れたマヤ人の村に行き、子供たちに英語を教えました」

「子供の起業スキルを伸ばしたいなら、子供にイニシアチブを取らせる必要があると思います。それは不可避的に子供に一定のリスクを負わせることになります」とチェースは言う。キャメロンはその後どうなったのだろうか。現在24歳のキャメロンは、ファッションモデルとして大きな成功を収める傍ら、コロンビア大学で経済学と数学を専攻する学生で、著述家でビデオ作家でもある。彼女は政治活動家でもあり、２００９年には環境団体「３５０」のためにモデル仲間を集めてチャリティービデオをつくった。そのビデオはＹｏｕＴｕｂｅで１００万回近くの閲覧回数を記録している。[5]

「親は人生にはリスクがないと考えたがる」と、レスリー・リーは言う。「でも人生にリスクはつきものです。子供を世に送り出したら、失う危険もある。そのリスクは避けて通れません」

「変わった親」になる勇気

自らもイノベーターである親たち、あるいは若きイノベーターの親たちの話を聞いて、多くが周囲の親と違う子育てをしていることに悩んだと言及したのは大きな驚きだった。

よその親と違うことのつらさに最初に言及したのは、リア・フェルプスだった。彼女と夫のコードが教育において重視していること、夫婦が決めたルール、そして子供たちと過ごす時間について話したときのことだ。バンダービルト大学のソーンダース特任准教授も、よその家庭のようにたくさんの人形を買い与えなかったことや、娘たちに想像力を使わせるよう努力する一方で、「流れに逆らっている」と感じていた。投資マネジャーのリンチは、娘をアウェーの試合に行かせないのは、娘が優れたサッカープレーヤーになるのを応援していないと、周囲の親に批判されたと言っていた。リンチは、多くの親が子供たちを「成功するためのプログラム」に組み込み、「自分の勲章」と見なしていることを懸念していた。レスリー・アンダーセンは、よその親から、いろいろなスポーツや楽器を「かじる」のを許していると批判された。レスリー・リーは、最近の多くの親は「リスク回避志向」が強いと言っていた。ロビン・チェースとロイ・ラッセルは、自分たちの子供に与えた自由について、よその親が唖然としていたことを語った。彼らの考えは、学習よりも資格取得を重視するよその親の考えと対立していた。郊外中流家庭の多くの親と違って、これら「異端の」親たちは、子供たちを「遠まきに観察」し、失敗から守ることを拒否した。

いまの時代、若きイノベーターや起業家の親になるには自信と勇気がいる。本書で紹介した親たちがその子育てをどこから学んだのかはわからないが、子供をサポートする方法を理解する上で、ビングの教員のように学校の教師が大きな助けになるのは確かだ。また本書を読んだ親たちには、子供にとって何がいいかという点において、自分はひとりぼっちではないと気づき、安心してほしい。

本書で説明してきたような子育てで究極的に必要なのは信じることだ。まず親としての自分の直感、判断、価値観を信じること。また子供を信じること。子供にはユニークな感性と才能があり、学びたい、作りたいといった欲求があり、自分の潜在性を実現したいという内的なエネルギーがあることを信じるべきだ。自分の親としての権威を見直すことも重要だ。現在は「お父さんがいちばんよく知っている」時代ではない。子供の活動にどんな制限を設けるか、どこまで子供の自主性に任せ、どこからダメと言うべきか、自由にさせるときと守ってやるとき、宿題をやらせるときと学校外での学びをサポートするとき、大人の「よりよい判断」より子供の「知恵」を信頼するとき――これらはみな若きイノベーターの親が日常的に頭を悩ませたことだ。

イノベーションの未来は、親がこの新しい役割を深く理解できるかどうかにかかっている。しかし親と教師だけでは、イノベーション経済を作ることはできない。イノベーターが能力を発揮するには、職場でもさまざまなメンタリングやマネジメントが必要だ。

イノベーターを育てる経営

ＳＴＥＭ系イノベーターとのインタビューで繰り返し出てきたテーマのひとつは、大企業で働くことへの疑問だった。ジョディ・ウーは、２年生のときインターンで働いた大手多国籍企業がとても非効率的だと思ったこと、大手企業でエンジニアリングの仕事をしても大きなインパクトを与えられないと思ったことを語っていた。シャナ・テラーマンは、当初大手企業に懐疑的だったがオートデスクでの仕事を引き受けることにした。ただしそこにとどまるのは、独創的な仕事ができて、自分が学び成長できる余地があるときまでと、はっきり心に決めている。ジャミアン・シルズは一貫して企業の管理職のポジションを断り、自分の会社を経営するというビジョンに忠実であり続けた。カーク・フェルプスは小さなスタートアップで仕事をするためにアップルを辞めた。デービッド・センゲはまだ大学院生だが、起業家精神が旺盛だから、大手企業に就職する可能性は低そうだ。そして本書で紹介した3人の社会イノベーターは、企業よりも非営利組織で働く可能性が高い。

大企業で働くことに魅力を感じないのは、ミレニアム世代に共通する傾向で、企業にとっては大きな問題になる可能性が高い。新しいプロダクトやサービスを作ることが活力源の企業（次第にそれはすべての企業になりつつある）にとって、クリエーティブでイノベーションを生み出す人材を集められるかどうかは死活問題だ。ドルビーラボラトリーズのジェフ・ハンター元副社長（人材ソリューション担当）は、「これからのアメリカにはイノベーションの必要がない仕事はひとつもなくなるだろう」と言っている。トーマス・フリードマンとマイケル・マンデルバウムも共著『かつての超大国アメリカ』で、同じことを指摘している。

第1章でも紹介したように、企業がイノベーションを生み出すには何をしなくてはいけないかについては、多くの本が書かれてきた。本書の目的は、同じような本をもう一冊出すことではない。私が特に関心を持ったのは、企業が若きイノベーターを引きつけ、そのクリエーティブな能力を育てるとき直面する問題だ。言い換えると、若きイノベーターが企業で能力を発揮できるようにするには、企業経営のどんな側面を変える必要があるのか。この点について私が話を聞いた企業リーダーたちは、とても情熱的に答えてくれた。そしてその答えはみな一貫していた。

才能ある若者を雇う努力

トム・ケリーは世界でも指折りの独創的な会社IDEOの幹部であると同時に、もっと独創的になりたい企業にコンサルティングも行っており、必要な改革を展望できるユニークな立場にある。「実に多くの企業でトップダウン式の決定が下されています」と、ケリーは言う。「価値あるアイデアは組織のトップで生み出され、それ以外の全員は単なる実行者に過ぎないという考えが染み付いているのです。CEOたちは、自分はすべてにおいて誰よりも優れていると考えていて、自分にもっと手足があればすべてはもっとうまくいくのにと思っている」

「組織内で情報の自由な流れを確保することはイノベーションを促す上で決定的に重要です。トップダウン式の経営は新しいアイデアが生まれるのを著しく制限する傾向があり、会社に『集合知』が生まれるのを阻害します」

2011年9月のウォールストリート・ジャーナル紙の記事は、「極めて独創的な企業では、トップだけでなく、組織のあらゆるレベルから優れたアイデアが出てくると専門家は言う。大半の企業の問題点は、従業員にはほとんど（情報の）インプットがないことだ。ある研究によると、会社の規模にかかわらず、平均的なアメリカ人従業員のアイデアが採用されることは6年に一度しかない……[6]」と書いている。

ジェフ・ハンターは言う。「多くの企業の経営システムは破綻しており、過去の遺物となっています。効率を高めるだけではダメです。また、かつて製造業でスタッフを管理していたようなやり方でイノベーターを管理することはできません。イノベーターは管理されるのが嫌いです。彼らは自分が尊敬する人と働き、自分が心からおもしろいと思う顧客の問題を解決したがる」

仕事でエグゼクティブの研修を多く手掛けるエレン・クマタは、イノベーションを生み出す（そして生み出さない）リーダーシップを観察してきた。彼女は１９８０年代にアップルのコンサルティングをしたとき、スティーブ・ジョブズの経営手法が他の企業経営者と大きく異なることに気がついた。「企業環境と、イノベーターが能力を発揮するために必要な環境が一致していないことが多い」と、クマタは言う。「企業は投資回収を気にしますが、イノベーションのプロセスは直線的ではないし、短期的なリターンは得られない可能性が高い。ジョブズ（と他の賢い経営者）はそれをわかっていたから、社内にイノベーション用の隔離スペースをつくったのです」

「アップルの人たちにインタビューすると、いちばん驚くのは、誰もが問題解決やおもしろい問題に取り組むことがとても重要だと考えていることです。伝統的な企業のほとんどの経営者は、（昇進するにつれて）自分の専門領域から遠ざかっていく。でもアップルは違う」

「世界はめまぐるしく変わっているから、先を先をと考えないと、何が起きているかわかったときには市場から締め出されている。型破りな考え方ができる人、未来を違う視点で見られる人が必要なのに、組織はこうした考え方を受け入れるようにできていません。企業は才能のある人間を雇おうとしますが、多くのクリエーティブな人は大企業に入りたがらない。だから大企業は最も優秀な人材を確保できないことが多いのです」

エレン・クマタもハンターと同じように、「工業型」の経営モデルは、常にイノベーションが必要とされる世界には通用しないと言う。「欧米諸国中心のやり方で企業を経営できるという考え方は、合理的で直線的なロジックに基づいています。しかしそのロジックはもはや通用しません。現代の改善とイノベーションのプロセスは非連続的かつ飛躍的に起きるのです」

シスコシステムズのアンマリー・ニール副社長のいちばんの仕事のひとつは、能力開発だ。彼女もまた、昔のような直線的アプローチをしてももはや効果はないと言う。「かつての課題は単純でした。同じことを再現したり規模の効率性を図ったり、物事の予測可能性や信頼性を高めればよかった（アップルのジョエル・ポドルニー副社長の言葉を借りれば「オレンジからもっとジュースを搾り取る」ことだった）。直線的に（経時的に着実に）進めば、組織は成功できた。だが現代の企業は、まったく異なるビジネスモデルと競争しています。インドのタタ・モーターズが２５００ドルの車を売っているのに、４万ドルもする車を売っているＢＭＷはどうなったか。たいていの場合、こうした新しい問題は直線的に解決することはできないから、これまで企業が使ってきた伝統的なツールは役に立ちません。そこで問題となるのは、柔軟でクリエーティブで非直線的な考え方はどうやって教えればいいかです」

シスコシステムズのニール副社長によると、イノベーションは「規模の効率性を求めるシステムから、柔軟性と創造性を求めるシステムへの組織の構造転換を要求します。もはや重要なのは誰かの号令で看板商品を作り上げることではなく、コラボレーション的でクリエーティブな生産活動をどう管理するかです」

本書では、若者たちが高い専門知識だけでなく創造性と自発性を必要とするイノベーションを生み出していることを見てきた。その全員が、少なくとも何らかの大学教育を受けている。しかし私は、シスコのようなハイテク企業で働く人だけでなく、あらゆる若者がイノベーターになれるし、ならなくてはいけないと思う。そして大学に行くことが、若者をよりよいイノベーターにするとはかぎらないと思う。『教育とテクノロジーの競争』（*The Race between Education and Technology*／未邦訳）という著書があるハーバード大学のラリー・カッツ教授（経済学）はこんなことを言っていた。「付加価値のある（またはイノベーションを生み出す）仕事には2つの源泉があります。（1）金持ち相手の分析と、新しいプロダクトやサービスの創造、そして（2）共感を要する物事すべて。対面で行われる低賃金の手仕事（美容師からタクシーの運転手、ベビーシッターなど）はこれに含まれます。伝統的に中流層が担ってきたルーチン業務は、機械にとって代わられたり、海外にアウトソーシングされる『商品』になりました。しかし『対面の』領域には、価値を高められる（そして付加価値を与えられる）物がたくさんある。たとえば老人ホーム経営では、基本的に高齢者をベッドに寝かせておきさえすればいいウォルマート的低賃金の従業員を使うこともできれば、アルツハイマー病患者や高齢者がよりよい生活を送る方法を理解していて、高度な訓練を受けた（そして給料も高い）従業員を雇うこともできる。この種の仕事には、次のｉＰａｄを作るのと同じくらいイノベーションの余地があります」

こうした「対面型」の仕事のイノベーションを詳述することは、本書の目的ではない。ただ、家電量販店ベスト・バイのエピソードは、経営を工夫すれば、従業員をイノベーターに変えられることを示す好例だから紹介したい。

私が初めてベスト・バイについて知ったのは、トム・ケリーを通じてだった。ベスト・バイは2000年、郊外の大型小売店から、小さな店がたくさん入ったショッピングモールになりたいと考えた。そこで当時CDとDVDの売り上げ第1位だった音楽店ミュージッククランドを買収した。ところがそのときまでに、18〜30歳の若者はもはやCDを買わなくなっていた。ベスト・バイがようやくミュージッククランドを手放したときまでに、損失は10億ドルに膨らんでいた。「このエピソードの悲しいところは、ベスト・バイの従業員の多くは18〜30歳だったことです」と、ケリーは言う。「もし経営陣が社内の若手に音楽の買い方を聞いていたら、莫大な損失を避けられたかもしれません。ブラッド・アンダーソン新CEOは、『（これからも）ベスト・バイは多くの失敗をするでしょう。しかしこの間違いを繰り返すことは決してない』と言い切りました」

アンダーソンは販売員からスタートした叩き上げで、2002〜9年までCEOを務めた。その間彼は、若い従業員がイノベーションを生み出す能力を活用した。

「私が現役だった時代、小売企業は複数の店舗を持つと、オペレーションを画一化しようとしたものです（アップルのポドルニー副社長はこれを、オレンジからもっとジュースを搾り取る戦略と呼んでいた）。いまは職場を改革し、生産性を劇的に向上させるまたとないチャンスです」

「新しい通信機器を使えば、従業員ともっと深く関わり合うことができます。ベスト・バイのライン部門の従業員は、CEOと同等の情報にアクセスできます。顧客と直接触れ合う分、CEOよりも多くの情報を得ているとも言えるでしょう。だから今は、顧客にどう接しろと従業員に命令するのではなく、もっとクリエーティブな方法で従業員を巻き込む経営ができるし、そうしなくてはい

▶ Anderson on Best Buy's Innovations
http://vimeo.com/34918656

けません。ヘンリー・フォードはかつて、従業員の手がほしいが、頭は要らないと言いました。小売業ではそれと同じ姿勢が1990年代まで続きました。でも今は、規模の経済を実現しつつ、ライン従業員から得た情報をもとに顧客の細かなニーズを把握し、それに適応しなければいけません」(つまり新しいオレンジを育てて、もっとたくさんのジュースを収穫するのだ)

あるとき若い従業員が、ベスト・バイには女性客がほとんど来ないことに気づいた。調査の結果、多くの女性は、自分がとった写真をメールで送る方法など、簡単なことを知りたいだけなのに、ベスト・バイではデジタルカメラのピクセル数といった技術的トークを聞かされるため敬遠していることがわかった。これを機に経営陣は従業員と協力して、顧客のタイプによって異なるニーズや関心に対応する態勢を整えた。

「ほとんどの人は職場に貢献できるユニークな特性を持っていますが、それを生かすには正しい環境とリーダーシップが必要です。自分のシステムではなく、自分のために働いてくれる人を中心に事業を構築する必要があります」と、アンダーソン前CEOは語る。

ベスト・バイは従業員の才能を見極め、店内の仕事の種類を大幅に増やした。「テクニカルな問題を解決するのが好きな店員もいれば、ショールームで顧客と会話をするのが好きな店員もいた。買った製品を設置するために顧客の家に行くのが好きなスタッフもいた。誰もが問題解決に関わりますが、問題の性質と労働環境は担当する仕事によって大きく異なります。従業員全体で見たときカバーするスキルの幅が広ければ広いほど、店はいいサービスを提供できます。そして従業員は好きなことをやるチャンスをもっと得られる。従業員の眠っている才能を競争的な強みとして使わなくては。単なる小売店ではなく、サービスカンパニーになる必要があるのです」

この改革を進める上でいちばん大変だったことは何だろう。

「ヒエラルキーです」とアンダーソンはきっぱりと言った。「新たに重役に抜擢した人物が、重役とは現場より上の存在で、従業員の声に耳を傾けたり、従業員を育てたり専門知識を活用するのは自分の仕事ではないと思っていることがよくあります。リーダーシップを取ったり、人を育てたりしたいという純粋な意欲がある人材を見つけるのはむずかしかった」

軍隊でも必要とされるイノベーター

企業でよく見られる序列的なヒエラルキーとトップダウン式のリーダーシップは、私が話を聞いた人たちの間では大きな批判の的だった。だが軍隊では昔からこうした指揮系統が取られてきた。しかしその軍隊でさえ、いまや独創的なアプローチが求められており、伝統的な組織構造を見直す必要がある。私はマーティン・デンプシー陸軍大将とマーク・ハートリング陸軍中将の話を聞くとともに、ウエストポイント陸軍士官学校と海兵隊幹部候補生学校を訪問した。そして米軍もまた訓練内容を見直して、兵士たちが戦場で指揮系統に頼らずに、新しい局面を開く能力を高めようとしていることを知った。

デンプシー将軍は陸軍訓練教義司令部（ＴＲＡＤＯＣ）の司令官として、陸軍で行われる全訓練を統括したことがある。ハートリング中将は初期訓練の担当だ。２人は陸軍で輝かしいキャリアを築いてきた。デンプシー将軍はその後、陸軍参謀長および統合参謀本部議長に就任し、ハートリング中将は欧州陸軍司令官を務めた。

「TRADOCの司令官だったとき、新米の旅団や大隊の司令官（通常は大佐に昇進して間もない士官で、3000〜5000人の兵力を指揮する）に、いつも同じことを言っていました」と、デンプシー将軍は言った。「ポイントは3つ。1つ、陸軍は諸君のニーズを完璧に満たす組織を与えない、2つ、陸軍は諸君のミッションに求められる装備を与えない、3つ、諸君が受ける指示は必要なタイミングに間に合わない可能性がある――。彼らはみな頭をかいて、『なんてこった』と言う。そこで私は言いました。『答えは君たち自身だ。君たちがリーダーとして自分で解決しなくてはいけない。そのミッションを達成する適応能力と独創性を持たなければならない。アメリカは諸君を頼りにしている』」

「敵は予測がつかない」と、デンプシー将軍は続けた。「アフガニスタンの山岳地帯にいる少尉は、カブールにいる4つ星の将軍よりも、ずっと戦略的な方法でミッションを進められることが多い。達成するべき結果はわかっているが、その結果を出す方法はわからないことが多い。私もかつてそうでしたが、ウエストポイントの士官候補生たちは、答えを知りたがります。何をすればいいのかを知りたがります。『何を探しているのか教えてください。そうしたら必ずその結果を出します』と。戦術的リーダーの育成方法はわかっていますが、戦略的リーダーの育成方法はわからない」

そこでデンプシー将軍は、現代の軍の戦略的リーダーに求められる知識、スキル、資質を探り始めた。その結果をリストにして、どんな訓練に効果があり、どこを変える必要があるか見極めるよう部下に命じた。そして新しい訓練の全面的な実施時期を2015年と定めた。その結果作成された文書『2015年に向けた陸軍学習概念』（ALC2015）は、陸軍のあらゆる訓練の全面的かつ抜本的改革を訴えている。報告書の冒頭にはこう書いてある。

米陸軍の競争的優位は、敵よりも速い学習能力および適応能力と直結している。しかし急速な技術進歩により、陸軍が潜在的な敵に対してその優位を維持するのは困難になってきた。テクノロジーのおかげで、あらゆるプレーヤーがほぼどこでも情報にアクセスできるようになり、世界の学習環境は極めて競争的になっている。そんななか、陸軍は自己満足や想像力不足、あるいは変化への抵抗によって失敗するわけにはいかない。(7)

報告書にはすぐに具体的な勧告を提言する。

ALC2015の目的は、インフラおよび政策に大幅な変更を求めることである。しかし陸軍の競争的学習モデル構築を2015年まで待つわけにはいかない。今始める必要がある。必要なアクションの多くは手の届く範囲内にあり、より競争的な学習モデルを確立するための第一歩はすぐに踏み出す必要がある。賛同する者は、以下の3つの措置を取ることで今すぐ行動を起こすことができる。

（1）教室での授業の大部分を、（講師ではなく）ファシリテーターがリードを取るコラボレーション的な問題解決活動に変える。ファシリテーターは学習者たちに、自分たちが学んでいることの妥当性とコンテクストを考えさせ、理解させる。

（2）事前のテストないしは評価結果に基づき、個々の学習者の経験と適性にあった学習方法を組み立てる。

（3）講師主導でスライドを見せるタイプの授業は大幅に減らすか撤廃し、バーチャルで建設的なシミュレーションやゲーム技術などテクノロジーを活用した融合的学習方法を採用する。(8)

TRADOCは現在、陸軍の全訓練（基礎訓練から高度な士官訓練まで）を完全に作り直している。基礎訓練の改良を担当したハートリング中将は、士官のイノベーター的なスキルを伸ばすために盛り込まれた改善例を教えてくれた。「訓練生に（単に命令に従うのではなく）自分で決定を下させるようにしました。先日、応急手当に障害物走と耐久力を組み合わせた訓練を見学しました。コースにはさまざまな種類のケガを負ったマネキンが置かれていて、訓練生は4人組になって、マネキンを担架に乗せてゴールまで運ばなければならない。その途中、壁を乗り越えたり、鉄条網をくぐったり、建物の窓から出入りしなくてはいけません。訓練生に学んでほしいのはイノベーションの基礎です。これは頭を使ったゲームで、正しい答えはどこにもありません」

デンプシー大将とマーク・ハートリング中将の話とALC2015は、私にとって大きな衝撃だった。とりわけ多くの学校や企業が自己満足に陥っているのに対して、陸軍のトップには、訓練内容を急いで見直してイノベーター的な考え方や行動ができる兵士や士官を育成しなければ、という危機意識があった。陸軍にとって訓練の見直しは文字通り死活問題なのだ。アメリカのリーダーたちが、教育改革は米経済の死活問題であるかのように（実際そうだが）訴え、行動を起こしたら、事態は大きく違っているのではないか。

またアメリカの教育長官が、ALC２０１５の文言と同じくらいはっきりと、教育制度改革が直ちに必要だと自覚していたらどうだろう。軍の３つの改革、すなわち「授業の大部分をファシリテーターがリードを取るコラボレーション的な問題解決活動に変える。個々の学習者の経験と適性にあった学習方法を組み立てる。講師主導でスライドを見せるタイプの授業は大幅に減らすか撤廃する」を高校や大学でも実践したら、どんなに物事は違っているだろう。本書で紹介した傑出した教育者たちはみな、教室でこの３つの改革を実行していた。

とはいえ、軍の改革がスムーズに進んでいるわけではない。「組織内には、学習モデルを変えることに対する不安が非常に大きい。私が当初予想したよりずっとひどい」とデンプシー将軍は言う。「今のままにしておくのは楽です。何も問題なんてない、余計なことはするな、と。アメリカ人は探究心や創造的に考えたり、イノベーションを起こす本能を失ってしまったのかと心配です」

シスコシステムズの試み

たいていの教師は、自分が教えてもらったやり方で人に教える。たいていの経営者は、他の経営者の振る舞いを真似する。そしてほとんどの新兵訓練係は自分が受けたやり方で訓練を仕切る。人生を通じて（まず学校で、次に職場や軍で）、「命令され指揮されて」きた人間は、違うやり方で教えたり経営したり指揮したりすることをどうやって学ぶのか。本書では、ハイテク高校とアッパーバレー教員研究所が、新しい教育モデルを作り出しているのを見てきた。それは「いい教え方」に関する伝統的な考え方を破壊し、新しい教え方や学び方のモデルとなる。経営でも「過去の遺産」を克服し、従来型の階層構造を破壊するために、シスコシステムズのアンマリー・ニール副社長と、同社コラボラティブリーダーシップセンターのロバート・コバック所長は、「エグゼクティブ・アクション・ラーニング・フォーラム」という斬新な幹部養成プログラムを開発した。

このプログラムでは、8～9人の若手幹部チームが4カ月かけて、所定のコンセプトに基づき新規事業やプロダクトをつくりあげる。各チームは何度か直接顔を合わせるとともに、メンバーが住んでいる世界各地からバーチャルに顔を合わせる。各チームは最終的に新しい事業計画をまとめ、上級幹部にプレゼンする。こうした事業計画の約半分は、会社からスタートアップ資金をもらうことができる。

たとえば最近、全チームを集めたオリエンテーションがバンガロール（インド）で開かれた。コバック所長とニール副社長の狙いは、これまで成功街道を歩んできた若手エグゼクティブに、途上国のカオスと彼らが知っているのとは違う現実を体験させ、従来の思考方法を壊すことだから、「ディスオリエンテーション（非方向付け）」と呼んだほうが正しいかもしれない。

「おむつをつけていない赤ん坊を抱いた女性が裸足で歩いているような街ですが、携帯電話は誰もが持っています。それを見たら世界観が変わるでしょう。市場によって消費者のニーズや優先順位

Cisco Innovates Executive Education
http://vimeo.com/34918766

が大きく異なることを実体験できます」とニール副社長は言う。「だから私たちは若手幹部をバンガロールや北京に連れて行き、新興市場のダイナミクスを『教える』。彼らはそこの給食施設や学校や病院でボランティア活動をする。私たちは、従来の考え方を一変させるような環境を用意しているのです」

「典型的な幹部養成プログラムの9割は、テキストやケーススタディーで『教える』仕組みになっていますが」と、コバック所長は続ける。「私たちの場合、教えるのは10％で、90％は新規事業を立ち上げて問題を解決する過程で学ぶ仕組みです」

「エグゼクティブ・アクション・ラーニング・フォーラムのもうひとつの重要な要素は、熟考する方法を教えることです」と、ニールは言う。「企業幹部としての能力を高めるには、新しいことを学ぶこともある程度必要ですが、自分がどういう人間で、何を重要と考えていて、なぜこの地球上にいて、その深い理解をどうリーダーシップに反映させるかを考えることが圧倒的に重要です」

コバック所長が詳しく説明してくれた。

「ビジネスはハードなゲームです。成功するには非常にタフでなければいけません。自分のこと、つまり自分が持つ偏見や自分が育った文化が持つ偏見を知れば知るほど、よりよい決断が下せるようになります。思慮深い幹部のほうが、部下の人生に自分が与える影響を正しく評価でき、より慎重な決断を下せるでしょう」

各チームは4カ月の研修の最後に、上級幹部に詳しい事業計画を発表する。それが終わるとチームメートどうしで「360度評価（多面評価）」を行うとともに、チームを観察してきた心理学者からコメントをもらう。

つまりこの研修には複数の狙いがある。ひとつは明らかに、本を読むことによってではなく経験を通じて、自分の国とは非常に異なる国でビジネスをやれるリーダーを育成すること。2つめは、参加者の新規事業立案能力を磨くこと。3つめは、新しいタイプのリーダーを養成すること。自分のことをよく理解していて、思慮深く、コラボレーションがうまいリーダー。それはイノベーターだけでなく、イノベーターのリーダーにも必要とされる資質だ。

古い権威を捨てる勇気

アメリカの文学では、ハックルベリー・フィンのような反逆児が偉大なヒーローとして描かれることが多い。また人気の小説や映画の多くは、権威に反旗を翻す登場人物をもてはやす。それは反逆者の居留地だったアメリカのルーツと関係があるのかもしれない。そんな独特の歴史があるからこそ、伝統的な権威を著しく尊重する多くの国と比べて、アメリカは型破りなイノベーターを寛容に受け入れてきたのかもしれない。だが、一般にハックルベリー・フィン的な人物は例外として描かれる――称賛すべき人物かもしれないが、見習う存在としては扱われない。ほとんどのアメリカの子供たちは今も、権威に服従するように社会化される。一方、教師や親や企業幹部や将校は、物事を「掌握」していて、すべての答えを知っていることを期待される。彼らの仕事は、自分が最善だと思うことをやるよう自分の下の人間に「命令」することであり、下の人間の仕事は命令を黙って聞き、従うことだ。その権威の拠り所は地位や肩書きや階級であり、その正当性に疑問が投げかけられることは（少なくとも面と向かっては）ない。社会がスムーズに機能するかどうかは、人々がある程度権威に服従するかどうかで決まる。

しかしイノベーションは極めて破壊的な性格のものであり、伝統的な権威にとっては新たな脅威となる。このため独創的な事業を成功させるには、今までとは違う権威が必要だ。クレイトン・クリステンセンの古典とも言える『イノベーションのジレンマ』（翔泳社）は、ゆるぎない自信を持つアメリカの一流企業のCEOたちが、優れたイノベーションの将来性を見抜けず投資を拒否した例を挙げている。こうした企業のほとんどは、今では存在しない。イノベーションは、それまで必要だとか可能だと思われてきたことと、こうした思い込みを支えてきた権威の両方に疑問符を突きつける。イノベーターで起業家で5人の子供の父親であるセミヨン・デュカクが言ったように、「イノベーションは不服従と切り離すことはできない」。もしあなたがイノベーターなら、服従はあなたの特性に入っていないはずだ。

本書では、イノベーターの教師が自らの権威と指揮権を手放し、「教壇上の賢人」から「寄り添うガイド役」になることが必要不可欠であることを見てきた。イノベーターの親も同じように伝統的な権威を捨てて、子供が自分で探求し、発見し、間違いを犯す（さらには失敗する）余地を与える。また独創的な企業は現場の従業員と情報をシェアし、現場からのインプットを求めていることを見てきた。陸軍でさえ、デンプシー将軍が言ったように、山の中の現場にいる少尉のほうが、遠くにいる将軍よりも優れた戦略的な決断を下せる可能性が高いこと、そして下士官に今までとは違う訓練を行い意思決定の権限を与える必要があることに気づいている。シスコシステムズは、将来の幹部候補たちの世界観を破壊し、よりオープンでコラボラティブで思慮深いリーダーを養成する試みを始めた。

イノベーションを成功させるのにも権威は重要だが、その権威は地位や肩書きに伴うものではなく、何らかの専門性に由来する。相手の話に共感しながらじっくり耳を傾ける能力や的確な質問をする能力、優れた価値を形にする能力、仲間が才能を発揮するのを助ける能力、そして共通のビジョンを作り、グループで実現責任を負う能力が権威をもたらす。それは仲間をエンパワメントする権威だ。あなたが親であれ、教師であれ、司令官であれ、あるいは雇用主であれ、誰かをイノベーターに育てるには、自分の権威の根拠を見直す必要がある。この新しいタイプの権威を担うのは、ファシリテーターではなくコーチだろう。イノベーターはあらゆる年齢と段階で優れたコーチングを必要とする。

では、立場的（肩書的）に権威を持つ人が、こうした新しい権威（専門性や能力によって獲得されるタイプの権威）を獲得することはできるのか。現在の学校や企業は新しい種類の権威を認め、推進できるだろうか。現在のトップダウン式で、決まりを遵守することが重視される説明責任システムは、より対面的つまり互恵的で相関的なシステムへと変われるのか。私たちはイノベーションにともなう疑問や破壊や不服従を受け入れ、それを歓迎し祝福することができるのか。

イノベーターを「増やす」には、こうした根本的な問いによりよい答えを見つけることが不可欠だ。今後の私たちの繁栄は、それができるかどうかにかかっている。

Since This Book Was Published...
http://vimeo.com/35508795

エピローグ
若き（そして気持ちの上では若き）イノベーターの君へ

ここから先は、若きイノベーターが活躍できる条件を調べてきた人間として、そしてその作業を通じて、控えめながら自らもイノベーターであろうとしてきた人間として手紙を書きたい。これから書くことは、私の頭と心、両方からの思いだ。

まず君は、自分のビジョンに正直であり続けること、そして何であれ自分の情熱を根気強く追いかけることがどんなに重要か理解する必要がある。その理由はいくつかある。

第一に、もしそうしなかったら、君は幸せになれないかもしれない。その情熱をあきらめたら、あるいは昔ながらの考え方に負けたら、君が変わり者であることに居心地の悪さを感じていた家族は喜ぶかもしれない。でもそれには代償が伴う。君は自尊心を失うだろう。鬱状態になるかもしれない。君には天職がある。何かを創造する必要性、スティーブ・ジョブズの言葉を借りれば「世界をあっと言わせる」必要性を感じている。自分にはそれができると信じること、それはやる価値があると信じることがいかにむずかしいかは私にもわかる。だが君の好奇心と想像力から生まれた創造性は、君の人生に意味と方向性を与えてくれる。

20世紀で最も偉大な舞踊家で振付師のひとりであるマーサ・グラハムは、こんなことを言っている。

> 活力と生命力とエネルギーと鼓動は、あなたの体を通じて形になる。そしてあなたという人間はひとりしかいないから、その表現はユニークなものになる。もしそこにフタをしてしまったら、（その生命力やエネルギーは）他の媒体を通じて出てくることはなく、失われてしまう。世界がそれを目にすることはない。それがいかにすばらしいか、どれだけ価値があるか、他の表現と比べてどうかといったことは、あなたが判断することではない。あなたの仕事は、それを確実かつ直接的に自分のものにしておくこと、その（生命力やエネルギーがあふれ出てくる）道を開いておくことです[1]。

第2の理由は、単純に、君の国が君を必要としているからだ。君が国の経済を成長させたいから自分の情熱を追いかけているわけではないことは、わかっている。君にとってお金の価値は、君の両親にとってのお金の価値ほど大きくないかもしれない。別にそれで構わない。君は世界に変化を起こすことをやりたい。地球をより持続可能な場所にしたい。この国と世界で広がる貧富の差を縮めたい。誰もがもっと健康で満足な生活を送れるようにしたい。私はそれに感謝している。なぜなら私たちはそうした変化をひどく必要としているからだ。だが、こうした目標を追求する過程で君が生み出す漸進的なイノベーションと画期的なイノベーションは、この国に雇用を生み、この国の富の増やすことを理解しておいてほしい。そしてそうした目標を受け入れてほしい。

イノベーターとイノベーターが作り出すモノはこの国の活力になる。それが今こそ現実になっているときはない。この国ではもはやあまり多くのモノは作られていない。ほとんどの生産活動は、よその国でもっと安価にできる。借金まみれの消費者に、モノやサービスをもっと売りつけるだけでは、私たちは今の生活水準を維持できない。おそらく君も知っている通り、いまやアメリカの労働力の6分の1近くが失業中か不完全雇用下にある。しかもそれがこんなに長続きしているのは世界恐慌のとき以来だ。だからこの国は君が、世界中の人がほしがるようなアイデアや製品やサービスを作ってくれるのを必要としている。国内外で雇用と富を生み、より幸せで健康で生活を可能にするアイデアや製品やサービスを必要としている。君がいなければ、この国の経済はもっと悪化し、もっと所得格差が広がるだろう。

君のご両親の世代の多くは消費者だった。知らないうちにこの地球の富と君の未来を食いつくしていた消費者だ。今度は君が選択をする番だ。何よりもまず、君は物事を創造する人間でなくてはならない。そこで、君がイノベーターとして生きていくのをむずかしくしていること、そしてそれについて君にできることを考えてみよう。

君はときどき（もしかするとしょっちゅう）孤独だと感じている。君の考え方はみんなと違うし、世界観も違う。君の考えや言動は型破りで、周囲に理解されないことも多い。だから君が孤立感や孤独感を抱くのは避けられない。でも信じることだ。自分の情熱を追い続け、自信がついてくると、やがてその情熱や意見を共有できる人や、常識に屈しなかった君の勇気に敬意を表してくれる人が現れる。こういう同志を見つけたら、連絡を取り合い、励まし合わなくてはいけない。もっといいのは一緒にチームを組むことだ。何でも全部自分でできるという誘惑の声に負けてはいけない。そんなことはできないのだから。

学校。これもむずかしい問題だ。ある賢い人がかつて言っていた。「学校を選ぶのは不満を選ぶようなものだ」と。運よくハイテク高校やオーリン工科大学やMITメディアラボといった場所に入らないかぎり、君の学校生活は退屈で無意味なものに可能性が高い。「教育に君の研究の邪魔をさせるな」と言いたいところだが、物事はそう簡単ではない。そうだろう? 学校で重要あるいは有意義なことを学べるときもあるし、自分のやりたいことを実現するには学位が物を言うこともたくさんある。ときには新しいことを学ぶのが、心からエキサイティングなこともある。

だから私のアドバイスは、まず自分の教える科目に本当に情熱を持っている先生を探すことだ。その科目が何であれ、何かに対して情熱を持っている人の近くにいると、ハッとさせられることがあるものだ。それにこういう人たちは、単に深い知識を持っている人よりもずっと多くのことを教えてくれる可能性が高い。自分が関心のある科目に時間をかけ(そしていい成績を取り)、それ以外のことはあまり心配しないこと。自分の関心がある授業から得られることは何でも得て、課題は全部やって完全に自分のものにしよう。必修科目はできるだけ自分のニーズや関心に合うように選び応用しよう。たとえそのために特別な許可をもらう必要があってもだ。最後に、学校でも学校の外でも、自分が大事だと思っていることを深く学び、自分の専門領域をつくろう。長期間粘り強く努力した結果むずかしい知的課題を乗り越えると、言いようがないほど大きな達成感を得られる。この種の努力は成功に必要な克己心、集中力、根気を育てる。君が本当に何かに詳しいことがわかると、人々は君の言うことにもっと耳を傾けるようになる。

もうひとつ大変なのは、君は間違いなく失敗することだ——それも何度も失敗する可能性が高い。失敗しないとすれば、それは無難にやったからに過ぎない。失敗は恐ろしく身にこたえる。人前で失敗したときは尚更だ。だが最も価値ある教訓のいくつかは失敗から得られるものだ。成功した場合よりもずっと多くを学べるはずだ。失敗の原因をよく分析すると、自分のこと（弱みや強み）がよく見えてきて、目標を修正できるようになる。また自分が何をやろうとしていて、それを成功させるには何が必要かも、もっとはっきりわかってくる。失敗はイタレーション、つまり学習のプロセスだと考えよう。

何よりもむずかしいこと、そして何よりも重要なことのひとつは、自分と自分のビジョンを信じることだ。特に失敗したときは自分を信じるのがむずかしい。しかし自分がやろうとしていることは正しいという内なる確信がなければ、根気を維持することはできない。なかには君の自信を傲慢だと勘違いする人がいるかもしれない。そして君は間違っているとしょっちゅう言うかもしれない。そういう批判には耳を貸さないことだ。

だが、謙虚であろうと努力すること。成功すると、いろんな人がお世辞を言ってきて君のエゴは大きくなる。そういう雑音にも耳を貸してはいけない。

ただしいろんな人の意見やアイデアに耳を貸す練習をしよう。カール・マルクスはかつてこう書いている。「凍った環境を動かすには、相手の旋律で歌わなくてはいけない」。君も周囲の旋律に耳を澄ませよう。人類学者になって、君が起こそうとしている変化を後押しするか妨害する経済、社会、文化の影響を理解しよう。歴史の本と優れた小説を読んで、文化と登場人物を理解しよう。たくさんの質問をして、慎重に観察しよう。他人のアドバイスに耳を傾け、いくらか割り引いて受け止めよう。情熱的であろう。だが独善的になってはいけない。自分のアイデアを信じると同時に疑おう。好奇心を持ち続けること。いろいろな経歴、アイデア、信念を持つ人を理解しようとするのはすばらしいことだし、たいてい楽しいものだ。

楽しいといえば、いくらか楽しみを持とう。休憩を取ること。散歩か何かを自然の中ですること。定期的に体を動かし、音楽を聴き、絵画や写真を勉強しよう。ボランティアをしよう。こうしたことはどれも君が冷静でバランスが取れた人間でいるのを助け、創造的なエネルギーと物理的なエネルギー、それにスタミナを与えてくれる。

好きな趣味を楽しもう。ただし、養わなくてはいけない能力もいくつかある。ひとつは純粋なハードワークだ。マルコム・グラッドウェルは著書『天才!』で、何かに本当に優れるためには1万時間努力する必要があると書いている。何かがひらめくのをぼんやり待っていてはダメだ。トマス・エジソンは、クリエーティブなプロセスは99%が努力で1%がひらめきだと言ったはずだ。自分の生活に規則的なスケジュールやルーチンを設けるのもいいだろう。

集中力も養う必要がある。君は生まれつき好奇心が強くクリエーティブだから、一度に多くのことを探り、いろんな方向に進みたい誘惑にかられるだろう。これをある程度やるのは重要だ。特に大学に入りたての頃はいいだろう。だがある時点までできたら、何かに集中しなければいけない。馬みたいに遮眼帯を付けて、ひとつの方向に一心不乱に走るのは嫌かもしれない。だが持続的な集中力がなければ大きなことは何ひとつ達成できない。まずひとつのことに集中して終わらせ、それから次のプロジェクトに進もう。

最後に君は、内省力（自分をよく見つめる力）を高めなくてはいけない。それは瞑想をしたり、日記を付けたり、散歩をしたり、ヨガをやることで身につくかもしれない。クエーカー教徒が「その静かで小さな内なる声」と呼ぶものに耳を傾ける方法はいろいろある。どんなやり方であれ、気分が乗ったときだけでなく、定期的に訓練をしよう。シスコシステムズのアンマリー・ニールやロバート・コバックが言うように、自分のことをよく理解しているほど、賢い判断ができるようになるものだ。内省力は優れた判断力を育む助けにもなる——他人の声に耳を傾けるタイミングとシャットアウトするべきタイミングを見極め、誰の声に耳を傾け、誰の声は無視するか、どの会社で働くべきか、どこを避けるべきかがわかってくる。

イノベーターや起業家であることは、恵みであると同時に悪夢だ。恵みであるのは、君には周囲の人にはない物事を見極める能力や実行する能力があるからだ。悪夢なのは、君の能力を発揮し、君が創造したものが能力を発揮するためには、いろいろな部分で懸命に努力しなければならないからだ。でも君は辛抱できるし、辛抱しなくてはいけない。君が大きな満足感を得られるかどうか、そしてこの国と地球が豊かな未来を作れるかどうかは、その恵みと悪夢のバランスにかかっている。

訳者あとがき

著者トニー・ワグナーは、ハーバード大学教育大学院で教育学博士号を取得後、同大学院に「チェンジ・リーダーシップ・グループ」を設立するなど教育者向けの研修・コンサルテーション活動を開始。そのかたわら初等教育から大学、とりわけ高校で長く教鞭をとった経験を持つ。近年はハーバード大学テクノロジー起業センターや同大イノベーションラボで、起業やイノベーションと教育の関係を研究し、ＴＥＤなどでの講演活動にも力を入れているらしい。

本書はワグナーにとって5冊目の著書となる。リーマンショック後の金融危機で大きな打撃を受けたアメリカ経済を救えるのは、付加価値の高いイノベーションしかない。しかし今までのように天才的なイノベーターが偶然誕生するのを待っている余裕はない。イノベーションを生み出す人間を育てる必要がある。でも、どうやって?——そんな問題意識からスタートして、ワグナーは計150人以上のイノベーターと親、メンター、そして企業経営者にインタビューをして本書を書きあげたという。

ワグナーが指摘した経済状況は決してアメリカだけで起きている現象ではない。日本を含め多くの先進国が似たような危機意識を共有しているのではないだろうか。またワグナーは、アメリカの教育システムに疑問を投げかけているが、日本の教育も大きな転機を迎えている。２００８年に学習指導要領が改訂されたのを機に、いわゆる「ゆとり教育」に終止符が打たれた。文部科学省では語学力や討論力に力を入れる「スーパーグローバルハイスクール」を指定・支援する計画が進み、大学では秋入学や4学期制の導入が検討されるなど、より時代に即した教育システムを作る試みが、国、学校、家庭、さらには企業を巻き込んで進められている。

そんななか本書には、はっとさせられる言葉が散りばめられている。たとえば「高校や大学で教える知識のほとんどは今や（インターネットなどで）無料で手に入る」というくだり。ささやかながら大学の教壇に立つ機会を持つ身として、私もこの指摘には大いに考えさせられた。もちろん無料で手に入る情報は玉石混淆で（有料の情報でもありうることだが）、自分が何を知りたいのかを見極め、その疑問に基づき情報を選りすぐり、的確な知識を身につけるにはスキルが必要だ。では、こうしたスキルが身につく（しかも学生にとっておもしろい）授業を私はしているだろうか。情報が簡単に手に入るからこそ、それを応用するハンズオン型の授業をできているだろうか。本書を訳すことで、そんな疑問を持ちながら、また自分に新しいチャレンジを課しながら授業に臨むことができたように思う。

アップルの初代ｉＰｈｏｎｅの開発に参加したカーク・フェルプスの言葉「対立が偉大なプロダクトを作る」も含蓄に富んでいる。アップルの歴史に詳しい人なら、同社のデザイン部門と技術部門の対立の話はどこかで聞いたことがあるのではないだろうか。しかしそれはアップルという会社の裏話として語られることが多いように思う。カークの話は少し違う。カークはアップルのカルチャーとして対立が存在すると言う。激しい対立があるからこそ、それをクリエーティブに乗り越える方法が編み出され、偉大な製品ができあがる。対立はネガティブなものではなく、よりレベルの高いものを生み出すために必要不可欠のステップだというのだ（もちろん当事者たちは面と向かって衝突するわけで、そう簡単にポジティブには考えられないと思うけれど）。対立を取り除いてしまうと、偉大なプロダクトはできないとまでカークは言い切る。

そのアプローチは、ものづくり以外でも有効なのではないだろうか。本書でワグナーは、探し続けること、試行錯誤を続けることが重要だと繰り返し説く。しかし教育政策や学校教育や子育てには失敗は許されないと私たちは考えがちだ。もちろんこれまでやってきたやり方を軽はずみに、あるいは気まぐれにコロコロ変えるべきではないだろう。だが最善を考えた上で試してみること、これは違うと思ったら軌道修正する勇気を持つこと、そしてたとえうまくいっても、もっといい方法があるかもしれないと問題意識を持ち続けること、あるいは新たな変化を見落とさないように目を凝らし続けることも、伝統を守るのと同じくらい重要なのだと本書は気づかせてくれる。

社会は生きていて、世の中は常に動いている。だから国も学校も親もベストの教育を探求し続けなければならない。それはまるで頂上のない山登りのようで気が遠くなるけれど、それが未来の世代に対する私たち大人の責任なのではないかと、本書を訳しながら痛感した。

２０１４年３月　藤原朝子

27. d スクールのコースについては，ttp://dschool.stanford.edu/classes/.
28. http://dschool.stanford.edu/our-point-of-view/#innovators（2011 年 8 月 4 日アクセス）.
29. Linda Tischler, "Ideo's David Kelley on 'Design Thinking,' " *Fast Company*, February 2009, http://www.fastcompany.com/magazine/132/a-designer-takes-on-his-biggest-challenge-ever.html?page=0%2C4（2011 年 8 月 4 日アクセス）.
30. 同上.
31. チームアカデミーのウェブサイトより．http://www.tiimiakatemia.fi/en/（2011 年 9 月 8 日アクセス）.
32. トレーラーをウェブサイトで視聴可能．http://www.2mminutes.com.
33. 2009 年の PISA の結果は，ttp://nces.ed.gov/pubs2011/2011004.pdf．PISA について詳しくは拙著 *The Global Achievement Gap* 第 3 章を参照.
34. 2 つの主要なイノベーション指標でフィンランドはアメリカより上位にランクされている．http://www.globalinnovationindex.org/gii/GII%20COMPLETE_PRINTWEB.pdf，http://www.bcg.com/documents/file15445.pdf（2011 年 9 月 7 日アクセス）.

6 イノベーションの未来

1. 学校のウェブサイトより．http://www.stanford.edu/dept/bingschool/（2011 年 8 月 13 日アクセス）
2. 彼の母親マックおよび 2 人の教員に対して長時間のインタビューを何度も行ったが，紙面の都合上載せられなかった．マックのイノベーションについては以下を参照．http://diybio.org/.
3. EQ はダニエル・ゴールマンが生んだ「情動的知能」に関する概念．詳しくはゴールマンの著書を参照.
4. Jeff Hunter, "My Son Won't Do His Homework," http://www.talentism.com/business_talent/2007/06/my_son_wont_do_.html（2011 年 8 月 22 日アクセス）
5. http://www.youtube.com/watch?v=kdz555JBlwY（2011 年 8 月 18 日アクセス）
6. Rachael Emma Silverman, "How to Be Like Apple," *Wall Street Journal*, Online Addition, August 29, 2011, http://online.wsj.com/article/SB10001424053111904009304576532842667854706.html?mod=djkeyword&mg=com-wsj（2011 年 8 月 29 日アクセス）.
7. "The Army Learning Concept for 2015," TRADOC Pam 525-8-2, http://www.tradoc.army.mil/tpubs/pams/tp525-8-2.pdf（2011 年 8 月 28 日アクセス）.
8. 同上.

エピローグ

1. Agnes de Mille, *Martha: The Life and Work of Martha Graham—A Biography* (New York: Random House, 1991), 264.

について詳しくはウェブサイトを参照．http://www.khanacademy.org.

5. Amy Harmon, "It May Be a Sputnik Moment, but Science Fairs Are Lagging," *New York Times*, February 4, 2011, http://www.nytimes.com/2011/02/05/us/05science.html?_r=3&hp（2011 年 10 月 17 日アクセス）.
6. Mark C. Taylor, "End of the University as We Know It," *New York Times*, April 26, 2009, http://www.nytimes.com/2009/04/27/opinion/27taylor.html?scp=1&sq=the%20end%20of%20the%20university%20as%20we%20know%20it&st=cse（2011 年 7 月 19 日アクセス）
7. http://moneywatch.bnet.com/saving-money/blog/devil-details/debt-in-america-students-buried-in-education-loans/4972/（2011 年 8 月 7 日アクセス）.
8. Richard Arum and Josiah Roksa, *Academically Adrift: Limited Learning on College Campuses* (Chicago: University of Chicago Press, 2011).
9. "Scholars Test Web Alternative to Peer Review," *New York Times*, August 24, 2010, http://www.nytimes.com/2010/08/24/arts/24peer.html?_r=1&pagewanted=all（2011 年 7 月 19 日アクセス）.
10. 同上.
11. オーリン工科大学ウェブサイトより．http://olin.edu/about_olin/history/olin_history.aspx（2011 年 7 月 17 日アクセス）.
12. 同上，http://olin.edu/about_olin/overview.aspx.
13. シラバスとジョン・ストークの学生評価について詳しくはコースのウェブサイトを参照．http://faculty.olin.edu/~jstolk/failure2008/index.html.
14. SCOPE について詳しくは，http://scope.olin.edu/about/.
15. 調査についてより詳しい情報は，http://nsse.iub.edu/html/about.cfm.
16. より詳しくはオーリン工科大学のウェブサイトを参照．http://www.olin.edu/about_olin/olin_news/olin_press_release.aspx?id=409.
17. http://www.nga.org/cms/home/news-room/audio--video/page_2011/col2-content/main-content-list/2011-winter-meeting-audio-and-vi.html（2011 年 10 月 22 日アクセス）
18. Vivek Wadhwa, "Engineering vs. Liberal Arts: Who's Right—Bill or Steve?," *Techcrunch* blog, March 21, 2011, http://techcrunch.com/2011/03/21/engineering-vs-liberal-arts-who%e2%80%99s-right%e2%80%94bill-or-steve/（2011 年 10 月 22 日アクセス）.
19. Isaacson, Walter, "The Genius of Steve Jobs," *New York Times*, October 29, 2011, opinion column, http://www.nytimes.com/2011/10/30/opinion/sunday/steve-jobss-genius.html?pagewanted=all（2011 年 12 月 4 日アクセス）
20. Vivek Wadhwa, "Career Counselor: Steve Jobs or Bill Gates?," *New York Times*, March 20, 2011, opinion column, http://www.nytimes.com/roomfordebate/2011/03/20/career-counselor-bill-gates-or-stevejobs（2011 年 10 月 22 日アクセス）
21. Vivek Wadhwa, "Engineering as Liberal Arts."
22. プログラムについて詳しくは，http://www.etc.cmu.edu/site/program/.
23. http://www.media.mit.edu/about/academics/（2011 年 7 月 28 日アクセス）.
24. http://www.media.mit.edu/about/mission-history（2011 年 7 月 28 日アクセス）.
25. http://admissions.media.mit.edu/admissions/research（2011 年 7 月 29 日アクセス）.
26. http://www.media.mit.edu/research/groups/biomechatronics（2011 年 7 月 29 日アクセス）.

4. この会社のウェブサイトは http:// www.globalcyclesolutions.com.
5. D ラボについて詳しくはウェブサイトを参照．http://d-lab.mit.edu/.
6. http://www.time.com/time/specials/packages/article/0,28804,1984685_1984745_1984806,00.html（2011 年 8 月 12 日アクセス）
7. MIT の 10 万ドルチャレンジは学生により運営される起業コンペであり MIT 工学大学院が監督している．http://www.mit100k.org/（2011 年 6 月 10 日アクセス）
8. グローバル・ミニマムについて詳しくは，http://www.gmin.org/.
9. レボーネ・ソリューションズについて詳しくは，http://www.lebone.org/about/.
10. アイデア・トランスレーション・ラボについて詳しくは，http://thelaboratory.harvard.edu/.

4 社会イノベーター

1. David Bornstein, *How to Change the World: Social Entrepreneurs and the Power of New Ideas* (New York: Oxford University Press, 2004), 1.［デービッド・ボーンステイン『世界を変える人たち』井上英之監訳，有賀裕子訳，ダイヤモンド社，2007 年］
2. アショカについて詳しくは，http://ashoka.org/.
3. TED とその多くの映像についてのさらなる情報はウェブサイトを参照．http://www.ted.com/.
4. アショカ U のウェブサイトから引用．http://ashokau.org/getting-involved/changemaker-campus-initiative/（2011 年 7 月 6 日アクセス）
5. シリータのポートフォリオはウェブサイトで閲覧可能．http://sgclifeexperience.wordpress.com/
6. Lutheran HealthCare website, http://www.lmcmc.com/CommunityPrograms/Support/YouthandAdolescentServices/（2011 年 7 月 9 日アクセス）
7. http://theswtlife.com/（2011 年 7 月 9 日アクセス）
8. スターティングブロックとそのプログラムについて詳細はウェブサイトを参照．http://www.startingbloc.org/institute.
9. 彼のプレゼンテーションは YouTube で視聴可能．http://www.youtube.com/watch?v=hZR214wjIfA.

5 学びのイノベーション

1. たとえば，ハーバード・スミソニアン天体物理学センターの科学教育部科学メディアグループが制作した，ハーバードと MIT の卒業生へのインタビュー映像を参照．http://www.learner.org/sphider/search.php?search=1&query=private+universe&x=0&y=0（2011 年 10 月 17 日アクセス）
2. アートスタートのウェブサイトから引用．http://art-start.org/（2011 年 7 月 9 日アクセス）
3. フリードマンのコラムは http://www.nytimes.com/2010/03/21/opinion/21friedman.html．インテル・サイエンス・コンペティションについて詳しくは，http://www.intel.com/about/corporateresponsibility/education/sts/index.htm.
4. サルマン・カーンの TED トークから引用．http://www.ted.com/talks/salman_khan_let_s_use_video_to_reinvent_education.html（2011 年 10 月 22 日アクセス）．カーンアカデミー

15. "50 Most Innovative Companies," Bloomberg Businessweek.
16. Techpluto による 2011 年調査，http://www.techpluto.com/most-desired-employer-2011/（2011 年 9 月 12 日アクセス）
17. Brown, "Design Thinking," 4.
18. Dyer, Gregersen, and Christensen, "Innovator's DNA," 67.
19. Bronwyn Fryer, "How Do Innovators Think," *Harvard Business Review* blog, September 28, 2009, http://blogs.hbr.org/hbr/hbreditors/2009/09/how_do_innovators_think.html（2011 年 5 月 11 日アクセス）
20. Robert Sternberg, "Creativity Is a Habit," *Education Week Commentary*, February 22, 2006, http://www.edweek.org/ew/articles/2006/02/22/24sternberg.h25.html?r=192032759（2011 年 5 月 11 日アクセス）
21. "Generation M2: Media in the Lives of 8- to 18-Year-Olds," Kaiser Family Foundation, 2010, http://www.kff.org/entmedia/8010.cfm（2011 年 5 月 20 日アクセス）
22. Teresa Amabile, "How to Kill Creativity," *Harvard Business Review*, September–October 1998. [テレサ・アマビール「あなたは組織の創造性を殺していないか」『DIAMOND ハーバード・ビジネス・レビュー』1999 年 5 月号，ダイヤモンド社]
23. 同上，79.
24. Alison Gopnik, "Your Baby Is Smarter Than You Think," *New York Times* Op-Ed, August 16, 2009, http://www.nytimes.com/2009/08/16/opinion/16gopnik.html（2011 年 5 月 16 日アクセス）
25. Alison Gopnik, *The Philosophical Baby* (New York: Farrar, Straus and Giroux, 2009), http://us.macmillan.com/BookCustomPage.aspx?isbn=9780312429843#Excerpt（2011 年 5 月 16 日アクセス）
26. "Excerpts from an Oral History with Steve Jobs," *Smithsonian Institution Oral and Video Histories*, April 20, 1995, http://americanhistory.si.edu/collections/comphist/sj1.html#advice（2011 年 5 月 17 日アクセス）
27. Dyer, Gregersen, and Christensen, "Innovator's DNA," 66.

2 若きイノベーターの肖像

1. From Phillips Exeter's "Facts" publication, http://www.exeter.edu/documents/facts_2011WEB.pdf（2011 年 12 月 14 日アクセス）
2. Steve Jobs's 2005 Stanford University Commencement Speech, *Stanford University News*, June 14, 2005, http://news.stanford.edu/news/2005/june15/jobs-061505.html（2011 年 5 月 30 日アクセス）

3 STEM系イノベーター

1. より詳しい情報はウェブサイトを参照．http://www.wildpockets.com.
2. センターとそのプログラムについての情報はウェブサイトを参照．http://www.etc.cmu.edu/site/.
3. 著書『最後の授業』と YouTube の映像によりランディ・パウシュは世界的に注目された．より詳しい情報はパウシュのウェブサイトを参照．http://www.cs.cmu.edu/~pausch/.

原注

1 イノベーション入門

1. David Wessel, "What's Wrong With America's Job Engine?," *Wall Street Journal*, July 27, 2011, http://online.wsj.com/article/SB10001424053111904772304576468820582615858.html?mod=djemITP_h（2011 年 9 月 12 日アクセス）.
2. Hope Yen, "Census: Recession Takes Big Toll on Young Adults," Forbes.com, September 22, 2011, http://www.forbes.com/feeds/ap/2011/09/22/general-us-census-recession-apos-s-impact_8696311.html（2011 年 9 月 23 日アクセス）
3. Robert Pear, "Recession Officially Over, U.S. Incomes Kept Falling," *New York Times*, October 9, 2011, http://www.nytimes.com/2011/10/10/us/recession-officially-over-us-incomes-kept-falling.html?_r=1（2011 年 10 月 12 日アクセス）
4. Sabrina Tavernies, "2010 Data Show Surge in Poor Young Families," *New York Times*, September 19, 2011, http://www.nytimes.com/2011/09/20/us/poor-young-families-soared-in-10-data-show.htm?_r=1&adxnnl=1&adxnnlx=1316815137-EOmdk98v6pfzbGylgDcrmg（2011 年 9 月 23 日アクセス）
5. US Census Bureau report, "Income, Poverty, and Health Insurance Coverage in the United States: 2010," September 2011, http://www.census.gov/prod/2011pubs/p60-239.pdf（2011 年 9 月 15 日アクセス）
6. "GE Global Innovation Barometer, 2011," http://files.gereports.com/wp-content/uploads/2011/01/GIB-results.pdf（2011 年 5 月 10 日アクセス）
7. Melissa Korn, "Dean in London Champions Innovation," *Wall Street Journal*, May 4, 2011, http://online.wsj.com/article/SB10001424052748704740604576301181974037002.html（2011 年 5 月 5 日アクセス）
8. Richard K. Miller, "How Do You Recognize and Cultivate Potential Innovators?"（2011 年 5 月 9 日，オーリン工科大学での発表資料）
9. Teach For America fact sheet, http://www.teachforamerica.org/newsroom/documents/2010-11_Press_Kit_Updated_04.29.11.pdf（2011 年 5 月 13 日アクセス）
10. Tony Wagner, *The Global Achievement Gap: Why Even Our Best Schools Don't Teach the New Survival Skills Our Children Need—and What We Can Do About It* (New York: Basic Books, 2008).
11. IDEO ウェブサイト，http://www.ideo.com/about/（2011 年 5 月 11 日アクセス）
12. Tim Brown, "Design Thinking," *Harvard Business Review*, June 2008, 3. ［ティム・ブラウン「IDEO：デザイン・シンキング」『DIAMOND ハーバード・ビジネス・レビュー』2008 年 12 月号，ダイヤモンド社］
13. Jeffrey H. Dyer, Hal B. Gregersen, and Clayton M. Christensen, "The Innovator's DNA," *Harvard Business Review*, December 2009, 62.［ジェフリー・H・ダイアー，ハル・B・グレガーセン，クレイトン・M・クリステンセン「イノベーターの DNA」『DIAMOND ハーバード・ビジネス・レビュー』2010 年 4 月号，ダイヤモンド社］
14. 同上.

［著者］

トニー・ワグナー
Tony Wagner

ハーバード大学テクノロジー起業センター初代フェロー（イノベーション教育）、ハーバード教育大学院チェンジ・リーダーシップ・グループ創設者・元共同ディレクター。米国各地のさまざまな学校や財団へのコンサルティングを行っており、ビル＆メリンダ・ゲイツ財団シニアアドバイザーも務めた。高校教師、校長、教員養成大学での教授の経験も持つ。これまでに『世界の学力格差』（*The Global Achievement Gap*, 未邦訳）など5冊の著書がある。

［訳者］

藤原朝子
Tomoko Fujiwara

学習院女子大学非常勤講師。フォーリン・アフェアーズ日本語版、ロイター通信、ニューズウィーク日本版などで翻訳を担当。訳書に『ハーバードビジネススクールが教えてくれたこと、教えてくれなかったこと』『メイク・スペース――スタンフォード大学dスクールが実践する創造性を最大化する「場」のつくり方』（ともに阪急コミュニケーションズ）など。慶大卒。

P21, 246
5章, 6章 が特によい

● 英治出版からのお知らせ
本書に関するご意見・ご感想を E-mail（editor@eijipress.co.jp）で受け付けています。
また、英治出版ではメールマガジン、ブログ、ツイッターなどで新刊情報やイベント情報を配信しております。ぜひ一度、アクセスしてみてください。

メールマガジン ：会員登録はホームページにて
ブログ ：www.eijipress.co.jp/blog
ツイッター ID ：@eijipress
フェイスブック ：www.facebook.com/eijipress

未来のイノベーターはどう育つのか

子供の可能性を伸ばすもの・つぶすもの

発行日 2014 年 5 月 15 日 第 1 版 第 1 刷

著者 トニー・ワグナー
訳者 藤原朝子（ふじわら・ともこ）
発行人 原田英治
発行 英治出版株式会社
〒150-0022 東京都渋谷区恵比寿南 1-9-12 ピトレスクビル 4F
電話 03-5773-0193 FAX 03-5773-0194
http://www.eijipress.co.jp/
プロデューサー 高野達成
スタッフ 原田涼子 岩田大志 藤竹賢一郎 山下智也 鈴木美穂
下田理 原口さとみ 田中三枝 山本有子 茂木香琳
木勢翔太 上村悠也 平井萌 土屋文香
印刷・製本 大日本印刷株式会社
装丁 英治出版デザイン室

ISBN978-4-86276-179-8 C0030 Printed in Japan